SCHÄFFER
POESCHEL

Klaus Möller / Jutta Menninger / Diane Robers

Innovationscontrolling

Erfolgreiche Steuerung und Bewertung von Innovationen

unter Mitarbeit von Finn Günther und Sebastian Janssen

2011
Schäffer-Poeschel Verlag Stuttgart

Verfasser:

Prof. Dr. Klaus Möller, Lehrstuhl für Controlling und Performance Management, Direktor des Instituts für Accounting, Controlling und Auditing, Universität St. Gallen;

Dr. Jutta Menninger, Partnerin, PricewaterhouseCoopers (PWC) AG Wirtschaftsprüfungsgesellschaft, München;

Dr. Diane Robers, Leiterin Innovationsbereich, PricewaterhouseCoopers (PWC) AG Wirtschaftsprüfungsgesellschaft, Frankfurt a.M.

Unter Mitarbeit von:

Dipl.-Kfm. Finn Günther, MBA, Doktorand bei Prof. Möller an der Universität St. Gallen und wissenschaftlicher Mitarbeiter am CEPRA – Center for Performance Research & Analytics;

Dipl.-Kfm. Sebastian Janssen, Doktorand bei Prof. Möller und Promotionsstipendiat der Konrad-Adenauer-Stiftung.

Bibliografische Information der Deutschen Nationalbibliothek
Die Deutsche Nationalbibliothek verzeichnet diese Publikation in der Deutschen Nationalbibliografie; detaillierte bibliografische Daten sind im Internet über < http://dnb.d-nb.de > abrufbar.

Gedruckt auf chlorfrei gebleichtem, säurefreiem und alterungsbeständigem Papier

ISBN 978-3-7910-3089-0

© 2011 Schäffer-Poeschel Verlag für Wirtschaft · Steuern · Recht GmbH
www.schaeffer-poeschel.de
info@schaeffer-poeschel.de

Covergestaltung: Willy Löffelhardt/Melanie Frasch
Satz: Johanna Boy, Brennberg
Druck und Bindung: CPI – Ebner & Spiegel, Ulm

Printed in Germany
Juni 2011

Schäffer-Poeschel Verlag Stuttgart
Ein Tochterunternehmen der Verlagsgruppe Handelsblatt

Vorwort

In zahlreichen Gesprächen mit Unternehmensvertretern wurden wir immer wieder mit dem Wunsch nach »mehr« Innovationen konfrontiert. Aber ist »mehr« auch immer besser? Hier setzt unser Verständnis von Innovationscontrolling an mit dem Ziel, ein qualifiziertes »mehr« zu schaffen, d.h., die Effizienz und Effektivität der Innovationsaktivitäten immer wieder zu hinterfragen und permanent zu optimieren. Ein Widerspruch in sich, wenden viele – insbesondere Ingenieure – immer wieder ein. Durch den Kontrollaspekt des Controllings werde Kreativität gebremst und Innovationskraft verringert, so die Argumentation. Hier hilft eine Rückbesinnung auf den Begriff der Innovation, zumal er in der heutigen Zeit inflationär und damit oftmals sinnentstellt verwendet wird: Innovation im Sinne des Ökonomen Joseph Schumpeter (»Theorie der wirtschaftlichen Entwicklung«, 1912) ist die *Durchsetzung* einer technischen oder organisatorischen Neuerung, nicht allein die Invention. In unserem Verständnis von Innovationscontrolling geht es damit darum, Kreativität *wirtschaftlich* zu entfalten. Dies ist in jedem Bereich eine notwendige Nebenbedingung ökonomischen Handelns. Auf eine kurze Formel gebracht: Innovation ist ein Zusammenspiel aus Exploration (Erforschung) und Exploitation (Verwertung). Damit ist das Handlungsfeld des Innovationscontrollings abgesteckt: Es geht sowohl um die transparente Aufbereitung und Steuerung von Aktivitäten in der Inventionsphase (d.h. bei Forschung und Entwicklung) als auch die Führungsunterstützung bei der Durchsetzung der Inventionen im Markt – und nicht zuletzt um die Kommunikation und Berichterstattung an Investoren und weitere Stakeholder. Innovation Performance Measurement wird damit zunehmen und zu einem Handlungsfeld für die Wirtschaftsprüfung werden.

Mit dem vorliegenden Werk wollen wir dem erheblich gestiegenen Bedarf an fundierter Controllingunterstützung im Innovationsprozess Rechnung tragen. Wir haben uns dabei bewusst von den Erfordernissen der Unternehmenspraxis leiten lassen und einen Überblick zu relevanten Unterstützungsinstrumenten für die Praxis zusammengestellt. Auf eine intensive Darstellung von theoretischen und begrifflichen Grundlagen haben wir daher verzichtet. Die Zielgruppe des Buches wird durch den fachlichen Hintergrund der Autoren reflektiert: Es wendet sich an Innovationsmanager, Ingenieure mit Managementaufgaben, F&E-Experten und Controller wie auch Wirtschaftsprüfer, die Anwendungs-Know-how im Innovationsbereich benötigen.

Wie bei jeder Innovation so haben auch an diesem Buch viele mitgewirkt, bei denen wir uns ganz herzlich bedanken. An erster Stelle ist das Autorenteam zu nennen, in dem Finn Günther Großartiges geleistet hat, ihm gebührt unser besonderer Dank! Gleichfalls hat Sebastian Janssen durch seine Beiträge wesentlich zum Gelingen des Werkes beigetragen. Für hilfreiche Beiträge und Unterstützung danken wir weiterhin Carsten Schönefeld und Dominik Ilgner. Unseren Interviewpartnern und den Autoren der Praxisbeispiele danken wir ebenfalls herzlich für den Input und die offenen Diskussionen. Frau Marita Mollenhauer vom Schäffer-Poeschel Verlag danken wir für die gewohnt engagierte Unterstützung und Betreuung des Projekts.

Wir wünschen Ihnen eine ertragreiche Lektüre und freuen uns auf Rückmeldungen, um das Thema Innovationscontrolling gemeinsam weiterzuentwickeln!

St. Gallen, München und Frankfurt, März 2011

Klaus Möller,
Jutta Menninger &
Diane Robers

Inhaltsverzeichnis

1 Innovation und Erfolg

Innovation hat sich als zentrales Leitmotiv für unternehmerischen Erfolg fest in der betrieblichen Praxis und der betriebswirtschaftlichen Theorie etabliert. Allerdings ist der Innovationsbegriff von Unschärfe und Mehrdeutigkeit geprägt. Daher soll im Folgenden zuerst der Innovationsbegriff präzisiert werden (1.2). Darauf aufbauend wird dann der Innovationserfolg operationalisiert (1.3) sowie der Innovationsprozess dargestellt (1.4). Abschließend erfolgt eine Beschreibung von Funktion und Organisation (1.5) und Vor-und Nachteilen (1.6) des Innovationscontrollings sowie dessen Anwendungsstand in der Praxis (1.7).

1.1 Einführung

Innovationen sind wesentlicher Bestandteil wirtschaftlichen Handelns und für Wirtschaft und Gesellschaft von zentraler Bedeutung: Sie sichern Wachstum, wirtschaftlichen Erfolg und Beschäftigung. Innovationen ermöglichen es Unternehmen, Wettbewerber zu verdrängen, bestehende Märkte tiefer zu durchdringen und neue Marktpotenziale zu erschließen – also Wettbewerbsvorteile zu generieren. Empirische Studien belegen ihren positiven Einfluss auf Profitabilität und Wachstum von Unternehmen (Hall/Mairesse, 1995, S. 286 f.). Zahlreiche unternehmerische und nationale Strategien zielen auf eine Steigerung der Innovationskraft ab. Mehr innovative Unternehmensgründungen, mehr Wachstum, mehr internationale Wettbewerbsfähigkeit und mehr hochqualifizierte Beschäftigung lauten hier die Schlagworte. Aber ist »mehr« auch immer besser? Hier setzt ein Innovationscontrolling an mit dem Ziel, ein qualifiziertes »mehr« zu schaffen, d.h., die Effizienz und Effektivität der Innovationsaktivitäten immer wieder zu hinterfragen und permanent zu optimieren. Ein Widerspruch in sich, wenden viele – insbesondere Ingenieure – immer wieder ein. Durch den Kontrollaspekt des Controllings werde Kreativität gebremst und Innovationskraft verringert, so die Argumentation. Neue Erkenntnisse zeigen jedoch, dass effektivitäts- und effizienzsteigernde Controllinginstrumente den Innovationsprozess erfolgreicher gestalten können (Möller/Janssen, 2010). Gleichzeitig macht die veränderte Innovationstätigkeit aber auch einen Wandel in den bisherigen Abläufen und Strukturen notwendig, der vielfach nur unzureichend gesteuert wird. Entsprechend erfährt das Innovationscontrolling in den letzten Jahren einen stetigen Bedeutungszuwachs, der anhand von vier wesentlichen Entwicklungen verdeutlicht werden soll:

- Durch den Übergang vom Verkäufer- zum Käufermarkt lastet ein zunehmender Differenzierungsdruck auf den Unternehmen. Produkte müssen steigenden Kundenanforderungen genügen, um erfolgreich am Markt zu bestehen. Der zunehmende Konkurrenzdruck verschärft dabei die Tendenz zur Produktdifferenzierung und verkürzt die Produktlebenszyklen.

Strukturiertes Innovationscontrolling wird zur effizienten Steuerung von Innovationen wegen Zeit- und Ressourcenknappheit immer wichtiger

- Innovationsvorhaben fordern zunehmend mehr finanzielle Ressourcen aufgrund der rasanten Marktdynamik. Die steigenden Aufwendungen resultieren dabei sowohl aus den verkürzten Produktlebenszyklen als auch aus einer wachsenden Komplexität der Produkte.
- Die zunehmende technische Komplexität der Produkte führt zu einem steigenden Entwicklungsrisiko, das durch die Anforderung einer kurzen time-to-market noch verschärft wird.
- Zusätzlich erfährt das Innovationscontrolling einen Bedeutungszuwachs aus veränderten Rechnungslegungsvorschriften. Die Novellierung des Handelsgesetzbuchs (HGB) durch das Bilanzrechtsmodernisierungsgesetz (BilMoG) führte zu einer Annäherung des HGB an die International Financial Reporting Standards (IFRS) und beinhaltet ein Aktivierungswahlrecht von Entwicklungsaufwendungen. Eine Kostenrechnung bzw. ein Controlling im Entwicklungsbereich muss diese Informationsanforderungen umsetzen können.

Um erfolgreich auf die skizzierten Veränderungen reagieren zu können, bedarf es einer Professionalisierung des Innovationscontrollings.

1.2 Innovationsbegriff

Der inzwischen inflationäre Gebrauch des Innovationsbegriffs erschwert eine exakte Begriffsbestimmung. Der etymologische Ursprung des Wortes Innovation liegt im lateinischen Wort »innovatio«, das sich aus »novus« = neu ableitet, und kann ins Deutsche mit Erneuerung, Neuerung oder Neugestaltung übersetzt werden. Offensichtlich ist das wesentliche Charakteristikum einer Innovation die Neuartigkeit bzw. Neuheit. Zur grundsätzlichen Begriffsfindung in den Wirtschaftswissenschaften hat Schumpeter mit seinem 1912 veröffentlichten Werk »Theorie der wirtschaftlichen Entwicklung« wesentlich beigetragen. Hierin verwendete Schumpeter den Begriff Innovation zwar nicht, allerdings prägte er das Verständnis von Innovation als »Durchsetzung neuer Faktorkombinationen«, womit dieses Werk als Ausgangspunkt der Innovationsforschung angesehen werden kann (Schumpeter, 1912). Für die neuere Literatur stellen Garcia und Calantone fest: »A plethora of definitions for innovation types has resulted in an ambiguity in the way the terms ›innovation‹ and ›innovativeness‹ are operationalized and utilized in the new product development literature« (Garcia/ Calantone, 2002, S. 110). Dennoch zeichnet sich in den zahlreichen Definitionen übereinstimmend die (wahrnehmbare) Neuartigkeit als zentrales Merkmal von Innovationen ab. Grundsätzlich bezeichnet eine Innovation damit etwas – wie auch immer geartet – Neues. Dies können neuartige Produkte, Verfahren, Vertragsformen, Vertriebswege, Werbeaussagen oder eine neue Corporate Identity sein (Hauschildt/Salomo, 2007, S. 3). Kennzeichnend für Innovationen ist weiterhin ihre Verwertungsabsicht am Markt: »Aus betriebswirtschaftlicher Sicht sind Innovationen von Unternehmen mit der Absicht der Verbesserung des eigenen wirtschaftlichen Erfolgs am Markt oder intern im Unternehmen eingeführte qualitative Neuerungen« (Gerpott, 2005, S. 37). Die Marktkomponente grenzt Innovationen damit ab von Inventionen, d. h. reinen Erfindungsleistungen; ein Sachverhalt den Roberts auf die prägnante Formel bringt: »Innovation = invention + exploitation« (Roberts, 1987, S. 3).

Basierend auf diesen Merkmalen lassen sich Innovationen grundsätzlich als qualitativ neuartige Produkte oder Verfahren verstehen, die sich gegenüber einem Vergleichszustand merklich – wie auch immer das zu bestimmen ist – unterscheiden, auf einer neuartigen Zweck-Mittel-Kombination beruhen und sich durch eine Verwertungsabsicht am Markt auszeichnen (Hauschildt/Salomo, 2007, S. 7).

Darüber hinaus ist die Charakterisierung von Innovationen anhand ihrer inhaltlichen Dimension relevant, wobei zumeist zwischen Produktinnovationen, Prozessinnovationen und Strukturinnovationen unterschieden wird (Brockhoff, 1999, S. 37):

- Prozessinnovationen sind neuartige Faktorkombinationen, durch die die Produktion eines bestimmten Gutes kostengünstiger, qualitativ hochwertiger, sicherer oder schneller erfolgen kann. Ziel von Prozessinnovationen ist damit in erster Linie eine Steigerung der Effizienz (Hauschildt/Salomo, 2007, S. 9).
- Produktinnovationen bezeichnen Neuerungen von absatzfähigen Sach- oder Dienstleistungen und verfolgen in erster Linie Effektivitätsziele (Hauschildt/Salomo, 2007, S. 9).
- Strukturinnovationen beinhalten die Verbesserung der Organisationsstruktur in aufbau- oder ablauforganisatorischer Hinsicht (Möller/Janssen, 2009).

Innovationen lassen sich inhaltlich in Prozess-, Produkt- und Struktur innovationen unterscheiden

1.3 Innovationserfolg

Zentrale Voraussetzung für eine Innovationssteuerung und alle weiteren Messungen ist die Operationalisierung des Innovationserfolgs, da nur so eine Bewertung erfolgen kann, ob eine Innovation überhaupt erfolgreich war. In der wissenschaftlichen Literatur weisen die verwendeten Erfolgsdefinitionen erhebliche Unterschiede auf (Hauschildt, 1991, S. 452; Gruner/Homburg, 1999, S. 130). Viele empirische Studien bezeichnen ein Neuproduktentwicklungsprojekt dann als erfolgreich, wenn es Gewinn abwirft oder eine bestimmte Mindestrendite erbringt (Cooper/Kleinschmidt, 1987, S. 217; Griffin/Page, 1996, S. 486).

Darüber hinaus zeigt sich, dass neben dem ökonomischem auch der technische Erfolg und Kompetenzgewinne eine Rolle spielen (Hauschildt, 1991, S. 466–469). Außerdem wird teilweise der Sozialerfolg als Komponente aufgeführt (Altmann, 2003, S. 19 f.). Aus diesem Grund wird im Folgenden eine ganzheitliche mehrdimensionale Operationalisierung des Innovationserfolgs nach Hauschildt verwendet, welche die Aspekte ökonomischer, technischer und sonstiger Erfolg umfasst und in Abbildung 1-1 zusammenfassend dargestellt ist (Hauschildt/Salomo, 2007, S. 531 ff.).

Der Innovations- erfolg setzt sich aus ökonomischen, technischen und sonstigen Aspekten zusammen

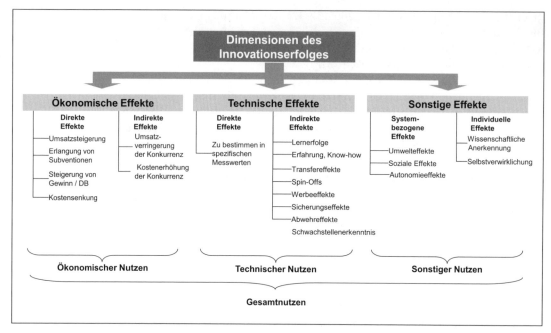

Abb. 1-1   Dimensionen des Innovationserfolges (Quelle: Eigene Darstellung in Anlehnung an Hauschildt/Salomo, 2007, S. 532)

Der ökonomische Erfolg und damit der Markterfolg können aus direkten oder indirekten Effekten resultieren. Die durch eine Innovation generierten Umsätze bzw. die zur Realisierung notwendigen Kosten können ein direktes Indiz für den Erfolg sein. Da ein hoher Umsatz bzw. niedrige Kosten allerdings für sich betrachtet noch keine gesicherten Erkenntnisse über die Vorteilhaftigkeit eines Entwicklungsprojektes bringen, werden zusätzlich Größen wie Gewinn, Deckungsbeitrag oder Rentabilität als Erfolgsmaße verwendet. Außerdem findet die Amortisationsdauer bzw. der Break-Even-Point als ökonomische Maßzahl häufig Verwendung (Griffin/Page, 1993, S. 294). Daneben können auch Messwerte des Absatzes als »Orientierungshilfe für den ökonomischen Erfolg« herangezogen werden um zu zeigen, ob eine Innovation vom Markt positiv aufgenommen wurde. Hierzu zählen bspw. der mengenmäßige Absatz, der Marktanteil sowie Marktanteilsänderungen. Auch Subventionen sind in besonderen Fällen durch Innovationen zu gewinnen. Da Prozessinnovationen im Normalfall nicht am Markt abgesetzt werden können, sind hier anstelle von externen Gewinnen und Umsatzzuwächsen, Kostensenkungen und Rationalisierungsgewinne zu betrachten. Indirekt kann ökonomischer Erfolg in der Wirkung einer Innovation auf die Konkurrenz des Unternehmens liegen. Patente und gewerbliche Schutzrechte können Kostenerhöhungen, neue und bessere Produkte Umsatzeinbußen bei Wettbewerbern auslösen.

Auch der technische Innovationserfolg kann in direkte und indirekte Effekte untergliedert werden. Die direkten technischen Erfolgsaspekte sind im Wesentlichen sehr projektspezifisch zu erfassen und können in einer ergebnisbezogenen Sicht in technische Produkterfolge sowie in einer prozessualen Sicht in Prozesserfolge unterteilt werden. Dabei umfassen die technischen Produkterfolge die technische Leistungsfähigkeit des Produkts und dessen Qualität. Außerdem können komparative Produktvorteile und die Kundenzufriedenheit betrachtet werden (Brown/Eisenhardt, 1995, S. 351). Selbst wenn eine Innovation ökonomisch oder technisch nicht direkt erfolgreich ist, können sich positive indirekte Effekte und Überwälzungseffekte (Spill Overs) ergeben. Lernerfolge, Erfahrungs- und Know-how-Zuwachs, Transfereffekte, die Erkenntnis von Schwachstellen oder Sicherungs- und Abwehreffekte sind hier zu nennen. Außerdem können neben dem Wissens- und Fähigkeits-, bzw. Kompetenzzugewinn ebenfalls Werbeeffekte entstehen. Wenn ein Unternehmen durch seine Forschungs- und Entwicklungstätigkeiten als besonders innovativ wahrgenommen wird, so ist dies unter Umständen allein schon aus Image-Gesichtspunkten ein Kaufargument für bestimmte Kundengruppen. Es ist allerdings zu beobachten, dass dieser technische Nutzen häufig keine oder eine zu geringe Beachtung im Rahmen der Steuerung von Innovationen findet.

Innovationen können aber auch zur Erfüllung von sonstigen Effekten dienen und somit einen Erfolgsbeitrag leisten. Die sonstigen Effekte können hierbei in systembezogene und individuelle Effekte unterteilt werden. Systembezogen kann die Tatsache, dass ein neues Produkt oder Verfahren für eine Minderung der Umweltbelastung sorgt oder dem Unternehmen zu mehr Autonomie verhilft, als Innovationserfolg angesehen werden. Auch soziale Effekte sind zu diesen systembezogenen Effekten zu zählen. Personenbezogen also individueller Ebene könnte eine Innovation für einen Mitarbeiter schon allein dadurch erfolgreich sein, dass sie ihm wissenschaftliche Anerkennung in Form von Publikationen, Zitationen und Auszeichnungen einbringt oder gar zur individuellen Selbstverwirklichung des Mitarbeiters beiträgt.

Je nach Unternehmen kann sich die Verfolgung einzelner Zieldimensionen für die Innovationstätigkeit mehr oder weniger stark unterscheiden. Verschiedene Sichtweisen können sich zudem auch innerhalb eines Unternehmens ergeben, da an der Entwicklungsarbeit oft mehrere Abteilungen beteiligt sind, die unter Umständen unterschiedliche Ziele verfolgen.

1.4 Innovationsprozess

Die bisherigen Ausführungen haben Innovationen aus einer ergebnisorientierten Sichtweise erfasst. Diese Perspektive betont insbesondere die Neuartigkeit und Einmaligkeit von Innovationen, sodass ihre Entstehung als ein nicht reproduzierbarer Vorgang erscheint (Werner, 2002, S. 22). Aus prozessorientierter Perspektive können jedoch durchaus Standardabläufe der Innovationstätigkeit definiert werden, die als Abfolge von Aktivitäten und Entscheidungen in einem logischen und zumeist auch zeitlichen Zusammenhang stehen und zur Vermarktung eines neuen Produkts führen sollen (Gerpott, 2005, S. 48).

Über die Frage, wo ein Innovationsprozess beginnt bzw. endet, herrscht in der Literatur jedoch Uneinigkeit (Brockhoff, 1999, S. 38). In dieser Arbeit wird dem Verständnis von Littkemann gefolgt: »Die Innovation ist ein Prozess, der von der Hervorbringung der Idee bis zu ihrer Verwertung reicht« (Littkemann, 2005, S. 8). Startpunkt des Innovationsprozesses ist damit der »mehr oder weniger bewusste Entschluss, sich mit einem bisher nicht näher bekannten Gegenstand näher zu beschäftigen« (Hauschildt/Salomo 2007, S. 26). Auf diesen Entschluss folgt die Forschungs- und Entwicklungsaktivität der Innovationstätigkeit, während als Endpunkt des Innovationsprozesses die Übergabe des Innovationsprojekts in die tägliche Routine der laufenden Verwertung verstanden wird (Hauschildt/Salomo, 2007, S. 27).

Der Innovationsprozess unterteilt sich in die Ideengenerierungs-, Realisierungs- und Markteinführungsphase

Folglich kann der Innovationsprozess mindestens in die drei Phasen »Ideengenerierung«, »Realisierung« und »Markteinführung« unterteilt werden. In der Literatur und der Unternehmenspraxis finden sich zahlreiche Vorschläge und Verständnisse für eine darüber hinausgehende Unterteilung des Innovationsprozesses in weitere Phasen mit jeweils spezifischen Aufgaben- und Problembereichen. Ziel dieser Prozessmodelle ist die Standardisierung der Innovationstätigkeit durch Festlegung von phasenspezifischen Vorgehensweisen und Organisationsstrukturen. Der idealtypische Verlauf des Innovationsprozesses, welcher im unteren Teil von Abbildung 1-2 dargestellt ist, beginnt mit der Hervorbringung bzw. Generierung der Idee und endet mit der Überführung des Innovationsprojektes in die tägliche Routine des Unternehmens, in der Regel also mit der laufenden Verwertung nach Markteinführung (Hausschildt/Salomo, 2007, S. 27). Diese erfolgsorientierte Betrachtung wird ebenfalls durch die von Roberts aufgestellte Formel: innovation = invention + exploitation (Roberts, 1987, S. 3) betont.

Als Kernstück der Innovationstätigkeit und somit eines umfassenden Innovationsprozesses kann die Forschung und Entwicklung angesehen werden, in der durch planvolle und systematische Aktivitäten neues Wissen gewonnen und bestehendes Wissen neuartig eingesetzt wird (Möller/Janssen, 2009). Ziel ist es dabei die so generierten neuen Erkenntnisse für neue oder verbesserte Produkte und Verfahren bzw. für neue Anwendungsmöglichkeiten nutzbar zu machen (Brockhoff, 1999, S. 48). Zwar ist die F & E nicht zwingend Bestandteil des Inno-

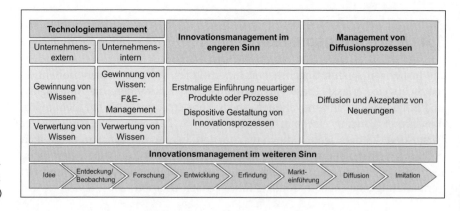

Abb. 1-2 Idealtypischer Innovationsprozess (Quelle: Eigene Darstellung in Anlehnung an Albers et al., 2001, S. 22)

vationsprozesses, allerdings spielt sie praktisch in der überwiegenden Mehrzahl von Produkt- und Prozessinnovationen eine zentrale Rolle, da sie nicht die einzige, wohl aber häufig die wichtigste Quelle neuer Produkte und Prozesse ist.

1.5 Innovationscontrolling

1.5.1 Verständnis des Controllings

Dem Controlling kommt nach seiner eher langsamen Einführung in die Unternehmenspraxis inzwischen eine Schlüsselfunktion zu und es nimmt sowohl in großen als auch in kleinen Unternehmen eine zentrale Stellung ein.

Insbesondere in der wissenschaftlichen Literatur existieren inzwischen zahlreiche Controllingdefinitionen und -verständnisse. Ein von vielen geteiltes, praxisnahes Controller Leitbild hat die »International Group of Controlling« (IGC) bzw. der »Internationale Controller Verein« (ICV) formuliert:

Das Controllerleitbild des »Internationalen Controller Vereins« (ICV) stellt ein praxisnahes Konzept dar

»Controller gestalten und begleiten den Management-Prozess der Zielfindung, Planung und Steuerung und tragen damit Mitverantwortung für die Zielerreichung.

Das heißt:

* Controller sorgen für Strategie-, Ergebnis-, Finanz- sowie Prozesstransparenz und tragen somit zu höherer Wirtschaftlichkeit bei.
* Controller koordinieren Teilziele sowie Teilpläne ganzheitlich und organisieren unternehmensübergreifend das zukunftsorientierte Berichtswesen.
* Controller moderieren und gestalten den Management-Prozess der Zielfindung, der Planung und der Steuerung so, dass jeder Entscheidungsträger zielorientiert handeln kann.
* Controller leisten den dazu erforderlichen Service der betriebswirtschaftlichen Daten- und Informationsversorgung.
* Controller gestalten und pflegen die Controllingsysteme.« (ICV, 2007, S. 9)

Damit sind die Aufgaben von Controllern umfassend charakterisiert. Nicht jedoch, was Controlling ist (Bedeutung). Auch hierzu äußert sich der ICV: »Controller ist ein funktions- bzw. personenbezogener Begriff. Controller sind Dienstleister für andere Führungskräfte und betreiben verantwortlichen betriebswirtschaftlichen Service. Service bedeutet Betreuung und Beratung, manchmal Bedienung. Controller sind Service-Partner in unterschiedlichen Funktionsbereichen. Controlling ist hingegen ein prozessorientierter Begriff. Ein Prozess bezeichnet einen Verlauf, Ablauf, Hergang oder eine Entwicklung. Insoweit ist Controlling der Prozess der zielorientierten Planung und Steuerung. Dieser Prozess ist die Aufgabe der Manager, die hierzu vom Controller unterstützenden betriebswirtschaftlichen Service erfahren. Das Setzen und Verfolgen von Zielen ist hingegen ureigenste Manageraufgabe.« (ICV, 2007, S. 14 bzw. Abb. 1-3).

Bedeutung des Controllings

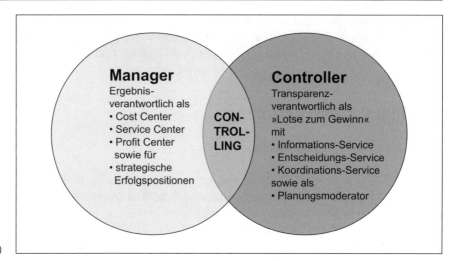

Abgrenzung Mana-
ger, Controller und
Controlling

Zusammenfassend lassen sich die wesentlichen Ideen wie folgt festhalten:

- Controlling entsteht, wenn Manager und Controller zusammenarbeiten.
- Controlling ist der gesamte Prozess der Zielfestlegung, der Planung und der Steuerung im finanz- und im leistungswirtschaftlichen Bereich.
- Führungskräfte betreiben Controlling, da sie über die zu erreichenden Ziele sowie die Zielhöhe entscheiden und den Plan im Inhalt festlegen.
- Manager sind für das Ergebnis verantwortlich, während Controller verantwortlich für die Ergebnistransparenz sind.

1.5.2   Ziele und Aufgaben des Innovationscontrollings

Innovationscontrolling wird hier als zielorientierter Einsatz von Controllinginstrumenten im Rahmen der Innovationstätigkeit verstanden, um das Innovationsmanagement bei seiner Aufgabenerfüllung zu unterstützen. Management ist aus funktionaler Sicht dadurch gekennzeichnet, dass es Strategien und Ziele definiert und verfolgt, Entscheidungen trifft, Informationsflüsse bestimmt und beeinflusst, soziale Beziehungen herstellt und gestaltet und auf die Partner dieser sozialen Beziehungen einwirkt, um die getroffenen Entscheidungen zu realisieren. Innovationsmanagement kann daher definiert werden als Gesamtheit aller dispositiven, also nicht rein ausführenden Tätigkeiten im Innovationsprozess (Hauschildt/Salomo, 2007, S. 32). In den vergangen Jahren hat das Ausmaß dieser Tätigkeiten in der Unternehmenspraxis erheblich zugenommen. Roussel et al. charakterisieren das früher verbreitete Verständnis des Innovationsmanagements wie folgt: »R&D is an overhead cost, a line item in the general manager´s budget. General management participates little in defining programs or projects; funds are allocated to cost centers; cost control is at aggregate levels. There is minimum evaluation of the R&D results other than by those involved in R&D. The R&D activity is relatively isolated and there is little communication from R & D other than to say: ›Everything is going fine‹. There is only a modest sense of urgency: ›Things are ready when they are ready‹« (Roussel et al, 1991, S. 26). Seitdem hat jedoch ein Paradigmenwechsel stattgefunden und es wird in zunehmendem Maße versucht, durch zielgerichtete Tätigkeiten das Innovationsgeschehen in Unternehmen aktiv zu steuern (Frattini et al., 2006, S. 426). In der Literatur wird daher konstatiert, dass das Innovationsmanagement die ursprünglich praktizierte »strategy of hope« hinter sich gelassen hat (Pearson et al., 2000, S. 356). Als ursächlich für dieses Umdenken werden zahlreiche Entwicklungstrends genannt (Pearson et al., 2000, S. 356):

- Die Wandlung von einem Verkäufer- zu einem Käufermarkt mit zunehmendem nationalen und internationalen Wettbewerb im Zuge der fortschreitenden Globalisierung.

- Die Entstehung von zahlreichen Marktsegmenten und Marktnischen als Reaktion auf eine zunehmende Nachfrage von anspruchsvollen Kunden nach maßgefertigten Produkten.

- Sich rasch verändernde Kundenanforderungen, welche die Produktlebenszyklen verkürzen und schnellere Neuproduktentwicklungen erzwingen.

- Die wachsenden wissenschaftlichen und technischen Fähigkeiten, die zu einem stetigen Strom neuer Technologien führen und dadurch Technologielebenszyklen verkürzen.

- Eine rapide Zunahme der verwendeten Technologien in zahlreichen Produkten.

- Eine zunehmende Geschwindigkeit mit der sich Technologien und weltweite Netzwerke verbreiten und virtuelle Forschungsstandorte entstehen.

- Ein steigender Regulierungsdruck seitens der Regierungen in Bezug auf Umwelt-, Sicherheits- und Gesundheitsanforderungen.

- Ein erhöhter Druck auf Forschungs- und Entwicklungsabteilungen, einen nachweisbaren Beitrag für den Erfolg der Geschäftstätigkeit zu leisten.

Entwicklungstrends als Ursache für die Entwicklung hin zu einem systematischen Innovationsmanagement

Aufgrund dieser Entwicklungen werden zielgerichtete Steuerungsmaßnahmen, durch die Effektivitäts- und Effizienzsteigerungen der Innovationstätigkeit realisiert werden können, zunehmend wichtiger. Für die Bereitstellung und den Einsatz derartiger Steuerungsmethoden und -instrumente wird in der deutschsprachigen Literatur der Begriff des Innovationscontrollings verwendet. Dieses hat sich aus dem ursprünglichen F & E-Controlling heraus entwickelt und reicht hinsichtlich seiner Ziele und Aufgaben weit darüber hinaus (Vahs/Burmester, 2005, S. 283). Während beim operativen F & E-Controlling der Fokus nur auf Kosten und Terminen von einzelnen Entwicklungsprojekten liegt, soll das Innovationscontrolling als übergreifende Querschnittsfunktion alle Phasen des Innovationsprozesses unterstützen. Ziel des Innovationscontrollings ist daher die Führungsunterstützung des Innovationsmanagements durch Sicherstellung von Effektivität und Effizienz entlang des gesamten Innovationsprozesses (Littkemann, 2005, S. 12). Dazu greift das Innovationscontrolling auf verschiedene Methoden und Instrumente des Controllings zurück, um steuerungsrelevante Informationen bereitzustellen und das Innovationsgeschehen zu planen und zu kontrollieren. Aufgrund des spezifischen Aufgabencharakters macht ein aus-

schließliches Fremdcontrolling im Innovationskontext jedoch wenig Sinn (Littkemann, 2005, S. 45–50). Entsprechend steht im Folgenden sowohl der Innova-
tionscontroller als auch der Innovationsmanager als Anwender im Mittelpunkt
der Betrachtung.

1.5.3 Organisation des Innovationscontrollings

In der Organisation der Aktivitäten des Innovationscontrollings sind verschiedene Varianten zu beobachten, wobei die Ausgestaltung wesentlich von der Unternehmensgröße beeinflusst wird. So kann das Innovationscontrolling als zentrale
Stelle in die Unternehmensorganisation eingegliedert werden. Daneben können
die Aktivitäten des Innovationscontrollings auch dezentral organisiert sein und
die Aufgaben durch Projektteams, Projektcontrolling und Top-Management erfüllt werden (Littkemann, 2005, S. 42).

Die organisatorische
Ausgestaltung des
Innovationscontrol-
lings ist stark von
der Unternehmens-
größe abhängig

Im Idealfall erstattet das Projektteam laufenden Bericht über den ökonomischen Fortschritt des Innovationsprozesses an das Projektcontrolling. Dieses
führt eine Prüfung der Berichte mittels eines Soll-Ist-Vergleichs durch auf dessen Basis ggf. eine Zielrevision oder eine Maßnahmenentscheidung eingeleitet
wird. Im Falle starker (negativer) Zielabweichungen wird das Top-Management
von dem Projektcontrolling über die Fehlentwicklung in Kenntnis gesetzt. Das
Top-Management kann im Folgenden über ein direktes Eingreifen in den Innovationsprozess entscheiden. Auf operativer Ebene findet somit ein ständiger wech-
selseitiger Datenaustausch zwischen Projektteam und Projektcontrolling statt.
Beiden Instanzen sind Informationsrechte als auch -pflichten zuzuschreiben.
Ein bewusster und anhaltender Dialog zwischen Technikern und Kaufleuten
fördert das gegenseitige Verständnis und hilft, Probleme frühzeitig im Konsens
zu lösen. Insbesondere bei größeren Unternehmen oder einer hohen Bedeutung
des Innovationsbereichs kann es jedoch zweckmäßig sein, eine Mischform zu
etablieren. Dabei empfiehlt sich ein zentrales Innovationscontrolling mit An-
bindung an das Gesamtcontrolling und mehrere dezentrale Einheiten in den
funktionalen Bereichen der Innovationstätigkeit.

1.6 Vor- und Nachteile eines Innovationscontrollings

Im Unterschied zur breiten Akzeptanz des Innovationsmanagements wird die
Notwendigkeit eines Innovationscontrollings zur Unterstützung des Innovationsmanagements durchaus kritisch gesehen (vgl. zum folgenden Abschnitt
Schmälzle 2007): Forscher und Entwickler verlangen Freiräume um kreativ neue
Ideen entwickeln zu können – zu viel Freiheit lässt unter Umständen aber auch
unrentable Entwicklungsprojekte zu. Dem zuständigen Manager wird dabei
viel Fingerspitzengefühl abverlangt, muss er doch die beiden unterschiedlichen
Sichtweisen und sprachlichen Kontexte, die des technikorientierten Ingenieurs
und die des wirtschaftlich kalkulierenden Kaufmanns, miteinander vereinba-

ren. Aufgrund der gesteigerten Bedeutung von F&E- und Innovationsaktivitäten fordern mittlerweile neben dem Top Management auch die Anteilseigner
mehr Informationen darüber, in welchem Maße diese Tätigkeiten zum Unternehmenserfolg beitragen (Kerssens-van Drongelen, 2001, S. 1 f.). F&E- und Innovationsmanager stehen deshalb vor der Aufgabe, den Beitrag ihres Bereiches
zur Gesamtunternehmensleistung präzise aufzeigen zu können. Seitens der zuständigen Manager zeigt sich daher eine wachsende Akzeptanz für den Einsatz
von Performance Measurement von Controllingsystemen.

Gemäß dem Motto »you cannot manage, what you cannot measure« finden
Messsysteme und Messansätze auch im Entwicklungsbereich immer größere
Anwendung, weil sie das Innovationsmanagement in wichtigen Entscheidungen unterstützen können. Doch auch wenn sich im Management langsam die
Ansicht durchsetzt, dass Innovationscontrolling ein wichtiges Hilfsmittel sein
kann, stehen viele Forscher und Entwickler dem Messen negativ gegenüber.
Da Entwicklungsprozesse »einzigartige, nicht reproduzierbare Vorgänge« sind,
sei es äußerst schwierig, wenn nicht gar unmöglich, diese Prozesse sinnvoll
zu managen und zu kontrollieren. Als Gründe werden aufgeführt, dass Innovationsleistungen nur äußerst schwer präzise zurechenbar seien, oft geeignete
Referenzgrößen für den Vergleich der Messdaten fehlen würden und überdies
der lange Zeithorizont sowieso keine sinnvollen Rückschlüsse für aktuelle Ma-
nagemententscheidungen zuließe. Innovationsleistungen werden oft nicht allein vom Entwicklungsbereich erbracht, sondern in Zusammenarbeit mit weiteren Funktionsbereichen wie dem Marketing oder der Produktion. Deshalb ist
es schwierig, den genauen isolierten Erfolgsbeitrag der Entwicklungsabteilung
an der Unternehmensleistung zu bestimmen. Außerdem ist im Voraus schwer
abschätzbar, in welchen Produkten und Prozessen Forschungs- und Entwicklungsleistungen am Ende Eingang finden. So kann es passieren, dass ein Projekt zwar abgebrochen wird, weil es ökonomisch wenig Erfolg verspricht, das
in diesem Projekt gewonnene Wissen aber schließlich Eingang in ein anderes,
finanziell sehr erfolgreiches Projekt findet. Hier stellt sich dann die Frage, wie
diese Entwicklungsleistungen verrechnet werden sollen. Zusätzlich erschwert
die meist große Zeitspanne zwischen der Durchführung der F&E-Aktivitäten
und dem letztlichen Erfolg oder Misserfolg am Markt eine frühzeitige Korrek-
tur bei Problemen. Denn wenn die Informationen über das Abschneiden am
Markt bekannt sind, ist es für Anpassungen in der Entwicklung oft schon zu
spät. Überdies bereitet die Tatsache, dass geeignete Referenzgrößen für den
Vergleich der ermittelten Messgrößen oft fehlen, Schwierigkeiten. Die skizzierten Einwände haben durchaus ihre Berechtigung, trotzdem sollten sie nicht als
K.O.-Argumente für das Innovationscontrolling gesehen werden. Zwar stimmt
die Behauptung, dass jedes Innovationsprojekt für sich betrachtet einzigartig
ist, dennoch lassen sich grundlegende Muster herausarbeiten (vgl. Kap. 1.4).
Die schlechte Zurechenbarkeit ist dagegen schon schwerer zu lösen. Allerdings
ergeben sich Abgrenzungsschwierigkeiten auch in vielen anderen Bereichen
des Unternehmens (Littkemann, 2005, S. 30 f.). Es sollte deshalb auf jeden Fall
versucht werden, geeignete Prinzipien für die Zurechenbarkeit der Innovationsleistung zu entwickeln. Je nach Produkt ist die Zeitspanne zwischen Entwick-

lungsleistungen und der Einführung am Markt recht unterschiedlich. Je weiter der Zeithorizont, desto größer die Unsicherheit. Trotzdem lassen sich meist auch bei Projekten, die eine sehr lange Laufzeit haben, bereits während des Entwicklungsprozesses Abweichungen erkennen, die nötige Entscheidungen und Änderungen anzeigen. Was die fehlenden Referenzgrößen anbetrifft, sollte gerade deshalb mit der Leistungsmessung begonnen werden. Nur durch das Erfassen von Messwerten können Standards ermittelt werden. Auch wenn diese Referenzgrößen besonders zu Beginn noch nicht allzu gut sein werden, sind sie doch Ausgangspunkt für die laufende Verbesserung, um im Laufe der Zeit zu realistischeren Vergleichswerten zu gelangen.

Andere Argumente gegen den Einsatz von Controlling-Instrumenten für Innovationsaktivitäten liegen überwiegend in den ihnen nachgesagten schlechten motivationalen Aspekten: Viele Forscher und Entwickler sehen die Messung der Innovationsleistung als kontraproduktiv an, da das bloße Messen schon kreativitätshemmend wirkt und zu einer Reduzierung der Motivation unter gut ausgebildeten Experten führt (Pappas/Remer, 1985, S. 15). Dem kann entgegengehalten werden, dass Performance Measurement auch motivationsfördernd wirken kann, weil für die Entwicklungsmitarbeiter durch geeignete Messgrößen sichtbar wird, welchen eigenen Erfolgsbeitrag zum Unternehmensergebnis sie durch ihre Tätigkeit erbringen. Sie stehen dann auch für einen Wertbeitrag und tauchen nicht mehr nur als Personalaufwand in den Kosten auf. Wichtig für die Entfaltung von positiven motivationalen Effekten ist, dass die betroffenen Mitarbeiter aktiv in die Gestaltung des Innovationscontrollings eingebunden werden (Godener/Söderquist, 2004, S. 209 f.). Durch die Partizipation beim Aufbau des Systems können sich Forscher und Entwickler besser mit den Messgrößen und -zielen identifizieren.

Natürlich sorgt Innovationscontrolling für eine Verhaltensbeeinflussung (Kerssens-van Drongelen/Cook, 1997, S. 345). Dies ist ja genau beabsichtigt, denn die Messgrößen zeigen den einzelnen Mitarbeitern an, was wichtig ist (Pappas/Remer, 1985, S. 16). Das, was Mitarbeiter als Innovationen entwickeln, soll mit den übergeordneten Unternehmenszielen in Einklang gebracht werden (Kerssens-van Drongelen/Bilderbeek, 1999, S. 43). Innovationscontrolling kann daher auch als Kommunikationsmittel dienen, um die strategischen Zielsetzungen des Top-Managements in die tägliche Arbeit der Forscher und Entwickler zu involvieren. Mit der Aussage »what you measure is what you get« wird deutlich, dass die Wahl der Messgrößen genau das beeinflusst, was die Entwicklungsmitarbeiter am Ende umsetzen. Innovationscontrolling schränkt damit zwar die Kreativität insoweit ein, dass nicht mehr in alle Richtungen hin geforscht wird, gleichzeitig bleibt so aber mehr Entwicklungskapazität für bestimmte Bereiche – man kann daher von einer »zielgerichteten Kreativität« sprechen.

Bei der Einführung und dem Betrieb eines Controllingsystems stellt sich immer auch die Frage nach dessen Wirtschaftlichkeit (Littkemann, 2005, S. 30). Nur wenn der Nutzen eines solchen Systems die Kosten überwiegt, macht die Implementierung Sinn. Unternehmensspezifisch muss entschieden werden, ob es sich lohnt, Zeit und Geld dafür zu investieren. Die Studie von Möller/Janssen zeigt deutlich, dass Unternehmen, die Leistungsmessung im Entwicklungs- und

Innovationsbereich betreiben, erfolgreicher sind als Unternehmen, die dies nicht tun.

Zusammenfassend lassen sich sechs wesentliche Vorteile eines Innovationscontrollings ausmachen:

1. Erstens hilft ein Innovationscontrolling bei der strategischen Ausrichtung der Forschungs- und Entwicklungsarbeit und der durchgängigen Kommunikation der Unternehmensziele (Strategic Alignment & Communication of Objectives). Operativ ermöglicht dies eine transparente Priorisierung von Innovationsaktivitäten und in der Folge der Allokation der Ressourcen.

2. Zweitens ist Innovationscontrolling wichtig, um die Ausführung operativer F&E-Tätigkeiten zu steuern (Operational Control & Diagnosis). Damit können Abweichungen festgestellt und gegebenenfalls Abhilfe schaffende Maßnahmen eingeleitet werden. Erst durch die zeitnahe Analyse der Innovationsaktivitäten wird sichtbar, ob ein Projekt auf Kurs liegt. Damit ist eine Steuerung im Entwicklungsprozess selbst möglich.

3. Drittens sorgt Feedback bei vielen Mitarbeitern für eine höhere Motivation (Motivation of People). Die Rückkopplung ihrer Leistung zeigt an, was gut war und in welchen Bereichen noch Verbesserungspotenzial steckt. Das Aufzeigen von Leistungslücken spornt Mitarbeiter meist zusätzlich an.

4. Viertens ist mit der Etablierung eines geeigneten Innovationscontrollings die Möglichkeit einer leistungsabhängigen Entlohnung der F&E-Mitarbeiter gegeben (Personnel Evaluation & Incentives). Zwar muss gut überlegt sein, wieviel erfolgsabhängige Entlohnung gerade im Forschungs- und Entwicklungsbereich sinnvoll ist. Dennoch führt eine zusätzliche finanzielle Anerkennung in vielen Fällen zu zufriedeneren und motivierteren Mitarbeitern.

5. Der fünfte Punkt beinhaltet die durch ein systematisches Innovationscontrolling eröffneten Chance auf systematisches Lernen und kontinuierliche Verbesserung (Learning & Continuous Improvement). Durch Messungen werden Probleme aufgedeckt und Verbesserungspotenziale angezeigt. Hieraus kann sich im Idealfall eine Kultur ergeben, in der die Mitarbeiter bestrebt sind, ständig besser zu werden.

6. Sechstens bietet das Innovationscontrolling den Mitarbeitern und Managern des F&E-Bereichs die Gelegenheit, ihre Leistungen und Entscheidungen mit Fakten zu untermauern (Justification of Existence, Decisions & Performance). Sie können Daten vorweisen, die den Wert ihrer Innovationsaktivitäten belegen.

Vorteile eines Innovationscontrollings:
1. Strategische Ausrichtung auf und Kommunikation von Zielen,
2. Operationale Steuerung und Diagnose,
3. Motivation von Mitarbeitern,
4. Persönliche Evaluation und Anreize,
5. Lernen und kontinuierliche Verbesserung,
6. Legitimation von Existenz, Entscheidungen und Ergebnissen.

1.7 Studie: Innovationssteuerung in der Praxis

Im Jahr 2009 wurde von Prof. Möller und seinem Team in einer großzahligen Studie untersucht, welche Methoden, Instrumente und Kennzahlen zur Steuerung der Innovationstätigkeit in Unternehmen verwendet werden (vgl. zum Folgenden Möller/Janssen 2010; Janssen/Möller, 2011). Im Folgenden wird die Studie vorgestellt und im Verlaufe des Buches punktuell auf Inhalte und Ergebnisse der Studie zurückgegriffen.

Erhebung zum Verbreitungsstand von Methoden, Instrumenten und Kennzahlen des Innovationscontrollings bei Unternehmen

Als methodisches Vorgehen wurde eine quantitative Erhebung mittels vollstandardisierter Fragebögen durchgeführt. Mit dem Ziel das Interesse an einer Studienteilnahme von F & E-Leitern bzw. Innovationsmanagern abzufragen, wurden 668 Unternehmen kontaktiert. Die Rücklaufquote von 19,9 % kann dabei, insbesondere im Innovationskontext, als sehr gut eingestuft werden und unterstreicht die hohe Relevanz der Thematik.

Befragt wurden Unternehmen aus Branchen, die sich durch eine besonders hohe Innovationsstärke auszeichnen. Hierzu zählen die Branchen Elektrotechnik, Fahrzeug- und Maschinenbau sowie der Instrumentenbau. Die Teilnehmer wurden in vier Gruppen anhand ihres Umsatzes eingeordnet und nach der Intensität ihres Innovationscontrollings geclustert. Die größenbezogene Einordnung ergaben 7 % kleine Unternehmen (weniger als 50 Mio. € Umsatz), 55 % mittlere Unternehmen (50 – 500 Mio. € Umsatz), 18 % große Unternehmen (501 – 2.000 Mio. € Umsatz) und 20 % sehr große Unternehmen (mehr als 2.000 Mio. € Umsatz). Die Innovationsintensität, d. h. der Anteil des Innovationsbudgets am Gesamtumsatz eines Unternehmens, liegt in der gesamten deutschen Industrie traditionell bei rund fünf Prozent. Bei den befragten Unternehmen nimmt die Innovationsintensität mit zunehmender Unternehmensgröße ab und liegt im Durchschnitt bei 4,49 %.

Top Performer sind hervorragend in der Erreichung von Zeit-, Kosten- und Qualitätszielen und mit überdurchschnittlichem finanziellem Innovationserfolg

Mit dem Zweck den Einfluss von Methoden, Instrumenten und Kennzahlen des Innovationscontrollings auf den Erfolg der Innovationstätigkeit zu analysieren, wurde der Datensatz in drei Gruppen gesplittet. Die Teilung erfolgte anhand zweier Kriteriengruppen, die je zu 50 % gewichtet wurden. Zum einen zählt der finanzielle Innovationserfolg im Vergleich zum Wettbewerb, zum anderen der Erfolg in der Zielerreichung von Zeit-, Kosten- und Qualitätszielen der Innovationsprojekte. Die erfolgreichsten 33 % der Unternehmen bilden die Gruppe der »Top Performer« und die »Low Performer« werden durch die schlechtesten 33 % dargestellt. Abbildung 1-4 verdeutlicht die großen Unterschiede in der Ausprägung der zwei Teilungskriterien zwischen Top Performer und Low Performer.

Top Performer nutzen die Instrumente des Innovationscontrollings intensiver

Die Top Performer messen dem Innovationscontrolling nicht nur eine höhere Bedeutung bei, sie nutzen es auch umfassender. Nahezu jedes Instrument des Innovationscontrollings wird von den erfolgreichsten Unternehmen intensiver als von den Low Performern genutzt (vgl. Abb. 1-5). Die systematische Marktforschung wird von Top Performern wesentlich stärker eingesetzt. Ein höherer Marktbezug der Innovationstätigkeit hat sich damit auch in dieser Studie als Erfolgsfaktor bestätigt. Instrumente, die eine strategische Ausrichtung des Innovations-Portfolios ermöglichen, z. B. eine Technology Roadmap oder Produkt-Marktportfolios, werden von den Top Performern ebenfalls intensiver

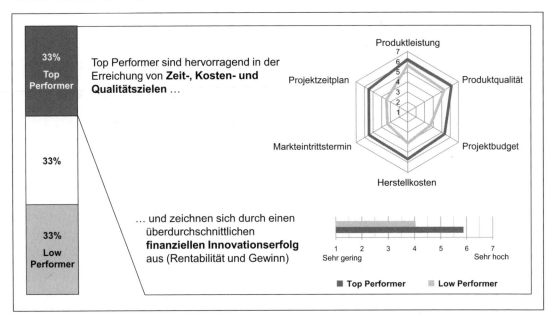

Abb. 1-4 Unterscheidung von Top vs. Low Performern im Innovationscontrolling (Quelle: Janssen/Möller, 2011, S. 100)

verwendet. Auch die Steuerung von Innovationsprojekten durch eine Meilensteinplanung und eine systematische Analyse des Projektfortschritts wird von den erfolgreichsten Unternehmen häufiger eingesetzt und zählt zum Standardrepertoire ihrer Steuerungsinstrumente. Instrumente die eine mehrdimensionale Leistungsbeurteilung ermöglichen, wie beispielsweise die Earned Value Methode oder eine Innovation Balanced Scorecard, werden hingegen auch von den Top Performern nur selten verwendet.

Auch Berichte werden von den Top Performern im Rahmen der Innovationssteuerung häufiger als von den Low Performern eingesetzt (vgl. Abb. 1-6). Das ausgefeilte Berichtswesen trägt so dazu bei, Licht in die Black Box der unternehmerischen Innovationstätigkeit zu werfen und macht die Planung, Umsetzung und anschließende Kontrolle wesentlich transparenter. Entwicklungstrends, Planabweichungen, Erfolgskennzahlen und weitere entscheidungsrelevante Informationen werden von den erfolgreichsten Unternehmen insofern zumeist durch standardisierte Berichte kommuniziert. Besonders auffällig ist, dass Top Performern nahezu immer die Anforderungen an ein Innovationsprojekt im Rahmen von Lastenheften konkretisieren und so bereits zu einem frühen Zeitpunkt die Aufgaben eines Innovationsprojekts konsequent abstecken. Doch auch jede andere Berichtsform wird von den Top Performern intensiver verwendet und unterstreicht den hohen Wert, den die erfolgreichsten Unternehmen einem ausgeprägten Berichtswesen zur Steuerung der Innovationstätigkeit beimessen.

Top Performer legen hohen Wert auf ein ausgeprägtes Berichtswesen

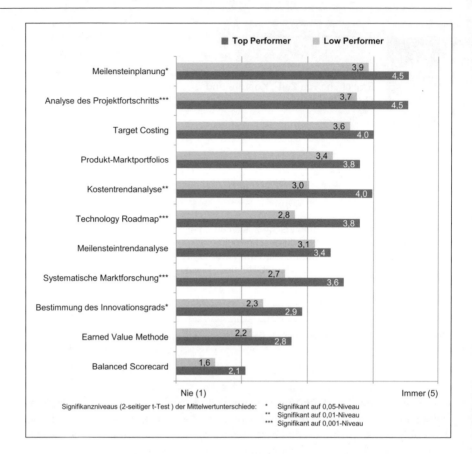

Abb. 1-5
Nutzung von
Instrumenten im
Innovationscon-
trolling (Quelle:
Janssen/Möller,
2011, S. 101)

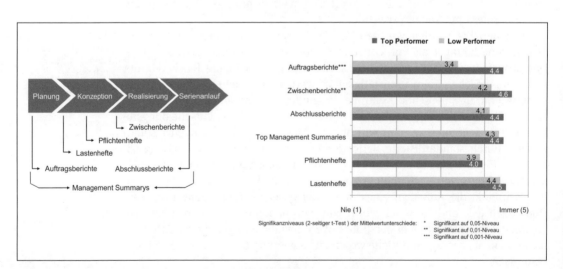

Abb. 1-6   Vergleich der Nutzung von Berichten im Innovationscontrolling

Im Rahmen der Studie wurde analysiert, welche Messbereiche der Kennzahlen-einsatz der Unternehmenspraxis zur Innovationssteuerung erfasst. Dazu wurde auf die Systematik eines grundlegenden und sehr weit verbreiteten Performance-Measurement-Ansatzes zurückgegriffen: Das Brown-Svenson-Modell, in dem angelehnt an den Prozess der Innovationstätigkeit die vier Bereiche Input, Prozess, Output und Outcome unterschieden werden (vgl. dazu auch Kap. 2.4). Es zeigte sich, dass die Ergebnisse der Innovationstätigkeit von den befragten Unternehmen bislang vielfach nur unzureichend durch Output- und Outcome-kennzahlen gemessen werden. Die erfolgreichsten Unternehmen zeichnen sich durch einen wesentlich ausgewogeneren Kennzahleneinsatz entlang aller Dimensionen aus. Der Einsatz von Output- und Outcomekennzahlen versetzt sie offensichtlich in die Lage, den Erfolg ihrer Innovationsprojekte wesentlich präziser zu evaluieren und damit präziser zu steuern. Das vielfach zitierte Prinzip des Performance Measurement »only what you measure you can manage« gilt offensichtlich auch für Innovationserfolg.

Top Performer erfassen die Ergebnisse der Innovationstätigkeit stärker durch Kennzahlen

Ein detaillierter Blick auf die einzelnen Kennzahlenkategorien zeigt die unterschiedliche Verwendung von Kennzahlen zwischen Top Performern und Low Performern noch deutlicher. Während der Einsatz von Input- und Prozesskennzahlen keine großen Unterschiede zwischen den beiden Gruppen aufzeigt, werden Output- und Outcomekennzahlen wesentlich intensiver von den Top Performern verwendet. Typische Outcomekennzahlen wie beispielsweise die Umsatz- oder Gewinnwirkung von Neuprodukten, aber auch Veränderungen des Marktanteils und der Kundenzufriedenheit sind Resultate der Innovationstätigkeit, die von den Top Performern durch Outcomekennzahlen regelmäßig

Die Verwendung von Output- und Outcomekennzahlen sichert den Top Performern einen Informationsvorsprung

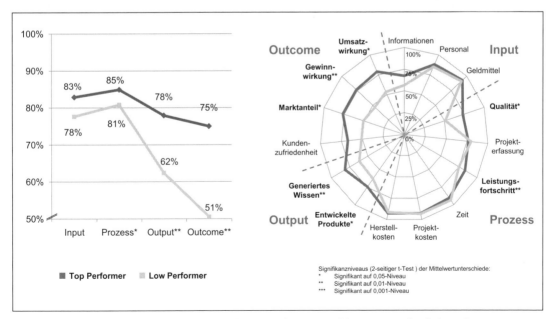

Abb. 1-7   Vergleich der Nutzung und Verwendung einzelner Kennzahlen in unterschiedlichen Phasen (Quelle: Janssen/Möller, 2011, S. 102)

erfasst werden. Auch die relativ seltene Erfassung von Qualitätsaspekten der Entwicklungstätigkeit wird von den Top Performern durch eine intensivere Verwendung von qualitätsbezogenen Prozesskennzahlen vermieden. Ebenso wie bei den Low Performern zeigt sich jedoch auch bei den Top Performern eine unterdurchschnittliche Erfassung von immateriellen Inputs der Innovationstätigkeit durch die Verwendung von adäquaten Kennzahlen.

2 Ganzheitliche Steuerungsansätze für Innovationen

Meist ist der gesamte Innovationsprozess von der Idee bis hin zur Markteinführung einer Innovation mit einem hohen Grad an Erfolgsunsicherheit verbunden. Nicht selten werden erhebliche Summen in eine Entwicklung investiert, obwohl deren späterer Markterfolg äußerst unklar ist. Daher ist eine systematische Steuerung von Innovationsprojekten notwendig, um größere Fehlinvestitionen zu vermeiden. Im Folgenden werden ganzheitliche Steuerungsansätze für die Steuerung von Innovationen dargestellt. Zu Beginn werden die controllingorientierten Grundlagen von Steuerungssystemen und Kennzahlen beschrieben und daraus ein Steuerungskonzept im Sinne eines Performance Management abgeleitet (2.1). Anschließend erfolgt eine differenzierte Darstellung von Innovationssteuerungssystemen. Dabei findet eine Einteilung statt in pyramidale Steuerungsansätze (2.2), mehrdimensionale Ansätze im Sinne der Innovation Balanced Scorecard (2.3) und das Input-Process-Output-Outcome-Framework von Brown/Svenson (2.4). Abgeschlossen wird das Kapitel mit einem Anwendungsbeispiel zur kennzahlenbasierten Steuerung aus der Praxis (2.5).

2.1 Grundlagen

2.1.1 Struktur von Steuerungssystemen im Innovationsbereich

In Struktur und Aufbau können sich auf Kennzahlen basierende Steuerungsansätze erheblich voneinander unterscheiden, wobei in Abhängigkeit von der Art der Verknüpfung einzelner Kennzahlen innerhalb eines Systems zwischen Ordnungssystemen und Rechensystemen unterschieden werden kann. Im Innovationskontext handelt es sich in aller Regel um Ordnungssysteme, sodass die Kennzahlen nicht durch einen mathematischen, sondern durch einen sachlogischen Zusammenhang miteinander verbunden sind. Die Ableitung der sachlogischen Beziehungen der Innovationstätigkeit erfordert dabei den Rückgriff auf ein Modell, das als vereinfachtes Abbild der Realität die Elemente der Innovationstätigkeit und ihre Beziehungen zueinander nach bestimmten Gesichtspunkten ordnet. Entsprechend des zugrunde liegenden Modells kann ein Steuerungssystem für den Innovationsbereich daher unterschiedliche Formen annehmen. Im Folgenden wird zwischen pyramidalen Systemen, der Innovation Balanced Scorecard und prozessualen Steuerungssystemen unterschieden. Diese werden im Folgenden beispielhaft skizziert. Darüber hinaus existieren in der Literatur jedoch zahlreiche weitere Ansätze, in denen sich Elemente dieser Grundformen wiederfinden (Chiesa et al., 2008; Collins/Smith, 1999). Zuvor werden die Grundlagen von Kennzahlen und Steuerungssystemen als Ausgangsbasis knapp dargestellt.

Steuerungssysteme lassen sich in pyramidale, mehrdimensionale und prozessuale Systeme unterteilen

2.1.2 Grundlagen von Kennzahlen

Kennzahlen vs.
Kennzahlensysteme

Das Innovationscontrolling hat die Aufgabe, Informationen zur Fundierung von Entscheidungen sowie zur Verhaltenssteuerung im Innovationskontext bereitzustellen. Mithilfe von Kennzahlen werden komplexe betriebswirtschaftliche Sachverhalte für diese Zwecke verdichtet (Horváth, 2009). Kennzahlensysteme setzen einzelne Kennzahlen zueinander in Beziehung. Damit ist es möglich, die Einflussfaktoren einer Kennzahl darzustellen sowie deren Änderungs- oder Beeinflussungsmöglichkeiten zu untersuchen. Bekanntester Vertreter von Kennzahlensystemen ist das DuPont-Schema, das den Return on Investement (RoI) in seine Werttreiber aufschlüsselt. Ein Kennzahlensystem ist als Zielsystem verwendbar, wenn die einzelnen Steuerungsgrößen vom Entscheidungsträger beeinflusst werden können (Küpper, 2008, S. 390 f.). Die Operationalisierung einer übergeordneten Spitzenkennzahl, wie bspw. des RoI (Return on Investment) im Rahmen von Zielsystemen ermöglicht die Definition konkreter Zielvorgaben und damit die Steuerung operativer Einheiten.

Kennzahlen erfüllen
unterschiedliche
Funktionen

Kennzahlen erfüllen unterschiedliche Funktionen, die teils unabhängig, teils interdependent wirken (Weber/Schäffer, 2006, S. 169). Zuerst besitzen Kennzahlen eine Operationalisierungsfunktion, indem sie komplexe Sachverhalte der Realität in eine formale, quantitative Beschreibung überführen und damit konkret fassbar machen. In zweiter Linie wird mit dem Einsatz von Kennzahlen eine Steuerungsfunktion verfolgt. Im Rahmen der Entscheidungsunterstützung werden Kennzahlen für die Planung und insbesondere für die Kontrolle herangezogen und übernehmen damit eine Vorgabefunktion. Zur Erfüllung der Kontrollfunktion dienen Soll-Ist-Vergleiche und anknüpfende Abweichungsanalysen. Darüber hinaus dienen Kennzahlen der Entdeckung von Auffälligkeiten und Veränderungen und besitzen damit eine Anregungsfunktion im Sinne der Aufmerksamkeitslenkung.

Kennzahlen lassen
sich in Gliederungs-,
Beziehungs- und
Verhältniskennzahlen kategorisieren

Kennzahlen lassen sich zum einen in absolute und relative Größen einteilen. Als absolute Größen können Einzelzahlen (z. B. Patente), Summen (z. B. F & E-Aufwand) oder Differenzen (z. B. Betriebsergebnis) herangezogen werden. Setzt man absolute Zahlen zueinander ins Verhältnis, so wird damit ein erster Vergleich der Kennzahlen vorgenommen und die Aussagekraft erhöht. Man spricht in diesem Zusammenhang von relativen Kennzahlen bzw. Verhältniskennzahlen. Diese lassen sich weiter in Gliederungs-, Beziehungs- und Indexkennzahlen unterteilen (Coenenberg et al., 2009, S. 1034):

- Bei Gliederungszahlen werden Teilgrößen (z. B. F & E-Personalaufwand) ihrer entsprechenden Gesamtgröße (z. B. F & E-Aufwand) gegenübergestellt. Sie zeigen das relative Gewicht einzelner Größen im Verhältnis zum Ganzen und erlauben dadurch Vergleiche von Unternehmen oder Geschäftsbereichen unterschiedlicher Größen.
- Werden verschiedenartige Größen, zwischen denen ein sachlogischer Zusammenhang besteht, in Beziehung gesetzt, spricht man von Beziehungszahlen. Dieser Zusammenhang kann bspw. eine Mittel-Zweck-Relation sein. So stellt man z. B. den Innovationsgewinn als verursachte Größe dem Innovationskapital als verursachende Größe gegenüber, um die Innovationskapitalrentabi-

lität zu messen. Beziehungszahlen müssen jedoch nicht dieselben Dimensionen aufweisen. Ein Beispiel hierfür ist die Kennzahl Anzahl neuer Produkte pro Euro F&E-Aufwand.

- Indexzahlen werden zur Darstellung von zeitlichen Veränderungen bzw. Entwicklungen einer Größe herangezogen. Der Wert eines Basiszeitpunktes wird gleich 100 % gesetzt und alle weiteren Werte verschiedener Zeitpunkte werden im Verhältnis zu diesem Basiswert gemessen, z. B. Preis- oder Kostenindizes. So zeigt bspw. ein Lohnkostenindex um wie viel Prozent sich die Lohnkosten im Berichtszeitpunkt gegenüber dem Wert des Basiszeitpunktes verändert haben.

Neben den finanziellen können ebenso nichtfinanzielle Kennzahlen unterschieden werden. Durch die zunehmende Bedeutung nicht bilanzierungsfähiger, immaterieller Werte (z. B. Innovations- oder Humankapital) werden nichtfinanzielle Kennzahlen (z. B. Anzahl Patente, Mitarbeiterzufriedenheit) verstärkt zur Unternehmenssteuerung herangezogen. Häufig werden diese in Kombination mit finanziellen Steuerungsgrößen im Rahmen eines ganzheitlichen Performance Measurement Systems (z. B. Balanced Scorecard) verwendet.

Die isolierte Anwendung von Kennzahlen bringt Probleme mit sich, die im Folgenden beispielhaft skizziert werden sollen. Eine der am häufigsten eingesetzten Kennzahlen ist die F&E-Intensität. Sie zeigt, wie viel finanzielle Mittel in die F&E investiert werden und entspricht dem Verhältnis des F&E-Budgets zum Unternehmensumsatz. Problematisch ist hier, dass der Umsatz als Teil der Kennzahl von vielen weiteren Faktoren beeinflusst wird und insbesondere ein – zumeist sehr unklarer – zeitlicher Versatz zwischen Investition in F&E und Umsatz (möglicherweise verursacht durch F&E) besteht. Auch Brancheneffekte, gewählte Geschäftsmodelle u.ä. stellen unter Umständen erhebliche Einflussgrößen dar, die unabhängig von der Innovationstätigkeit sind. Gern wird bei der Innovationssteuerung auch die Anzahl der Patente und Schutzrechte innerhalb eines Zeitraumes verwendet. Auch dies kann zu Fehlsteuerungen führen. Dies ist insbesondere der Fall, wenn die Kennzahl direkt an das Entlohnungssystem der Mitarbeiter gekoppelt ist. In der Folge besteht ein Anreiz, ein Patent in mehrere Patente aufzusplitten, um so die Kennzahl zu beeinflussen.

Daher liegt es nahe, nicht nur einzelne Kennzahlen zu verwenden, sondern diese im Rahmen eines Kennzahlensystems ausgewogen miteinander zu verknüpfen. Entsprechend werden im Folgenden ganzheitliche, mehrdimensionale Steuerungssysteme vorgestellt.

2.1.3 Performance Measurement zur Leistungsmessung

Im Gegensatz zu traditionellen Kennzahlen, die sich überwiegend auf finanzielle Zusammenhänge konzentrieren, beziehen mehrdimensionale Steuerungssysteme auch weitere nichtfinanzielle Inhalte explizit in die Steuerung ein. Grundsätzliche Überlegung ist dabei, dass derartigen Messgrößen (wie beispielsweise dem Wissen der Mitarbeiter oder der Reputation eines Unternehmens) eine wesentliche Vorlauf-Wirkung zukommt, die sich zeitversetzt auf finanzielle Erfolgsgrößen auswirkt. Bei der Gestaltung von Steuerungssystemen wird daher den nichtfinanziellen Leistungsindikatoren und einer ganzheitlichen, strategieorientierten Gestaltung eine zentrale Bedeutung beigemessen (Eccles, 1991, S.136 f.). Das Performance Management bzw. Measurement liefert den konzeptionellen Rahmen derartiger Ansätze.

Performance Measurement bestimmt die Effizienz und Effektivität einer Tätigkeit

Die Leistungsmessung (Performance Measurement) wird als Prozess der Quantifizierung von Effizienz und Effektivität einer Tätigkeit beschrieben (Neely et al., 1995, S. 81). Performance-Measurement-Systeme sind damit besonders strukturierte Sammlungen von Kennzahlen mit den folgenden Merkmalen (Baum et al. 2007, S. 363 f.):

- Direkter Bezug von Kennzahlen zu strategischen Zielen;
- Einbezug von quantitativen und qualitative, finanziellen und nichtfinanziellen Kennzahlen;
- Berücksichtigung von verschiedenen internen und externen Anspruchsgruppen (Stakeholder wie z. B. Aktionäre, Mitarbeiter, Kunden, Wettbewerber, Investoren, Lieferanten) sowie ggf. Verbindung zu Anreizsystemen.

Aufbau und Entwicklung von Performance Measurement Systemen folgen einem einheitlichen Schema (vgl. Abb. 2-1).

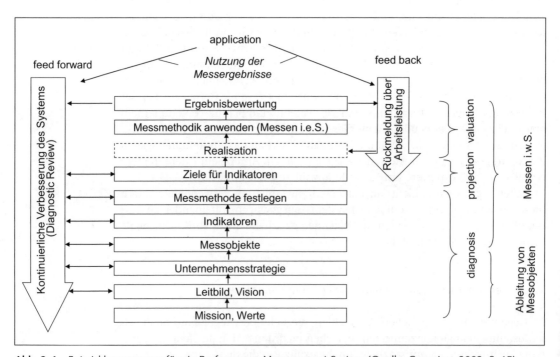

Abb. 2-1　Entwicklungsprozess für ein Performance Measurement System (Quelle: Gruening, 2002, S. 15)

2.1.4 Performance Management zur Leistungssteuerung

Ausgehend von der Leistungsmessung widmen sich Performance Management Systeme der Leistungssteuerung. Nach Ferreira und Otley (2009) besteht ein umfassendes Performance Management System aus mehreren Merkmalen und kann

- die Vision und die Mission einer Organisation identifizieren und kommunizieren,
- die zentralen Erfolgsfaktoren identifizieren und vermitteln,
- die Organisationsstruktur abbilden und aufzeigen, wie diese ihre Nutzung und Ausgestaltung beeinflusst,
- die Strategie und Pläne abbilden und aufzeigen, welche Prozesse für deren Umsetzung nötig sind,
- die Key Performance Indicators identifizieren und abbilden,
- angemessene Leistungsziele für die Key Performance Indicators festlegen,
- die bereits bestehenden Prozesse zur Evaluation von erbrachter Leistung identifizieren,
- die Vergütung für die Zielerreichung festlegen,
- die Informationsflüsse aufzeigen, die die Tätigkeiten des Performance Management unterstützen.

Zusammenfassend lässt sich ein Performance Management System beschreiben als die selektive Erfassung, Steuerung und Kommunikation von materiellen und/oder immateriellen Elementen innerhalb einer wirkungsorientierten Verknüpfung von Inputs, Prozessen, Outputs und Outcomes. Das übergeordnete Ziel dieser Systeme ist dabei, den Grad der organisationalen Zielerreichung zu verbessern.

Für die Entscheidungsträger spielen vor allem die unterschiedlichen Wirkungen und damit die Wirkungsbeziehungen zwischen den einzelnen Leistungstreibern eine entscheidende Rolle, um Managementaktionen aus den Informationen zu generieren. Mit Hilfe von Wirkungsbeziehungen kann zudem das Verständnis von Geschäftsdynamiken verbessert werden. Wirkungsbeziehungen spielen folglich eine zentrale Rolle innerhalb von Performance Management Systemen. Einen entsprechenden Steuerungsansatz zeigt das Performance Management Framework in Abbildung 2-2. Es besteht aus vier Ebenen (Layern), welche jeweils spezifische Inhalte abdecken (Möller et al., 2011):

Wirkungsbeziehungen sind ein zentrales Element von Performance Management Systemen

- **Layer A: Context** erfasst die internen und externen Kontextfaktoren eines Steuerungsbereichs.
- **Layer B: Capture** beinhaltet die Erfassung der Leistungselemente in den Kategorien Input, Process, Output und Outcome. Die Erfassung kann mit Hilfe bereits bestehender Performance Measurement Systeme oder anderen Datenquellen geschehen. Eigenschaften der Elemente wie bspw. die Tatsache ob sie materiell oder immateriell sind können Teil der Erfassung sein.
- **Layer C: Couple** visualisiert die Verknüpfung der Leistungselemente und zeigt dadurch die vermuteten Wirkungsbeziehungen zwischen ihnen auf. Die Verknüpfung kann kausaler, logischer oder finaler Natur sein. Durch die

Nutzung von analytischen Methoden bestehen Möglichkeiten, die Wirkungsbeziehungen zu überprüfen.

- **Layer D: Control** ermöglicht durch die Kenntnis der Wirkungsbeziehungen die erfolgskritischen Leistungselemente zu identifizieren und gezielt zu steuern. Feedback-Schleifen im Sinne eines kybernetischen Regelkreises stellen sicher, dass die Verknüpfungen regelmäßig überprüft werden und ein betrieblicher Lernprozess unterstützt wird. Feedforward-Schleifen ermöglichen die Berücksichtigung von strategischen Planungsaspekten.

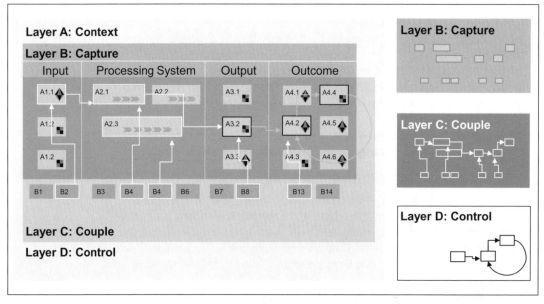

Abb. 2-2   Das Multilayer Performance Management Framework (Quelle: Möller/Drees/Schläfke, 2011)

2.2 Pyramidale Steuerungsansätze

Basis für Pyramidale Performance Measurement Systeme sind hierarchisch angeordnete Treibergrößen

Pyramidale Steuerungssysteme basieren auf hierarchisch angeordneten Treibergrößen, welche die Ausprägung ihrer Spitzenkennzahl beeinflussen. Ein Beispiel für ein solches, auf Treibergrößen basierendes Modell zur Steuerung der Innovationstätigkeit ist das »R&D-Return Framework« von Foster et al. (Foster et al., 1985, S. 13). Es basiert auf mathematischen und sachlogischen Zusammenhängen und stellt damit eine Kombination aus Rechensystem und Ordnungssystem dar. Die Spitzenkennzahl »R&D-Return« errechnet sich aus der Multiplikation der beiden untergeordneten Verhältniskennzahlen »R&D-Productivity« (technischer Fortschritt im Verhältnis zu F&E-Aufwand) und »R&R-Yield« (Gewinn im Verhältnis zu technischem Fortschritt). Auf Basis sachlogischer Überlegungen werden diese beiden Kennzahlen in jeweils zwei weitere Komponenten aufgeteilt: R&D-Productivity ergibt sich aus der potenziellen Produktivität und der

Effizienz der Technologieentwicklung; R & D-Yield setzt sich aus den potenziellen Einnahmen und der operativen Effizienz zusammen. Durch eine Befragung von 64 F & E-Verantwortlichen wurden die einflussreichsten Treibergrößen dieser vier Komponenten ermittelt und die 13 wichtigsten Treiber in das System integriert.

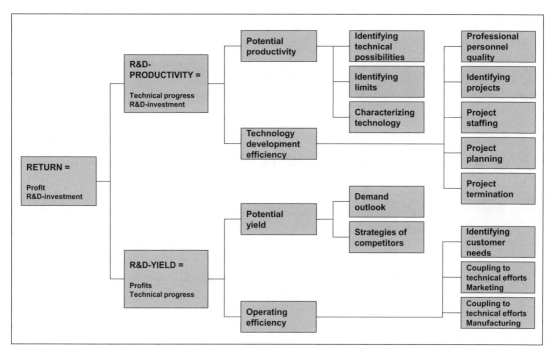

Abb. 2-3 R & D-Return Framework (Quelle: Foster, et al., 1985, S. 13–22)

Ein weiteres Beispiel eines pyramidalen Steuerungssystems liefert Stippel (Stippel, 1999, S. 301). Ausgangspunkt ist die Innovationsintensität als Spitzenkennzahl der Innovationstätigkeit und als Indikator für den Umfang der Innovationstätigkeit. Diese ist um Kennzahlen zu erweitern, die durch diese Aktivitäten erzielte Leistungsfähigkeit messen. So sind auf der nächsten Ebene die Innovationsrate und die Produktivität zu finden. Diese ermöglichen eine Beurteilung der Leistungsfähigkeit als Ganzes, allerdings ist auch eine Bewertung der Effektivität der einzelnen Phasen des Innovationsprozesses erforderlich. Die Bewertung der Effektivität kann über die Erfolgsquote und die Qualität der Ideengenerierung und der Ideenumsetzung wiedergegeben werden. Die Floprate ist erforderlich, um die Gründe einer eventuell nicht ausreichenden Effektivität aufdecken zu können. Zudem ist die Planungsqualität gesondert hervorzuheben, da diese Kennzahl ein entscheidender Faktor für den Erfolg oder Misserfolg der Innovationstätigkeit ist.

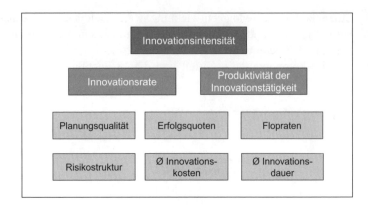

Abb. 2-4 Innovations-Kennzahlen-system (Quelle: Stippel, 1999, S. 301)

2.3 Innovation Balanced Scorecard

Die Balanced Scorecard stellt ein Gleichgewicht zwischen finanziellen und nichtfinanziellen Zielen her

Der Harvard-Professor Robert Kaplan und sein Kollege David Norton entwickelten Anfang der 1990er Jahre auf der Basis einer Untersuchung zum Performance Measurement in zwölf US-amerikanischen Großunternehmen ein Steuerungssystem, das über rein finanzielle Kennzahlen hinausgeht (Kaplan/Norton, 1992). Ausgangspunkt war die Kritik an der starken finanziellen Ausrichtung US-amerikanischer Managementsysteme, die nichtfinanzielle Kennzahlen lediglich für operative Verbesserungen in der Produktion und im Vertrieb auf lokaler Ebene verwenden (Kaplan/Norton, 1996, S. 6 ff.). Diese einseitige Betrachtung sollte durch eine Ergänzung nichtfinanzieller Perspektiven relativiert werden, um ein Gleichgewicht zwischen (häufig nur kurzfristig orientierten) finanziellen und (längerfristig orientierten) nichtfinanziellen Kennzahlen zu schaffen.

Die Balanced Scorecard übersetzt Vision und Strategie in konkrete Ziele und Kennzahlen

Die Balanced Scorecard (BSC) koppelt finanzielle Kennzahlen mit solchen aus den Bereichen der Kunden-, internen Prozess- und der Lern- und Entwicklungsperspektive. So sollen mit Hilfe der Balanced Scorecard Vision und Strategie in materielle Ziele und Kennzahlen übersetzt werden können. Die Kennzahlen werden zur Formulierung und zur Kommunikation der Unternehmensstrategie sowie zur Ausrichtung persönlicher, abteilungsübergreifender und unternehmensbezogener Aktivitäten auf ein gemeinsames Ziel erstellt. Damit kann die BSC nicht nur als ein Kontrollsystem verstanden werden, sondern vielmehr als ein Kommunikations-, Informations- und Lernsystem. Als »ausgewogene Berichtskarte« stellt sie eine Balance zwischen:

- finanziellen und nichtfinanziellen Kennzahlen,
- Ergebnisgrößen (Spätindikatoren) und Leistungstreibern (Frühindikatoren),
- kurzfristigen und langfristigen Zielsetzungen und
- internen Größen für Geschäftsprozesse, Wachstum, Innovation und externen Größen für Eigentümer und Kunden her.

Innovative Unternehmen verwenden die BSC nicht nur als taktisches oder operatives Messsystem, sondern als ein strategisches Managementsystem, um ihre

Strategie langfristig verfolgen zu können. Somit findet das System Anwendung in der Planung als auch in der Durchführung sowie Kontrolle.

Das BSC-Konzept hat in Theorie und Unternehmenspraxis erhebliche Beachtung gefunden und ist mittlerweile das wohl dominierende Konzept im Bereich des Performance Measurements.

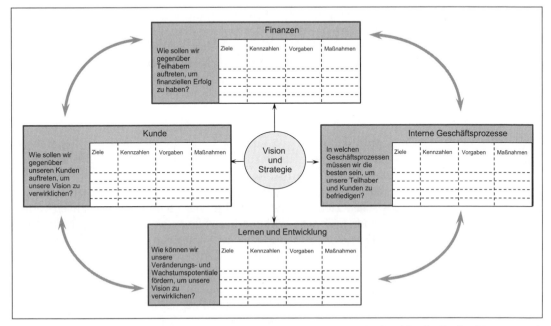

Abb. 2-5 Die BSC als Rahmen zur Umsetzung einer Strategie in operative Größen (Quelle: Kaplan/Norton, 1996, S. 9)

Auf Grundlage langjähriger Erfahrungen schlagen die Begründer der BSC vier zentrale Perspektiven vor: Finanz-, Kunden-, Prozess- und Potenzialperspektive. Diese Perspektiven können allerdings branchen- und unternehmensspezifisch angepasst werden (Kaplan/Norton, 2004):

- Die Finanzperspektive definiert die oberste Zielsetzung für gewinnmaximierende Unternehmen. Die enthaltenden finanziellen Erfolgsgrößen ermöglichen die Überprüfung, ob die Strategie zu einer Verbesserung der (finanziellen) Leistung führt – also der monetären Auswirkungen der Strategie – und fungieren als Endziele für andere Perspektiven der BSC. Typische Kennzahlen sind beispielsweise die Rentabilität oder der Unternehmenswert.
- Die Kundenperspektive fokussiert auf die Zufriedenstellung der Kunden als Grundlage finanzieller Erfolge und stellt sich damit dem Problem der Umsetzung der Strategie in Bezug auf den Markt. Hier werden die Zielkundensegmente und der spezifische Wertbeitrag, den das Unternehmen diesen Kunden anbieten möchte, festgelegt. Die damit zusammenhängenden Kennzahlen beziehen sich insbesondere auf die Bereiche: Produktleistung, Service, Preis, Zeit und Qualität.

- Die interne Prozessperspektive hebt die wenigen Prozesse hervor, die kritisch für die Erreichung der finanziellen Ziele und der Kundenziele sind. Die erfolgskritischen Prozesse schaffen und übermitteln den Wertbeitrag der Organisation für die Kunden. Zudem fördern sie die Profitabilitätsziele der Organisation.
- Die Potenzialperspektive (auch Lern- und Entwicklungsperspektive genannt) identifiziert die spezifischen Fähigkeiten und Kompetenzen innerhalb der immateriellen Vermögenswerte der Organisation (Human-, Informations- und Organisationskapital), die erforderlich sind, um die Ziele der Prozessperspektive zu erreichen. Die Potenzialperspektive betont bestehende Verbesserungs- und Innovationspotenziale und legt die zur Erreichung der Ziele der anderen Perspektiven notwendige Infrastruktur fest.

Das BSC-Konzept umfasst die Strategy Map und die BSC (i. e. S.)

Das Konzept der BSC hat seit den 1990er Jahren einen kontinuierlichen Entwicklungsprozess durchlaufen und sich dabei von einem reinen Performance Measurement-Instrument zu einem strategischen Managementsystem gewandelt. Heute setzt sich das BSC-Konzept aus zwei zentralen Komponenten zusammen: der Strategy Map und der BSC (i.e.S.). Die Strategy Map beinhaltet die strategischen Ziele, die auf die (i.d.R. vier) zentralen Perspektiven verteilt werden und durch Ursache-Wirkungsbeziehungen miteinander verbunden sind. Ziel der Strategy Map ist es, die Logik der Strategie in einem Ursache-Wirkungs-Diagramm zu visualisieren. Hierbei werden sowohl die für die Wertschöpfung kritischen internen Prozesse als auch immateriellen Vermögenswerte, die für die Unterstützung der Prozesse erforderlich sind, adressiert. Durch die gleichgewichtige Berücksichtigung der Perspektiven bei der Ableitung der strategischen Ziele soll dabei ein ausgewogenes Zielsystem sichergestellt werden.

Balanced Scorecard Konzept				
Strategy Map		Balanced Scorecard i.e.S.		
Prozess: Produktions- und Logistikmanagement	Ziele	Messgröße	Vorgabe	Initiative
Finanzperspektive (Gewinne und RONA, Umsatzwachstum, Weniger Flugzeuge)	• Wirtschaftlichkeit • Umsatzwachstum • Weniger Flugzeuge	• Marktwert • Umsatz/Sitz • Leasingkosten/ Flugzeug	• 30% • 20% • 5%	
Kundenperspektive (Mehr Kunden anziehen, Pünktlicher Service, Die niedrigsten Preise)	• Mehr Kunden anziehen und binden • Pünktliche Flüge • Die niedrigsten Preise	• Anzahl Stammkunden • Anzahl Kunden • FAA-Rating für pünktliche Ankunft • Kundenranking	• 70% • Jährl. Steigerung um 12% • Platz 1 • Platz 1	• CRM-System implementieren • Qualitätsmanagement • Kundenloyalitätsprogramm
Interne Prozessperspektive (Schneller Ground Turnaround)	• Schneller Turnaround im Bodenbereich	• Bodenzeit • Pünktlicher Abflug	• 30 Minuten • 90%	• Optimierung der Durchlaufzeit
Potenzialperspektive (Strategische System- und Personaleinsatzplanung)	• Unterstützungssysteme entwickeln	• Verfügbarkeit des Informationssystems • Strategisches Bewusstsein	• 100% • 100%	• Einführung eines Systems für die Personaleinsatzplanung • Kommunikationsprogramm

Abb. 2-6 Die Komponenten des BSC-Konzeptes (Quelle: Kaplan/Norton, 2004)

Das BSC-Konzept umfasst demnach ein integriertes System aus strategischen Zielen und ihrer Visualisierung in einem Ursache-Wirkungs-Diagramm (Strategy Map), sowie Kennzahlen, Zielvorgaben, und Aktionsprogrammen bzw. Maßnahmen (Balanced Scorecard i.e.S.). Damit soll das BSC-Konzept als Bindeglied zwischen der Strategieformulierung und ihrer Umsetzung fungieren, also die Ausrichtung der Unternehmensaktivitäten auf die zentralen strategischen Ziele und die Einbindung der Strategie in das operative Tagesgeschäft ermöglichen. Abbildung 2-6 veranschaulicht das BSC-Konzept mit seinen einzelnen Komponenten.

Das zentrale Merkmal der BSC, vorlaufende Kennzahlen zu verwenden, deren Ausprägungen Auskunft über das zukünftige Leistungspotenzial des Unternehmens geben, wird in der Regel angeführt, um ihre Eignung als Performance Measurement System zur Steuerung der Innovationstätigkeit zu unterstreichen. Folglich ist eine funktional spezifizierte Form der BSC in der Form einer Innovation Balanced Scorecard als ganzheitlicher Steuerungsansatz zu verwenden. Die Struktur und strategische Ausrichtung einer Innovation Balanced Scorecard wird durch die übergeordnete Unternehmensstrategie bzw. Innovationsstrategie festgelegt. Entsprechend muss die Auswahl der geeigneten Perspektiven und Kennzahlen für eine Implementierung im Unternehmen auf Basis der unterneh-

Die Innovation Balanced Scorecard ermöglicht eine kennzahlenbasierte, ganzheitliche Steuerung des Innovationsbereichs

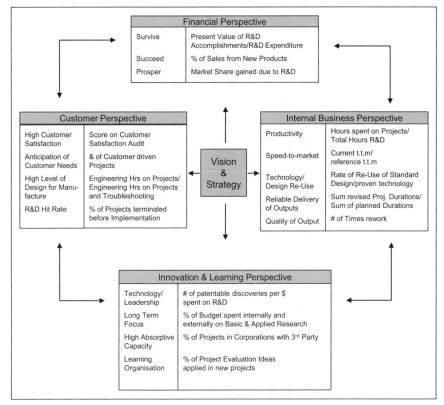

Abb. 2-7   Innovation Balanced Scorecard (Quelle: Kerssens-van Drongelen/Cook, 1997, S. 345–357)

mensindividuellen Kausalbeziehungen der Innovationstätigkeit erfolgen. Die in der Literatur existierenden Vorschläge für eine Innovation Balanced Scorecard sind insofern nur als Beispiele zu verstehen (Bremser/Barsky, 2004; Kerssens-van Drongelen/Cook, 1997; Sandstrom/Toivanen, 2002).

Wie Abbildung 2-7 zeigt gleicht der Aufbau der Innovation Balanced Scorecard dem der BSC. Im Herzen der Innovation Balanced Scorecard findet man analog zur BSC die Vision und Strategie des Unternehmens, welche auf die vier Perspektiven wirken. Allerdings ist hier nicht die Unternehmensgesamtstrategie verankert, sondern die Innovationsstrategie des Unternehmens. Da sich die vier Perspektiven der Innovation Balanced Scorecard aus der Innovationsstrategie ableiten, nehmen auch die Elemente der Kategorien Ziele und Kennzahlen der einzelnen Perspektiven zumeist innovationsspezifische Formen an. Zwar können Ziele wie z. B. Survive, Succeed und Prosper der Finanzperspektive mit denen der BSC identisch sein, aber die entsprechenden Kennzahlen sind bei der Innovation Balanced Scorecard, der Strategie folgend, innovationsspezifisch formuliert. Dies führt dazu, dass der innovative Gedanke auf das gesamte Unternehmen ausstrahlt und die Innovationsstrategie zielführend in allen Bereichen verfolgt wird. Darüber hinaus kann so eine Innovationskultur im Unternehmen erzeugt werden, die als Wettbewerbsvorteil wirken kann (vgl. Kap. 6.3).

2.4 Innovation Input-Process-Output-Outcome-Framework

Das Input-Process-Output-Outcome-Framework dient zur systematischen Messung von Arbeitsergebnissen und Arbeitsleistungen von Produktinnovationen

Die Messung von Arbeitsergebnissen und Arbeitsleistungen von Produktinnovationen kann in Analogie zu einer idealisierten prozessualen Darstellung eines Innovationsvorhabens in einer systematischen Messstruktur erfasst werden. Grundlage dafür bildet das im Bereich der Innovationstätigkeit weit verbreitete Performance Measurement System von Brown und Svenson. Der Aufbau des entwickelten Input-Process-Output-Outcome (IPOO) Framework ist in Abbildung 2-8 dargestellt (Brown/Svenson, 1988, S. 11).

Im Rahmen des auf Ursache-Wirkungs-Beziehungen basierenden Modells fließen verschiedene Inputs in den Innovationsprozess ein. Bei diesen Inputs handelt es sich um Mitarbeiter, Ideen, Ausrüstung, Kapital und Informationen, die im sogenannten Processing System – der eigentlichen Forschungs- und Entwicklungstätigkeit – weiterverarbeitet werden. Auf diese Weise entstehen Outputs wie neue Produkte, Patente, Wissen oder neue Verfahren. Diese werden vom Receiving System aufgenommen und im Falle einer Produktinnovation durch Produktion, Marketing und Vertrieb an den Markt gebracht und kommerzialisiert. Das Receiving System, welches selbst nicht zum Innovationssystem gehört, umfasst die weiteren Unternehmensbereiche (Produktion, Marketing, Vertrieb etc.), die an der Verarbeitung und Vermarktung der Outputs beteiligt sind. Erst durch ihren Einsatz gelangt die Produktinnovation auf den Markt und erzeugt nun als Outcome in Form von Umsatz- und Gewinnsteigerungen Wert für das Unternehmen.

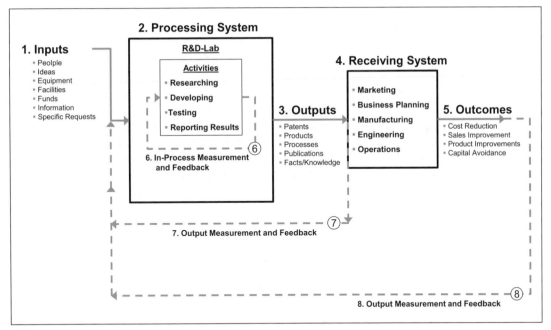

Abb. 2-8   Brown-Svenson-Framework zur Innovationssteuerung (Quelle: Brown/Svenson, 1988, S. 12)

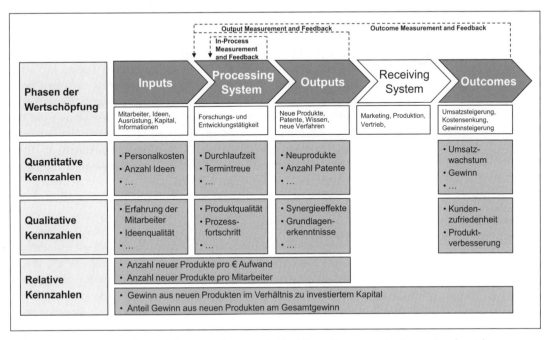

Abb. 2-9   Input-Process-Output-Outcome-Framework Modell zur Steuerung des Innovationsbereichs (Quelle: Möller/Janssen, 2009, S. 89–96)

Der Einsatz von ganzheitlichen Innovation Performance Measurement Systemen scheint in der Unternehmenspraxis eher die Ausnahme zu sein. Die Studie »Innovationssteuerung 2010« von Möller/Janssen kommt ebenfalls zu dem Ergebnis, dass die Qualität der in der Praxis verwendeten Innovationskennzahlen noch nicht den Anforderungen eines modernen Performance Measurement System entspricht. Die Mehrzahl der Unternehmen verwendet ein unausgewogenes, unverbundenes Set an Einzelkennzahlen (vgl. Kap. 1.7).

Innovationskennzahlen können in Input-, Prozess-, Output- und Outcomekennzahlen unterschieden werden

Das Brown-Svenson-Framework wird im Rahmen dieses Buches zur Strukturierung von Innovationskennzahlen herangezogen, sodass im Folgenden zwischen Input-, Prozess-, Output- und Outcomekennzahlen unterschieden wird. Abbildung 2-9 stellt ein mit beispielhaften Innovationskennzahlen hinterlegtes Input-Process-Output-Outcome-Framework Modell dar.

2.5 Praxisbeispiel: Innovationsmanagement und -steuerung bei PwC

Innovationen sind für PwC neue Dienstleistungen am Markt, die aus den Bereichen Wirtschaftsprüfung, Steuerberatung oder Unternehmensberatung sowie bereichsübergreifend entwickelt werden. Sie können sich auf Prozessverbesserungen, Weiterentwicklungen oder komplett neue Lösungsansätze beziehen. Zu den jüngeren Beispielen solcher neuer Angebote zählen ein umfassendes Risikomanagement, Prüfungs- und Beratungsleistungen im Bereich Nachhaltigkeit (Sustainability Services) oder Methoden und Kennzahlen für die Bewertung der Innovationspipeline (Innovation Value Tracking).

Seit Ende 2004 beschäftigt sich PwC systematisch mit dem Thema Innovation. Zunächst entwickelte sich das Thema im Beratungsbereich. Wurden neue Dienstleistungen zuvor hauptsächlich als Antwort auf neue gesetzliche Regularien gesehen oder einzelfallbezogen als Lösung erbracht, wurde nun die Bedeutung eines systematisch betriebenen organischen Wachstums erkannt. Dies mündete schließlich in einem ganzheitlichen Innovationsmanagement, das PwC seit 2007 unter dem Titel »Innovate every day« und mit einer eigenen Abteilung für Innovation & Business Development betreibt.

Systematisches Innovationsmanagement anstelle einer reaktiven Entwicklung von Produkten und Lösungen

Der Innovationsprozess umfasst sämtliche Entwicklungsphasen von der Ideenfindung bis zur Markteinführung und bezieht explizit Kunden und Mitarbeiter ein. So haben alle Mitarbeiter die Möglichkeit, Ideen für neue Angebote – ob vor Ort beim Kunden oder im Büro – einzubringen: Kernstück ist ein einfach zugängliches, intranetbasiertes Prozesstool mit einem Ideenpool, der die eingegebenen Ideen für alle Mitarbeiter sichtbar darstellt. Grundlage für den Prozess ist ein Stage-Gate-Verfahren (Cooper et al., 2002, S. 125 ff.), bei dem die Ideen über verschiedene Bewertungsschritte gesichtet und hinsichtlich ihres Markterfolgspotenzials bewertet werden. Der Prozess wird regelmäßig auf Nutzerfreundlichkeit und Akzeptanz überprüft. Als kritische Erfolgsfaktoren für die Beteiligung am Innovationsmanagement werden von den Mitarbeitern neben kreativen Freiräumen vor allem wertschätzende Anreize und die Selbstverpflichtung ihrer Führungskräfte genannt. Aus diesem Grund wurde der »Innovators' Club« eingeführt, eine besondere Auszeichnung für engagierte und erfolgreiche Innovatoren.

Der oben beschriebene Bottom-up-Ansatz wurde 2008 durch einen Top-Down-Ansatz ergänzt. Dieser beinhaltet strategische Task Forces, die die Innovationsabteilung im Auftrag der Unternehmensleitung konzipiert und begleitet. Strategische Task Forces bedingen die bereichsübergreifende Partizipation (operative Managementebene) an der Entwicklung und Einführung neuer ganzheitlicher Lösungsangebote mit entsprechend großem Marktpotenzial auf der Basis von Geschäftsplänen (Business Cases). Besonderes Augenmerk wird daher auf eine kurze »Time-to-market« gelegt. So wurde im Herbst 2010 innerhalb weniger Monate ein neues Servicepaket zu Cloud Computing entwickelt, als PwC Antwort auf die technologischen Veränderungen, die die Virtualisierung von IT-Infrastruktur und -Services mit sich bringen.

Es reicht aber nicht aus, Prozesse zur Innovationsentwicklung aufzusetzen und die entsprechenden Stakeholder zu integrieren. Eine ganzheitliche Betrachtungsweise ist gefordert, die zudem strategische, kulturelle und Steuerungsaspekte einbezieht. Dies zeigen auch Studien zum Innovationsmanagement erfolgreicher Dienstleister, die PwC initiiert hat: Erfolgreich sind diejenigen Unternehmen, die das Zusammenspiel von Innovationsstrategie, -kultur, -prozess und -controlling am besten gestalten und umsetzen (Scholich et al., 2006). Dabei werden in der Innovationsstrategie die Rahmenbedingungen für die Innovationstätigkeit auf Unternehmens- oder Geschäftsbereichsebene sowie die damit verbundenen Ziele und Maßnahmen festgelegt. Die Innovationsstrategie ist dabei nicht statisch, sondern wird im Abschnitt von zwei bis drei Jahren hinsichtlich ihrer Aktualität und ihrem Beitrag zur Unternehmens- bzw. Bereichsstrategie überprüft. Während die Innovationsstrategie eine klare Zielrichtung für die Innovationsaktivitäten vorgibt, umfasst die Innovationskultur vor allem weiche Faktoren, die aber für den Innovationserfolg ausschlaggebend sein können (z.B. Förderung durch die Geschäftsleitung, Freiraum für Kreativität, offene Kommunikation, Fehlertoleranz, internationale und interdisziplinäre Teams). Insofern steht die Innovationskultur in engem Zusammenhang zur Unternehmenskultur. Bei PwC wird diese Aufgabe durch eine enge Zusammenarbeit von Innovationsabteilung und dem Personalbereich gelöst. Regelmäßig ist Innovation Bestandteil bei Aus- und Fortbildungsveranstaltungen für Einsteiger gleichermaßen wie für High Potenzials, etwa bei New Manager oder New Senior Manager Tagen. Von besonderer Bedeutung ist in diesem Zusammenhang auch die Nutzung verschiedener Kommunikationskanäle. Dazu gehört Innovation in der in- und externen Kommunikation des PwC-Netzwerkes zu platzieren, ob in Newslettern, Magazinen, über eigene Innovationsbroschüren und Studien sowie auf Veranstaltungen und Kongressen. Daneben besteht ein enger Kontakt zu Mitgliedern der wissenschaftlichen und praktisch arbeitenden Innovation Community, nicht zuletzt um das eigene Innovationskonzept stetig weiterzuentwickeln.

Innovationsentwicklung als Zusammenspiel von Bottom-up Prozess und Top-down Vorgaben

Innovation Scorecard

Innovationsstrategie	Messgröße	Zielwert	Dieses Merkmal hat auf den Erfolg von Innovationen bei PwC...	Gew.	Quelle
Die Branchenexpertise wird durch Innovationsmanagement ausgebaut.	Anteil der branchenspezifischen Innovationen		einen mittleren Einfluss (3)		Innovate Every Day
PwC bietet geeignete Lösungen an, um wichtigen neuen Fragestellungen zu begegnen.	Zustimmung der befragten Kunden		einen sehr großen Einfluss (5)		ggf. Sales Partner
Nennung innovationsbezogener Aspekte im Rahmen des Client Feedback Survey. (Frage: Aus welchem Grund würden Sie PwC weiter empfehlen?)	Zustimmung der befragten Kunden		einen mittleren Einfluss (3)		Client Feedback Survey
PwC ist für Externe ein attraktiver Arbeitgeber.	Platzierung bei Umfrage in A-Level Magazin		einen mittleren Einfluss (3)		z.B. Wirtschaftswoche
PwC reagiert auf Mandantenbedürfnisse in angemessener Weise durch Entwicklung innovativer Produkte und Dienstleistungen.	Zustimmung der befragten Mitarbeiter		einen großen Einfluss (4)		Global People Survey
Zwischenergebnis					

Innovationsmanagementsystem	Messgröße	Zielwert	Dieses Merkmal hat auf den Erfolg von Innovationen bei PwC...	Gew.	Quelle
Die bereichsübergreifende Zusammenarbeit bei Ideenentwicklung erfolgt regelmäßig.	Anteil der Innovationsentwicklungen unter Beteiligung von Mitarbeitern aus verschiedenen Bereichen		einen mittleren Einfluss (3)		Innovate Every Day
Die Anforderungen von Mandanten werden bei der Ideenentwicklung berücksichtigt.	Anteil der Ideen, die durch einen Mandantenimpuls generiert wurden		einen großen Einfluss (4)		Innovate Every Day
Mandanten/externe Partner werden aktiv in die Produktentwicklung einbezogen.	Anteil der Ideen, die in Zusammenarbeit mit Mandanten entwickelt werden		einen großen Einfluss (4)		Innovate Every Day
Die Durchlaufzeiten im Innovationsprozess sind kurz.	Durchschnittliche Durchlaufzeit in Monaten (bis Entwicklungsentscheidung)		einen großen Einfluss (4)		Innovate Every Day
Das Management fördert die Zusammenarbeit zwischen den einzelnen Bereichen.	Zustimmung der befragten Mitarbeiter		einen mittleren Einfluss (3)		Upward Feedback
Anteil Umsatzstarker Innovationen (geplanter jährl. Umsatz > 1 Mio. EUR) ist hoch.	Anteil Innovationen >1 Mio. EUR Umsatz p.a.		einen großen Einfluss (4)		Innovate Every Day
Erreichen der Umsatzziele zu den jeweiligen Innovationen laut Business Cases.	Durchschnittliche realisierter Umsatz zu Plan Umsatz (lt. BC)		einen mittleren Einfluss (3)		Innovate Every Day
Zwischenergebnis					

Innovationskultur	Messgröße	Zielwert	Dieses Merkmal hat auf den Erfolg von Innovationen bei PwC...	Gew.	Quelle
Mitarbeiter nutzen das PwC Netzwerk um neue Ideen für Kunden zu generieren.	Zustimmung der befragten Mitarbeiter		einen mittleren Einfluss (3)		Global People Survey
Die leitenden Angestellten stellen den Mitarbeitern die notwendigen Informationen und Freiräume zur Verfügung, die Sie für die Weiterentwicklung benötigen.	Zustimmung der befragten Mitarbeiter		einen großen Einfluss (4)		Global People Survey
Das Management entwickelt viele zukunftsweisende Ideen.	Zustimmung der befragten Mitarbeiter		einen großen Einfluss (4)		Upward Feedback
Anteil der Mitarbeiter, die das Innovationstool nutzen.	Anteil der Mitarbeiter, die das Innovationstool nutzen		einen mittleren Einfluss (3)		Innovate Every Day
Zwischenergebnis					

Innovationscontrolling	Messgröße	Zielwert	Dieses Merkmal hat auf den Erfolg von Innovationen bei PwC...	Gew.	Quelle
Anteil der Innovationen mit Business Case	Anteil der Innovationen mit Business Case		einen mittleren Einfluss (3)		Innovate Every Day
Rücklaufquote bei Controllingabfragen	Rücklaufquote bei Controllingabfragen		einen mittleren Einfluss (3)		Innovation Competence Center, Corporate Controlling
Anteil der Innovationen mit PSP-Nummern	Anteil der Innovationen mit PSP-Nummern bei Innovationen im Entwicklungsstatus		einen großen Einfluss (4)		Corporate Controlling
Zwischenergebnis					
Gesamtergebnis					

Abb. 2-10   Innovation-Scorecard-Ansatz für PwC (Quelle: PricewaterhouseCoopers)

Die Steuerung des Innovationsprozesses bei PwC erfolgt mittels verschiedener Ansätze und Messgrößen und auf verschiedenen Ebenen: Den Gesamtüberblick liefert die sogenannte Innovation Scorecard. Aus der Balanced Scorecard als einem Instrument der strategischen Unternehmensführung entwickelt, beinhaltet die Innovation Scorecard neben harten Fakten auch weiche Faktoren. Damit ist sie geeignet, die Zielerreichung innerhalb der verschiedenen Komponenten wie Innovationsstrategie, Innovationskultur, Innovationsprozess sowie dem Innovationskapital (z. B. Ressourcen, Umsätze, Kostensenkungspotenziale) abzubilden. Die Innovation Scorecard dokumentiert den Umsetzungsgrad der Grundvoraussetzungen für ein wirksames Innovationsmanagement, um den Führungskräften einen umfassenden Überblick über die Leistungsfähigkeit und Effektivität der Organisation zu bieten. Als die vier erfolgskritischen Faktoren werden bei PwC – angelehnt an die Erfolgsfaktoren innovativer Dienstleister – Key Performance Indicators (KPIs) herangezogen, die sich auf die Ausprägung von Innovationsstrategie, -kultur, -managementsystem und -controlling beziehen. Die KPIs werden aus verschiedenen Datenquellen gezogen: Aus dem Innovationstool, aus Mitarbeiterbefragungen, Upward-Feedbacks, Kundenfeedbacks, externen Umfragen und dem Rechnungswesen. Der jeweilige KPI fließt aufgrund seines Beitrags zum Innovationserfolg gewichtet ein.

Die Erhebung der verschiedenen Parameter ist allerdings sehr aufwändig. Deswegen wird dieses Instrument nur sehr ausgewählt eingesetzt. Ergänzend werden regelmäßig Methoden des internen Benchmarking angewandt. Dies ist insofern möglich, als im PwC Netzwerk mittlerweile 20 Länder Innovation als wichtiges Wachstums- und Differenzierungskriterium erkannt haben und sich über die globale Innovation Community aktiv über die Entwicklungen in ihren Ländern austauschen. Beispielhaft sei das internationale Benchmarking anhand der Kriterien »People & Network«, »Process & Tool« sowie »Leadership & Strat-

Erfolgreiche Innovatoren schaffen strategische und kulturelle Voraussetzungen und etablieren Prozesse und Messgrößen.

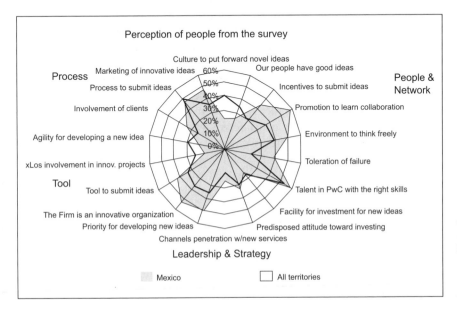

Abb. 2-11 Internationales Innovation Benchmarking am Beispiel von PwC Mexiko 2008

egy« für die PwC Organisation in Mexiko im Jahr 2008 gezeigt: Gegenüber dem Durchschnitt aller Länder weist Mexiko besonders hohe Werte in den Bereichen innovative Organisation, Talente, Teamkollaboration und Marketing auf. Schlechter schneidet das Land dagegen bei der bereichsübergreifenden Zusammenarbeit, der Innovationskultur und der Kreativität ab.

Innovationscontrolling bei PwC: Vergangenheits- und zukunftsbezogene Mess- und Steuerungsansätze

Bei der Innovationsplanung werden z. B. Zielgrößen wie erwarteter Umsatz resp. Gewinn sowie der Ressourceneinsatz berücksichtigt. Die Planung erfolgt im Rahmen des jährlichen Budgetprozesses und in Abstimmung mit den Geschäftsbereichen. Die Kontrolle erfolgt unterjährig, hier werden die Zielgrößen in Bezug auf ihren Soll- und Ist-Zustand verglichen. So können Entscheidungen zur Weiterführung, Abbruch oder Modifikation von Innovationsprojekten gefällt werden. Innerhalb des Innovationsprozesses »Innovate every day« werden Input-, Prozess- und Output- sowie Outcomekennziffern eingesetzt (Möller/ Janssen, 2009, S. 91). Diese beziehen sich auf die Ideenanzahl, Durchlaufzeiten (z. B. Idee-Markteinführung), Anzahl der Business Cases, geplanten und erwirtschafteten Umsatz sowie den ROI der Innovationen. Ohne die Ausformulierung einer Idee zu einem Business Case, der das Markt- und Realisierungspotenzial detailliert, erfolgen keine Investitionsentscheidungen. Das diesbezügliche Reporting erfolgt über das Innovationstool und in Zusammenarbeit mit der zentralen Controllingabteilung.

Innovationscontrolling bedeutet, Erfolge messbar zu machen und kommunizieren zu können. Dies erfordert entsprechend aufbereitete Informationen über den Innovationsprozess, die zum richtigen Zeitpunkt in geeigneter Weise dem Innovationsmanagement zur Verfügung stehen. Neben der Auswahl von Messgrößen stellt die Bereitstellung geeigneter Informationen zur Kommunikation an interne und externe Stakeholder eine der größten Herausforderungen dar. Je nach Zielgruppe bestehen unterschiedliche Informationsbedarfe: So können abteilungsbezogen Effizienzziele im Vordergrund stehen, während gegenüber den Eigentümern Fragen nach der Zukunftsfähigkeit des Unternehmens (z. B. Umsatz durch erfolgreiche neue Produkte, Neuheiten in der Innovationspipeline) beantwortet werden müssen. Zum Zweck der internen Berichterstattung hat PwC einen jährlichen Innovationsreport eingeführt. Dieser dient dazu das Arbeitsergebnis aus den verschiedenen Geschäftsbereichen sowie bereichsübergreifend darzustellen und damit auch der Überprüfung der Zielerreichung. Der Innovationsreport ähnelt in seiner Aufmachung einem Lagebericht.

Er zeigt zum einen den bereichsübergreifenden Überblick über die verschiedenen Innovationen, desweiteren werden Daten und Fakten zum Innovationsprozess aufgelistet und schließlich auch Maßnahmen beschrieben, die etwa zur Verbesserung der Innovationskultur getätigt wurden.

Ein übergreifendes Ziel der Innovationsabteilung ist es, Wachstumspotenziale in neuen Geschäftsfeldern zu identifizieren. Aus diesem Grund wurde eine Innovation Roadmap entwickelt, die die zentralen Suchfelder (Fokusfelder wie z. B. Digitalisierung oder Komplexitätsreduktion) in Kombination mit möglichen Branchenentwicklungen im Zeitraum 2010–2013 beschreibt. Hieraus werden neue Bedarfe abgeleitet, die Hinweise auf neue Geschäftsmöglichkeiten geben. Darüber hinaus müssen Chancen und Risiken einer Öffnung des Innovationsprozesses nach außen (sog. Open Innovation), z. B. in Form von Kooperationen mit Partnern oder Kunden abgewägt werden. Erklärtes Ziel ist es, die Kunden zukünftig noch stärker in den Innovationsprozess mit einzubeziehen. Hierzu werden aktuell verschiedene Konzepte entwickelt, die sowohl im Rahmen der täglichen Projektarbeit als auch in neuen Formen der Zusammenarbeit mit Kunden, Universitäten oder Zukunftsforschern umgesetzt werden sollen.

3 Kennzahlen im Innovationsprozess

Kennzahlen erfüllen verschieden Funktionen, die zur Einhaltung der Ziele im Innovationsprozess notwendig sind. Da die Wahl von Kennzahlen unternehmens- und innovationsspezifisch erfolgen muss, lassen sich keine generellen Empfehlungen zur »richtigen« Innovationskennzahl geben. Daher wird in diesem Kapitel ein Überblick zu verbreiteten Innovationskennzahlen gegeben und die Kennzahlen hinsichtlich ihrer Eignung und Verwendung bewertet. Dabei erfolgt gemäß dem IPOO-Framework eine Unterteilung in Inputkennzahlen (3.1), Prozesskennzahlen (3.2), Outputkennzahlen (3.3) und Outcomekennzahlen (3.4). Darauf folgend wird der Anwendungsstand von Innovationskennzahlen in der Praxis anhand verschiedener Studien beleuchtet (3.5). Anhand einer empirischen Untersuchung werden anschließend verschiedene Nutzungsarten von Innovationskennzahlen und deren Wirkung auf den Innovationserfolg analysiert (3.6). Ein Praxisbeispiel (3.7) verdeutlicht die Verwendung von Innovationskennzahlen im Unternehmen.

3.1 Inputkennzahlen

Inputmessgrößen erfassen Ressourcen, die in die Innovationstätigkeit einfließen, wie Mitarbeiter, Sachmittel, Informationen, Know-how und finanzielle Ressourcen (Brown/Svenson, 1988, S. 12; vgl. zum Folgenden auch Möller/Schmälzle, 2008).

Analysiert man die Kosten für Forschung und Entwicklung detaillierter, so zeigt sich, dass Personal- und Sachaufwendungen den Großteil der Kosten in F&E ausmachen: Im Jahr 2001 entfielen mehr als die Hälfte der internen F&E-Aufwendungen der Wirtschaft in Deutschland auf die Kategorie Personal (58,5 %), gefolgt von Aufwendungen für Sachmittel (33,4 %) (Grenzmann et al., 2004, S. 16). Die verbleibenden 8,1 % der F&E-Aufwendungen macht die Kategorie Investitionen aus, die im Wesentlichen weitere – allerdings bilanziell aktivierte und über ihre Nutzungsdauer abzuschreibende – Sachmittel umfasst.

Im Bereich des Personals finden sich Messgrößen wie die »Anzahl der Mitarbeiter in F&E«, der »Anteil der F&E-Mitarbeiter an der Gesamtmitarbeiterzahl« und die absolute »Höhe der Personalkosten«.

Betrachtet man die Sachmittel zur Durchführung der Innovationstätigkeit, so sind hier Messgrößen wie »Zahl von Forschungsgeräten«, »Ausgaben für Material und Ausrüstung« und »Räumlichkeiten« zu nennen. Außerdem kann der »Anteil der Materialkosten an den F&E-Gesamtkosten« ermittelt werden.

Daneben beruht die Innovationstätigkeit in starkem Maße auf intangiblen Inputs, die im weitesten Sinne unter Informationen und Know-how zu subsummieren sind. In der wissenschaftlichen Literatur finden sich hierfür Kennzahlen

Inputmessgrößen erfassen Ressourcen wie Mitarbeiter, Sachmittel, Informationen, Know-how und finanzielle Ressourcen

Personal- und Sachaufwendungen sind die dominanten Kostengrößen im F&E-Bereich

Informationen und Know-how wirken stark im Innovationsprozess

wie die »Anzahl von Ideen«, »Know-how, Qualität und Erfahrung der Mitarbeiter«, »Zahl der von der F & E-Einheit eines Unternehmens abonnierten wissenschaftlichen Zeitschriften« und die »Zahl der Teilnahmen an Konferenzen und
Messen«. Zwar ist die Bewertung von Informationen nur sehr schwer möglich,
mit Hilfe von indirekten kostenbezogenen Messgrößen lassen sich aber zumindest die Kosten für Aktivitäten der Wissensgenerierung einigermaßen abschät-
zen. Auf diese Weise können »Kosten für Informationsbeschaffung«, »Kosten für
Messe- und Konferenzbesuche« sowie »Weiterbildungskosten« angesetzt werden.

Input	Process	Output	Outcome

Input-Messgrößen	Absolute Größen	Relative Größen
Personal	• Anzahl Mitarbeiter in F&E • Anzahl Mann-Jahre • Höhe der Personalkosten in F&E	• Anteil F&E-Mitarbeiter an der Gesamtmitarbeiterzahl • Anteil Personalausgaben an Total F&E-Ausgaben • Ausgaben pro Mann-Jahr • Durchschnittliche Anzahl F&E-Mitarbeiter pro F&E-Projekt
Sachmittel	• Zahl von Forschungsgeräten • Ausgaben für Material und Ausrüstung • Investitionen in Equipment • F&E-Räumlichkeiten	• Anteil der Materialkosten an F&E-Gesamtkosten
Informationen & Know-how	• Anzahl von Ideen • Know-how, Qualität und Erfahrung der Mitarbeiter • Kosten für Informationsbeschaffung • Zahl der von der F&E-Einheit eines Unternehmens abonnierten wissenschaftlichen Zeitschriften • Zahl der Teilnahmen an Konferenzen und Messen • Kosten für Messe- und Konferenzbesuche • Weiterbildungskosten	• Ausgaben für Weiterbildung pro F&E-Mitarbeiter
Total F&E	• Total F&E-Ausgaben	• Anteil F&E-Ausgaben an Unternehmensgesamtausgaben • F&E-Intensität: F&E-Ausgaben/Unternehmensgesamtumsatz • F&E-Ausgaben pro Mitarbeiter

Abb. 3-1   Inputkennzahlen (Quelle: Möller/Schmälzle, 2008, S. 21)

Große Bedeutung weist die Messgröße F & E-Budget auf, insbesondere als relative Kennzahl »F & E-Intensität«

Breite Anwendung finden Messgrößen, die sich mit dem F & E-Budget beschäftigen. Einerseits kann die »Höhe des F & E-Budgets« bzw. »Gesamtheit der F & E-
Aufwendungen« absolut bestimmt werden, andererseits eignet sich der ermittelte Wert darüber hinaus für die Entwicklung von Beziehungskennzahlen: So
können die »F & E-Kosten in Relation zu den Gesamtkosten des Unternehmens«
oder im Verhältnis zum Gesamtumsatz gesetzt werden. Letztere Kennzahl wird
als »F & E-Intensität« bezeichnet und besitzt eine große Bedeutung in der unternehmerischen Praxis, die damit zusammenhängt, dass mit den F & E-Kosten
sowohl eine wichtige Inputgröße im Zähler, als auch durch Verwendung des
Umsatzes eine wichtige Outputgröße im Nenner steht. Diese Relationen lassen über mehrere Perioden Trends erkennen und können für ein Benchmark
herangezogen werden. Bei vielen Unternehmen ist die F & E-Intensität zudem

insbesondere für die Planung der Höhe des F & E-Budgets entscheidend: Oftmals wird das Budget der Entwicklungstätigkeit an einem festgelegten Prozentsatz des Umsatzes abgeleitet.

Bei den aufgezeigten Messgrößen stellt sich die Frage nach ihrer Nützlichkeit. Denn da mit der Verfolgung von Kennzahlen Kosten verbunden sind, müssen diese dem Unternehmen einen Nutzen bringen, der wenigstens diese Kosten überwiegt. Ein großer Vorteil der Inputmessgrößen ist deren einfache Verfügbarkeit, da die meisten von ihnen im Rahmen der Budgetplanung und des F & E-Controllings automatisch erhoben werden (Werner, 2002, S. 63). Damit dürften die Kosten für ihre Bereitstellung relativ gering sein. Daher verwundert es nicht, dass die große Mehrheit der in der Studie von Möller/Janssen befragten Unternehmen mehrere Kennzahlen zur Erfassung der notwendigen Geldmittel und der Personalkapazität einsetzen (Möller/Janssen, 2010).

Was die Aussagekraft der einzelnen Kennzahlen anbetrifft, so ist diese von Fall zu Fall sehr unterschiedlich: Maßgrößen, die den Bereich Informationen und Know-how berühren, sind aufgrund der schwierigen Quantifizierbarkeit der zugehörigen Kosten weniger inhaltsvoll als Kennzahlen die Personal- und Sachmittelgrößen betreffen. Dies findet in der Untersuchung von Möller und Janssen Bestätigung. Während die Mehrheit keinen Bedarf an einer intensiveren Nutzung von Inputkennzahlen sieht, bilden Kennzahlen für immaterielle Inputs die Ausnahme. Hier würden sich 40 % der befragten Unternehmen eine intensivere Verwendung der Kennzahlen dieser Kategorie wünschen. Doch auch bei Personal- und Sachmittelgrößen kann die Aussagekraft eingeschränkt sein, wie das Beispiel der Mitarbeiterzahl in F & E verdeutlichen soll: Erstens ist hier eine eindeutige Abgrenzung zu treffen, wer überhaupt zur Gruppe der F & E-Mitarbeiter gehört. Fraglich ist, ob auch Mitarbeiter aus Marketing und Produktion, die im Team ebenfalls Aufgaben im Entwicklungsprojekt wahrnehmen wie ihre Kollegen aus dem Fachbereich F & E, mitzuzählen sind. Zweitens ist Skepsis angebracht, ob die Mitarbeiterzahl überhaupt bedeutsam ist. Schließlich sind doch Fähigkeiten und Kreativität der Forscher und Entwickler wichtiger als deren Anzahl (Gold, 1989, S. 60). Diesem Aspekt wird begegnet, indem neben der Anzahl der Mitarbeiter auch Know-how, Qualität und Erfahrung dieser Mitarbeiter gemessen werden.

Inputkenngrößen haben für sich genommen keine eigene Erfolgswirkung. Ihre Bestimmung ist daher nur zweckmäßig, »wenn man davon ausgeht, dass ein mittelbarer oder unmittelbarer Zusammenhang zwischen dem Input eines Innovationsprozesses und dem Ergebnis (= Output/Outcome) existiert« (Werner, 2002, S. 59). Die Annahme einer eindeutig positiven Beziehung zwischen Inputs und Outputs ist allerdings keinesfalls bewiesen. Überdies besteht zwischen den Veränderungen auf der Inputseite und den Wirkungen auf der Outputseite eine nicht zu vernachlässigende Zeitverzögerung. Trotz all dieser Einwände können die Inputfaktoren und die dazugehörigen Messgrößen im Rahmen des Innovationsprozesses als »Potentiale für einen unspezifischen Output« (Werner, 2002, S. 63) angesehen werden. Damit schaffen sie allerdings nur eine Ausgangsbasis für den Innovationserfolg. »Entscheidend ist, wofür (Effektivität) und wie (Effizienz) die F & E-Mittel eingesetzt werden.« (Schmelzer, 1999, S. 176). Den-

Inputmaßgrößen stellen den Ausgangspunkt für den Innovationserfolg dar

noch sind Inputkenngrößen durchaus sinnvoll: Es lassen sich Richtwerte für die Ressourcenbereitstellung aufstellen, die damit interne und externe Vergleiche ermöglichen. Neben absoluten Kennzahlen sind für ein Benchmarking auch relative Beziehungs- und Strukturkennzahlen einsetzbar.

3.2 Prozesskennzahlen

Prozesskennzahlen stellen Effektivität und Effizienz bei der Umwandlung von Inputs in Outputs sicher

Ist die Entscheidung für die Durchführung eines Innovationsprojektes gefallen, so folgt die eigentliche Entwicklungsarbeit (vgl. zum Folgenden auch Möller/ Schmälzle 2008). Diese kann allgemein als Umwandlung von Inputs in Outputs angesehen werden, wofür bestimmte Entwicklungsaktivitäten ausgeführt werden müssen. Es handelt sich damit um einen Transformationsprozess, bei dem Effektivität und Effizienz sichergestellt werden müssen, um das Erreichen einer hohen Innovationsleistung zu ermöglichen.

Die Durchführung eines Innovationsprojektes bedingt zwar die Beachtung einiger spezifischer Besonderheiten, jedoch gibt es auch deutliche Ähnlichkeiten mit dem Ablauf von Projekten im Allgemeinen: Auch für Entwicklungsprojekte ist in vielen Fällen eine systematische Planung sinnvoll. Damit ergeben sich Anwendungsmöglichkeiten für typische Instrumente zur Planung und Steuerung von Projekten. Innovationsspezifische Kenngrößen lassen sich daher für jede der Dimensionen Kosten, Zeit, Projektfortschritt und Qualität ermitteln (Werner, 2002, S. 64). Wird jeweils nur eine der genannten Dimensionen betrachtet, so handelt es sich um eindimensionale Messgrößen. Im Gegensatz dazu können aber auch zwei oder mehr Dimensionen erfasst werden. Zusätzlich sollen die Prozesskennzahlen danach untergliedert werden, ob sie sich auf individuelle Projekte beziehen oder projektübergreifende Gegebenheiten tangieren.

Der Fortschritt bzw. die Leistung wird auf Projektebene indirekt vor allem mit Meilensteinen und Arbeitspaketen ermittelt. Meilensteine können als Teilziele eines Projektes aufgefasst werden, die mit konkreten Zeit- und Kostenvorgaben verknüpft sind (Werner, 2002, S. 64). Unter einem Arbeitspaket versteht man einen nicht weiter untergliederten Teil eines Projektes. Als Kennzahlen stehen somit »Anzahl der eingehaltenen oder erreichten Meilensteine«, »Anteil erreichter Meilensteine« und »Zahl der abgeschlossenen Arbeitspakete« zur Verfügung.

Unter Kostengesichtspunkten sind der »Vergleich zwischen Ist- und Plan-Kosten«, »Kostentreue«, »Kostenabweichung«, »Häufigkeit von Kostenüberschreitungen« sowie »Gesamtheit der Entwicklungskosten des Projektes« von Bedeutung.

Der Zeitfaktor ist eine zentrale Komponente der Innovationstätigkeit

Zeitliche Aspekte haben gleich auf doppelte Weise Einfluss auf die Innovationstätigkeit und deren Erfolg. Einerseits machen Personalkosten einen Großteil der F&E-Aufwendungen aus, weshalb man davon ausgehen kann, dass ein Projekt immer höhere Kosten verursacht, je länger es dauert. Auf der anderen Seite ist es vor dem Hintergrund kürzer werdender Produktlebenszyklen vorteilhaft, neue Produkte möglichst früh auf den Markt zu bringen bzw. aus Konkurrenz-Erwägungen das optimale Zeitfenster für die Einführung zu treffen. Daher spielen Kennzahlen, die den Faktor Zeit zum Gegenstand haben, eine wichtige Rolle im Entwicklungsbereich. Zu ihnen gehören »Termintreue«, »prozentuale Terminabweichung«, »durchschnittliche Termin-Überschreitung«, »durchschnittliche Innovationsdauer«, »gesamte Produktentwicklungszeit« und »Time-to-Market«.

Gerade weil es sich bei Innovationsprozessen um Nicht-Routine-Aktivitäten handelt, passieren Fehler oder es müssen Änderungen während oder nach Ende des Projektablaufs vorgenommen werden. Diese möglichst gering zu halten, ist eines der Ziele bei der Projektabwicklung. Es macht daher Sinn, sich neben Fortschritts-, Kosten- und Zeit-Messgrößen zusätzlich mit Qualitäts-Kennzahlen zu beschäftigen. »Anzahl der Änderungen vor Serienanlauf« und »durchschnittlichen Anpassungskosten« sind hier zu nennen. Eine zentrale Kenngröße in diesem Kontext ist der »First Pass Yield«. Hierbei handelt es sich um den Anteil der Arbeitspakete, die ohne Nacharbeit fertiggestellt werden konnten. Außerdem führen manche Autoren die »Anzahl der Änderungen nach Serienanlauf« als Qualitäts-Kennzahl auf.

Input		Process		Output		Outcome

Process-Messgrößen		Projektfortschritt	Kosten	Zeit	Qualität
Projekt-bezogen	Ein-dimensional	• Anzahl erreichter Meilensteine • Anzahl abgeschlossener Arbeitspakete • Anteil erreichter Meilensteine	• Kostentreue • Kostenabweichung • Häufigkeit von Kostenüber-schreitungen • Anteil der Arbeitspakete mit Kostenüberschreitung • Gesamte Entwicklungskosten des Projekts	• Termintreue • Prozentuale Terminabweichung • Durchschnittliche Terminüber-schreitung • Durchschnittliche Innovationsdauer • Gesamte Produktentwickl-ungszeit • Time-to-Market	• Anzahl der Änderungen vor Serienlauf • Durchschnittliche Anpassungskosten • Fehlerquote • Fehlerkosten • First Pass Yield • Anzahl der Änderungen nach Serienlauf
	Multi-dimensional	• Kostentrendanalyse • Meilensteintrendanalyse • Earned Value Method			

Projektübergreifend		• Planungsqualität: Anteil der Änderungskosten an den Innovationsgesamtkosten
		• Projektzuverlässigkeit: Anteil der Projekte innerhalb Zeitplan, Budget und Kostenzielen
		• Projektabweichungen: Zahl der Planabweichungen
		• Projektabbrüche: - Zahl der Projektabbrüche
		         - Projektabbruchrate
		         - Kosten bis zum Projektabbruch			

Abb. 3-2   Prozesskennzahlen (Quelle: Möller/Schmälzle, 2008, S. 26)

Prozessmessgrößen müssen nicht unbedingt auf einzelne Projekte bezogen sein. Es existiert auch eine Reihe von projektübergreifenden Kennzahlen. Stippel definiert die »Planungsqualität« (Stippel, 1999, S. 291) als den »Anteil der Änderungskosten an den Innovationsgesamtkosten«. Projektübergreifend ist zudem die »Projektzuverlässigkeit« von Interesse, die den »Anteil der Projekte innerhalb Zeitplan, Budget und Produktzielkosten« wiedergibt. In die ähnliche

Richtung gehen »Projektabweichungen«, die an der »Zahl der Planabweichungen« gemessen werden können. Darüber hinaus finden »Projektabbrüche« Berücksichtigung: »Zahl der Projektabbrüche«, »Projektabbruchrate« und »Kosten bis zum Projektabbruch« sind in diesem Zusammenhang zu nennen.

Rechtzeitig durch-geführte Projektab-brüche sind positiv zu werten

Projektabbrüche müssen dabei keineswegs ein negatives Element sein. Werden Projekte konsequent und früh abgebrochen, wenn die Erfolgsaussichten schlecht sind, spart dies Kosten und die freiwerdenden Ressourcen können für vielversprechendere Projekte genutzt werden. Daher sind der Zeitpunkt des Abbruchs und die bis dahin angefallenen Kosten von entscheidender Bedeutung.

Entlohnungssysteme behindern oft den Anreiz, Projekte oder Produktentwicklungen mit geringen Erfolgsaussichten abzubrechen, falls der Entscheider (Simester/Zhang, 2010, S. 1162):

- ungünstige Nachfrageinformationen anderen vorenthalten kann,
- Informationen verzerren kann,
- ungünstige Nachfrageinformationen diskreditieren kann,
- Informationen, die die ungünstige Nachfrage aufdecken, nicht sammelt.

Diese Problematik nimmt zu, wenn nicht bekannt ist, wann der Entscheider Nachfrageinformationen erhält und/oder der Manager befangene Erwartungen über die Erfolgswahrscheinlichkeiten hat.

Abbrüche nicht erfolgreicher Innovationsprojekte sind einfacher durchzuführen, wenn:

- der Entscheider früher über die Nachfragesituation informiert ist,
- der Entscheider den Zeitpunkt für die Sammlung von Nachfrageinformationen kontrollieren kann,
- es effizient ist, die Bemühungen des Managers zu überwachen,
- das Unternehmen den Manager ernsthaft bestrafen kann, wenn der Manager ein scheinbar erfolgsloses Innovationsprojekt weiterführt und dieses letztendlich doch scheitert.

Setzt ein Unternehmen auch im Entwicklungsbereich Projekt-Management-Techniken ein, so ist ein Großteil der beschriebenen Prozessmessgrößen relativ einfach und kostengünstig zu erhalten (Werner, 2002, S. 86). Trotzdem ist zu hinterfragen, ob die Verwendung dieser Kennzahlen überhaupt einen Mehrwert bringt. Eindimensionale Größen, die sich entweder mit den Kosten, der Zeit, dem Leistungsfortschritt oder der Qualität beschäftigen, können Abweichungen nur in dieser einzelnen Dimension sichtbar machen.

Die Beurteilung von Kosten-, Zeit-, Fortschritts- und Qualitätskennzahlen sollte abhängig von-einander erfolgen

Doch was nützt die Information, dass die Kosten zu einem bestimmten Zeitpunkt höher liegen als geplant? Diese Tatsache ist negativ, wenn damit nur der geplante Leistungsfortschritt erbracht wurde. Wie fällt aber die Wertung aus, wenn zwar 5 % höhere Kosten anfielen, damit aber 8 % mehr Leistungen erbracht wurden? Werden Kosten, Zeit, Fortschritt und Qualität jeweils einzeln betrachtet, ist es schwierig, genaue Rückschlüsse auf die Ursachen von Abweichungen zu ziehen. Ebenso können Planungsfehler Messung und Ergebnis beeinflussen. Aber gerade zur Minimierung solcher Fehler und zur Verbesserung der Planung ist es notwendig, sich mit den dargestellten Kenngrößen zu beschäftigen und diese zu verfolgen. Gewonnene Erkenntnisse können dann in Erfahrungsdatenbanken gespeichert werden und für den zukünftigen Lernfortschritt genutzt werden (Werner, 2002, S. 67). Daher sind Prozesskennzahlen die Ausgangsbasis für die Entwicklung solcher Datenbanken und die Förderung von Verbesserungen.

Für die Anwendung von Prozessmessgrößen ist es allerdings unerlässlich, dass Projekte gut strukturiert und geplant werden. Nur wenn ein Projektplan existiert, der Planvorgaben für Kosten, Zeit und Fortschritt enthält, können projektorientierte Kennzahlen gemessen werden (Werner, 2002, S. 87). Damit sind allerdings hoch komplexe und schwer zu planende Projekte insbesondere der Grundlagenforschung für den Einsatz prozessbezogener Messgrößen weniger geeignet. Wo es möglich ist, sollten diese jedoch eingesetzt werden, denn durch sie kann zeitnah eine Steuerung im Prozess erreicht werden. Abweichungen von sauber ermittelten Planwerten zeigen schon während der eigentlichen Entwicklung – also mit wenig Zeitverzögerung – wie die Ausarbeitung des Projektes verläuft. An dieser Stelle bestehen noch Möglichkeiten, auf Änderungen zu reagieren und das Projekt wieder auf Kurs zu bringen.

Ein gut strukturierter Projektplan ist Voraussetzung für die Anwendung von Prozessmessgrößen

Abschließend lässt sich feststellen, dass sich Prozessmessgrößen bei der Bearbeitung unterschiedlichster Projekte bewährt haben und einen wichtigen Beitrag leisten, die Innovationsleistung einzelner Projekte und projektübergreifend zu erfassen. Auf diese Weise sind zeitnahe Erkenntnisse für die Steuerung der Entwicklungstätigkeit möglich. Jedoch sollten zusätzliche Kennzahlen aus anderen Bereichen hinzugezogen werden.

Die von Möller/Janssen durchgeführte Studie zeigt, dass die befragten Unternehmen Prozesskennzahlen aus jeder Kategorie intensiv nutzen. Mehrheitlich zeigen sich die Unternehmen auch zufrieden mit den ihnen zur Verfügung stehenden Prozesskennzahlen, Dennoch möchten rund 36 % der befragten Unternehmen Prozesskennzahlen intensiver nutzen.

3.3 Outputkennzahlen

Die adäquate Bereitstellung von Ressourcen ist notwendige Voraussetzung, um überhaupt Forschung und Entwicklung betreiben zu können (vgl. zum Folgenden auch Möller/Schmälzle 2008). Die effektive und effiziente Transformation dieser Inputs sollen prozessbezogene Messgrößen sicherstellen. Doch letztendlich kommt es auf die Resultate des Forschungs- und Entwicklungsprozesses an: auf die Schaffung von Wissen, auf neue Produkte und Prozesse. Denn nur wo Outputs geschaffen werden, können diese am Markt verwertet werden. In Forschung und Entwicklung wird neues Wissen einerseits hervorgebracht, andererseits in neuen Produkten und Verfahren eingesetzt. Outputkennzahlen lassen sich daher in die Ebene der Wissensgenerierung sowie in die Ebene der Produkt- und Prozessentwicklung untergliedern. Dabei werden absolute und relative Messgrößen unterschieden.

Outputkennzahlen messen die Resultate der Forschungs- und Entwicklungstätigkeit

Als Outputmaße auf der Ebene der Wissensgenerierung sind Entdeckungen, Erfindungen, Patente und Publikationen von Bedeutung. Zu Beginn ist allerdings besonders die »Anzahl neuer Ideen« bzw. die »Anzahl an Forschungsvor-schlägen« von Interesse. Aus den erzeugten Ideen sollten die vielversprechend-sten ausgewählt und weiterverfolgt werden. Führt die Forschungstätigkeit zu ersten Erfolgen, können Messgrößen wie »Zahl der Entdeckungen« und »Zahl der Erfindungsmeldungen« gebildet werden.

Die Bewertung von Patent-Kennzahlen ist von der Paten-tierungspolitik ab-hängig

Patente spielen im Forschungs- und Entwicklungsbereich eine wichtige Rol-le. Indikatoren wie »Anzahl der Patente« oder »Anzahl der Copyrights« sind in der Literatur häufig zu finden. Darüber hinaus können relative Kennzahlen wie »Anzahl der Patente pro Million Euro F&E-Aufwendungen« oder »Anzahl der Patente pro Mitarbeiter« aufgestellt werden. Doch so zahlreich die Nennungen von Kennzahlen sind, die die Anzahl von Patenten betreffen, so beständig be-gegnet man auch kritischen Argumenten für deren Verwendung. Vielfach wird erwähnt, »dass die technische und wirtschaftliche Bedeutung von Patent zu Patent erheblich differiert« (Werner, 2002, S. 104). Die Qualität der Patente ist entscheidender als die bloße Quantität (Ellis/Curtis, 1995, S. 50; Werner, 2002, S. 104 f.). Außerdem ist fraglich, ob die Anzahl der Patente nur von der Lei-stung der F&E-Abteilung abhängt. Die Anzahl an Patenten sei vom Budget der Rechtsabteilung abhängig begegnen Kritiker: Je mehr Mittel ein Unternehmen für juristische Angelegenheiten bereitstellt, desto mehr Patente werden generiert (Ellis/Curtis, 1995, S. 50; Robb, 1991, S. 18). Manche Unternehmen entschei-den sich bewusst dafür, bestimmte Erfindungen nicht zu patentieren. Durch die Patentierung werden zwar Teilbereiche geschützt, gleichzeitig erhalten Wettbe-werber aber auch Informationen über bestimmte Entwicklungsrichtungen und möglicherweise sogar Hinweise, wie die beantragten Patente umgangen werden können. Es ist daher vor allem eine Frage der Patentierungspolitik des Unterneh-mens, wie aussagekräftig die Kennzahl »Anzahl der Patente« in Wirklichkeit ist. Einige Unternehmen schützen ihr Wissen lieber durch strikte Geheimhaltung als durch die Anmeldung von Patenten. Trotz all dieser Einwände ist positiv anzumerken, dass Patente durch externe Fachleute beurteilt werden und so eine relativ objektive Betrachtung vorliegt.

Neben Messgrößen, die sich auf Patente beziehen, werden auf der Ebene der Wissensgenerierung vor allem Kennzahlen eingesetzt, die mit der »quantity of written output« (Edwards/McCarrey, 1973, S. 36) der Forscher in Beziehung stehen. In einem frühen Stadium kann dies die »Anzahl (unveröffentlichter) Be-richte« sein. Geht man von einer »Korrelation zwischen der Forschungsleistung und der Publikationstätigkeit« aus, so erscheint die Ermittlung der »Anzahl an Publikationen« wie Bücher und Artikel, der »Anzahl der publizierten Seiten« oder auch der »Publikationskosten« – berechnet durch die Beziehung zwischen der Anzahl der Publikationen und dem F&E-Budget – sinnvoll. Eine einseitige Verfolgung dieser Kennzahlen ist allerdings skeptisch zu sehen, da sie den For-schern eventuell Anreize vermittelt, sich mehr auf das Publizieren als auf ihre eigentliche Forschungstätigkeit zu konzentrieren. Zudem lässt sich die Anzahl der Beiträge leicht beeinflussen, wenn größere Publikationen in mehrere klei-nere gesplittet werden (Werner, 2002, S. 99). Gefordert wird somit, neben der Quantität der Arbeiten deren Qualität zu erfassen. Hierfür bieten sich Zitations-maße an, da diese die Relevanz und Bedeutung der Publikationen mitberücksichtigen. Die »Anzahl der Zitationen« bzw. »Zitationshäufigkeit« finden hier regelmäßig Anwendung.

Zitationen stellen ein Gütemaß für die wissenschaftliche Anerkennung der zitierten Forscher bzw. ihrer Innovationen dar. Auf ähnliche Weise zeugen die »Anzahl wissenschaftlicher Fachvorträge« und die »Anzahl erhaltener wissenschaftlicher Preise und Ehrungen« von der Qualität der Forscher bzw. ihrer Bedeutung für den betreffenden Fachbereich. Letztendlich kann jeglicher »Wissenszuwachs« als Output des Forschungsprozesses angesehen werden – auch wenn die Quantifizierung dieser Messgröße schwierig zu bewältigen ist.

Das neu geschaffene Wissen kommt schließlich zur Anwendung und fließt in neue Produkte und Prozesse ein. Bei deren Entwicklung kann die Generierung von Teil-Outputs verfolgt werden. Hier spielen die »Anzahl an Konstruktionszeichnungen«, die »Anzahl von durchgeführten Tests«, die »Anzahl der Prototypen« und die bei der Softwareentwicklung häufig verwendete Kennzahl der »Anzahl Lines of Code« eine Rolle.

Ist die Entwicklung im technischen Sinne abgeschlossen, können Outputs auf Produkt- und Prozessebene betrachtet werden. Hierzu zählen insbesondere die »Anzahl neuer Produkte« und die »Anzahl an Innovationen« Aber auch relative Messgrößen finden an dieser Stelle Anwendung: Der »Anteil neuer Produkte am gesamten Produktprogramm«, die »Anzahl neuer Produkte pro Euro F&E-Aufwand« und der »Anteil der Produkte, die first to Market waren«. In vielen Fällen werden zudem die »Erfolgsquote« und die »Misserfolgsquote«, also der »Anteil der erfolgreichen bzw. erfolglosen Projekte« bestimmt.

Als Ergebnis des Entwicklungsprozesses sind unterschiedliche Produktcharakteristika zu erfassen. Zu diesen gehören die Kundenzufriedenheit, die Produkt-Qualität, der technische Erfolg und die Produkt-Kosten. Die »Kundenzufriedenheit« kann durch Kennzahlen wie »Anzahl der Beschwerden«, »voraussichtliche Wiederkaufsrate« oder »Erfüllungsgrad der Kundenerwartungen« operationalisiert werden. Bei der »Produkt-Qualität« ist der Indikator »Anzahl der von Kunden aufgedeckten Fehler« von Interesse. Außerdem spielen die erreichten »Produktkosten« und eine »Einschätzung des technischen Erfolgs« eine Rolle. Daneben können neue Produkte und Prozesse zu einer »Verringerung der Umweltbelastung« führen. Gerade bei der unter Imagegesichtspunkten wichtigen öffentlichen Meinung kann dies ein bedeutender Aspekt bei der Entwicklung neuer Produkte sein.

Durch die stärkere Kundenorientierung der Unternehmen besteht heute eine Vielzahl an Varianten und Modelloptionen. Die damit verbundene Teilevielfalt führt häufig zu einer hohen Komplexität, insbesondere in der Produktion. Durch eine vorteilhafte Produktentwicklung kann die Teilevielfalt eingeschränkt und die Komplexität gemindert werden. Aus diesem Grund finden Kennzahlen wie »Anzahl der Teilevereinfachungen«, »Anzahl der Teilereduktionen« und »Anteil der Standardteileverwendung« im Entwicklungsbereich Anwendung.

Obwohl das Hervorbringen von Innovationen als ein schwer zu strukturierender Prozess gilt und kein Projekt vergleichbar sei, lassen sich doch einige allgemeingültige Outputmessgrößen ermitteln. Wie erwähnt sind Publikations- und Patent-Kennzahlen durchaus unterschiedlich zu bewerten. Erstens hat die Veröf-

Eine ausgewogene Mischung an Outputkennzahlen erhöht die Aussagekraft einer Messung

fentlichungspolitik des jeweiligen Unternehmens großen Einfluss darauf, ob die aufgezeigten Maße überhaupt sinnvoll angewendet werden können. Zweitens sind viele der Messgrößen einfach manipulierbar, wie das Beispiel der Aufteilung einer großen Arbeit in mehrere kleinere zeigt. Einzelne Kennzahlen für sich genommen bergen die Gefahr von den beteiligten Mitarbeitern »ausgespielt« zu werden (Hauser/Zettelmeyer, 1997, S. 37). Dennoch kann die Verwendung eines richtigen Mix an Messgrößen für eine Verhaltensbeeinflussung seitens der Beschäftigten in Richtung der angestrebten Ziele sorgen. Trotzdem bleibt die Leistungs-Messung auf der Ebene der Wissensgenerierung ein schwieriges Unterfangen.

Input	Process	Output	Outcome

Outputebene	Absolute Größen	Relative Größen
Wissens-generierung	• Anzahl neuer Ideen/Anzahl an Forschungsvorschlägen • Zahl der Entdeckungen • Anzahl (unveröffentlichter) Berichte • Anzahl an Publikationen • Anzahl der Zitationen • Anzahl wissenschaftlicher Fachvorträge • Anzahl erhaltener wissenschaftlicher Preise und Ehrungen • Zahl der Erfindungsmeldungen • Anzahl der Patente/Anzahl der Copyrights • Wissenszuwachs	• Durchschnittliche Kosten pro Publikation • Durchschnittliche Kosten pro Patent • Anzahl der Patente pro Mio. Euro F&E-Aufwendungen • Anzahl der Patente pro Mitarbeiter
Produkt & Prozess Entwicklung	• Anzahl an Konstruktionszeichnungen • Anzahl Lines of Code(loc) • Anzahl von durchgeführten Tests • Anzahl der Prototypen • Anzahl neuer Produkte • Anzahl an Innovationen • Kundenzufriedenheit • Anzahl der Beschwerden • Produkt-Qualität • Anzahl der von Kunden aufgedeckten Fehler • Einschätzung des technischen Erfolgs • Produktkosten • Verringerung der Umweltbelastung • Anzahl der Teilevereinfachungen • Anzahl der Teilereduktionen	• Anteil neuer Produkte am gesamten Produktprogramm • Anzahl neuer Produkte pro Euro F&E-Aufwand • Anteil der Produkte, die first to Market waren • Anteil der erfolgreichen Projekte • Anteil der erfolglosen Projekte • Anteil der Standardteileverwendung

Abb. 3-3   Outputkennzahlen (Quelle: Möller/Schmälzle, 2008, S. 32)

Betrachtet man die Ergebnisse der Studie »Innovationssteuerung 2010« von Möller/Janssen so zeigt sich, dass der Umfang und die Häufigkeit der Kennzahlenverwendung im Bereich von Output- und Outcomekennzahlen deutlich geringer ist gegenüber Input- und Process-Kennzahlen, was u.a. auf die schiwerigere Messung in diesen Bereichen zurückzuführen ist (vgl. Abb. 3-4 und 3-5).

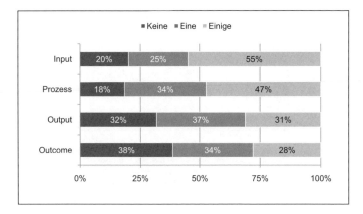

Abb. 3-4
Durchschnittliche Verwendung von Kennzahlen während der Prozessphasen

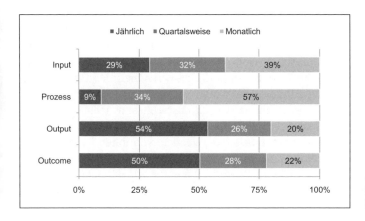

Abb. 3-5
Erhebungsweise von Innovations-kennzahlen

3.4 Outcomekennzahlen

Das Hervorbringen von neuen Produkten ist kein Selbstzweck. Jedes gewinn-orientierte Unternehmen sollte bestrebt sein, mit seinen Innovationen Geld zu verdienen. Ein technisch hochwertiges Produkt allein ist daher wenig hilfreich. Entscheidend ist vielmehr, dass dieses auf eine entsprechende Nachfrage trifft und so zu einem Erfolg am Markt werden kann. Outcomemessgrößen haben dabei die Aufgabe, den wirtschaftlichen und marktlichen Erfolg der Innovationstätigkeit festzustellen. Den Erfolg ihrer Innovationstätigkeit darstellen zu können scheint in der Unternehmenspraxis mehr Wunsch als Wirklichkeit zu sein. Die Studienergebnisse »Innovationssteuerung 2010« von Möller/Janssen (2010) zeigen deutlich, dass Unternehmen insbesondere mit dieser Kennzahlenkategorie unzufrieden sind; nur 37 % der Unternehmen geben an, mit den vorhandenen Outcomekennzahlen zufrieden zu sein. Knapp zwei Drittel der befragten Unternehmen möchte Kennzahlen dieser Kategorie intensiver nutzen.

Outcomekenn-zahlen stellen den wirtschaftlichen und marktlichen Erfolg der Innovations-tätigkeit fest

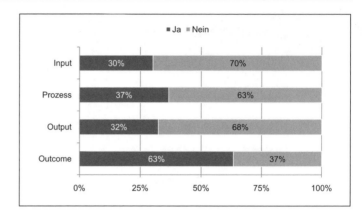

Abb. 3-6
Wunsch nach intensiverer Nutzung
von Innovationskennzahlen

Outcomemess-
größen messen
den Erfolgsbeitrag
direkt oder indirekt

Zu beachten ist bei Outcomekennzahlen, dass der Erfolgsbeitrag direkt oder indirekt erfolgen kann (vgl. zum Folgenden auch Möller/Schmälzle 2008). Bei den Messgrößen, die direkt wirken, sind zunächst Umsatzzahlen zu nennen. Hier kann einerseits die absolute Höhe der »Umsätze« mit Neuprodukten gemessen werden. Damit eng verbunden sind das »Erreichen der Umsatzziele« und die »Umsatzwirkung«. Innovationen sind ein wichtiger Wachstumsfaktor, weshalb neben der Höhe des Umsatzes auch das »Umsatzwachst« eine Rolle spielt. Darüber hinaus lassen sich eine Reihe relativer Kennzahlen aufstellen: Die wohl bekannteste und am häufigsten verwendete von ihnen ist der »Anteil des Umsatzes neuer Produkte am Gesamtumsatz«. Was als neu gezählt wird, ist dabei von entscheidender Bedeutung: In der Literatur wird üblicherweise von neuen Produkten gesprochen, wenn deren Markteinführung innerhalb der letzten drei bis fünf Jahre stattgefunden hat. Die Sinnhaftigkeit der angewendeten Zeitspanne kann je nach Branche stark variieren.

Umsätze sind zwar wichtig, für das langfristige Überleben eines Unternehmens ist es aber unerlässlich, dass diese zu einem positiven Ergebnisbeitrag in Form von Gewinnen führen. Die absolute Höhe der »Gewinne«, das »Erreichen der Gewinnziele« und die »Gewinnwirkung« sind hier wesentlich. Weitere Outcomemessgrößen sind der »Economic Value Added«, der »Cashflow« und der »Barwert« eines Innovationsprojektes sowie Renditegrößen wie der »Return-on-Investment« (ROI) und die »Internal Rate of Return« (IRR).

Relative Kennzahlen beschäftigen sich mit dem »Anteil der Gewinne neuer Produkte am Gesamtgewinn« oder dem »Verhältnis zwischen den Gewinnen von Neuprodukten zu den F & E-Kosten«. Daneben spielen »Deckungsbeiträge«, die »Marge« und das »Erreichen der Margen-Ziele« eine Rolle.

Durch die Innovationstätigkeit können nicht nur Umsätze mit Neuprodukten generiert werden. Es existieren weitere Einnahmequellen: Werden Patente anderen Firmen zur Verfügung gestellt, erhält das gewährende Unternehmen in der Regel »Lizenzgebühren«. Denkbar ist auch, dass ein Unternehmen zur besseren Ausnutzung seiner F & E-Ressourcen Auftragsforschung und -entwicklung betreibt, die für »externe Entwicklungserlöse« sorgt. Wird ein bestimmtes Thema öffentlich gefördert, besteht für ein Unternehmen die Möglichkeit »Subventionen« zu erlangen. Bei Innovationen, die die Prozesse des Unternehmens berühren, lassen sich oftmals »Kosteneinsparungen« realisieren. Diese führen zwar nicht unmittelbar zu einer Erhöhung der Einnahmen, sorgen jedoch für eine bessere Kostenstruktur.

Ein wichtiger Aspekt betrifft die Amortisationsdauer, also die Zeit, bis die für eine Innovation bereitgestellten Finanzmittel wieder erwirtschaftet wurden. Für Neuprodukte existieren zwei verschiedene Berechnungsmethoden: Bei der »Break-Even-Time« wird der Entwicklungszeitraum mitberücksichtigt, beim »Break-Even-After-Release« gilt der Zeitraum ab der Aufnahme der Serienproduktion.

Soll die Akzeptanz des Neuproduktes am Markt betrachtet werden, ist dies anhand des »Marktanteils«, dem »Erreichen von Marktanteilszielen« und über das »Marktanteilswachstum« möglich. Ermittelt man das »Verhältnis von Marktanteilswachstum zu F & E-Aufwand im Vergleich zu den Wettbewerbern«, kann sogar eine relative Aussage getroffen werden. Schließlich ist allgemein aber auch die »Akzeptanz der Kunden« messbar.

Durch Leistungen des Forschungs- und Entwicklungsbereichs ergeben sich auch indirekte Erfolgsbeiträge. Patente halten unter Umständen Konkurrenten davon ab, dieselben kostengünstigen Produktionsverfahren wählen zu können. Dies sorgt für »Kostenerhöhungen für die Wettbewerber«. Auf der anderen Seite ist denkbar, dass sehr erfolgreiche neue Produkte zu erheblichen »Umsatzeinbußen bei Wettbewerbern« führen.

Das langfristige Überleben eines Unternehmens hängt letztlich davon ab, ob dieses wirtschaftlich arbeitet und Gewinne erwirtschaftet. Vorteilhaft ist daher, dass durch Outcomemessgrößen der Erfolgsbeitrag der Innovationstätigkeit für jeden Bereich sichtbar gemacht wird. Schließlich ist es wichtig, dass Entwicklungsergebnisse nicht nur für technikbegeisterte Ingenieure attraktiv sind, sondern vor allem am Markt erfolgreich aufgenommen werden.

Allerdings besteht die Gefahr, dass besonders bei der Projektauswahl eine zu starke Orientierung an Outcomemaßen zu einer kurzfristigen Suboptimierung führt (Hauser/Zettelmeyer, 1997, S. 36). Die Gründe dafür liegen in den Folgen von »Risk Aversion« und »Short Termism«. Gerade bei der Projektauswahl ist es entscheidend, die technologische Kern-Kompetenz zu erhalten oder auszubauen. Der strategische »Fit« der Projekte muss demnach passen.

Trotzdem sind ökonomische und kundenbezogene Messgrößen bei der eigentlichen Durchführung der Projekte nützlich. In vielen Fällen sind diese einfach zu erheben und bestechen durch ihre klare Aussagekraft (Werner, 2002, S. 112). Diese kann jedoch durch die Probleme der sachlichen und zeitlichen Zurechenbarkeit teilweise eingeschränkt sein: Bei der Vermarktung neuer Produkte spielen neben der F & E-Abteilung vor allem das Marketing und der Vertrieb eine wichtige Rolle. Es ist daher schwer zu entscheiden, wer die Lorbeeren für eine erfolgreiche Innovation für sich beanspruchen darf: Liegt es an dem herausragenden technischen Ergebnis der Entwicklungstätigkeit oder eher an den Leistungen des Marketings und des Vertriebs, die es schaffen, ein mittelmäßiges Produkt großartig zu präsentieren und gut zu verkaufen? Zu den Problemen der sachlichen Zurechnung gehört außerdem, wie die Ergebnisse der Grundlagenforschung und nutzenstiftende Erfahrungen aus abgebrochenen Projekten den einzelnen Neuprodukten zugeordnet werden können. Auch die zeitliche Zurechnung ist oft schwierig, denn im Voraus ist meist schwer abzuschätzen, über welchen Zeitraum die Innovation genutzt werden kann.

Die Definition der Neuheit ist eine unternehmensindividuelle Entscheidung. Intern sollte daher klar festgelegt werden, was als »neu« anzusehen ist. Bei unternehmensübergreifenden Vergleichen – zum Beispiel unter Benchmarking-Gesichtspunkten – ist es wichtig, diesen Sachverhalt vergleichbar zu berücksichtigen.

Eine klare Definition für den Begriff der Neuheit muss im Unternehmen kommuniziert sein

Viele der Outcomekennzahlen können erst nach dem Ende des Innovationsprozesses exakt bestimmt werden. Diese Zeitverzögerung bewirkt, dass es dann für steuernde Eingriffe – zumindest für das betreffende Projekt – zu spät ist (Werner, 2002, S. 113).

Trotz der angesprochenen Probleme erfüllt die Verwendung outcomebezogener Messgrößen einige wichtige Funktionen: Sie sorgen dafür, dass Mitarbeiter, die an der Entwicklung und Vermarktung neuer Produkte beteiligt sind, die ökonomischen Ziele des Unternehmens bei ihrer Arbeit nicht aus den Augen verlieren. Die Tatsache, dass die Innovationen für Kunden entwickelt werden, rückt wieder stärker in den Vordergrund. Außerdem zeigen die angewendeten Kennzahlen auf, welchen Beitrag die Forschungs- und Entwicklungstätigkeiten zum Gesamtunternehmenserfolg leisten. Dieser Aspekt kann durchaus motivationsfördernde Wirkung für die beteiligten F & E-Mitarbeiter haben.

Input	Process	Output	**Outcome**

Form des Beitrags	Absolute Größen	Relative Größen
Direkt	▪ Umsatz & Ertrag (Erreichen der Umsatzzziele; Umsatzwirkung) ▪ Umsatzwachstum ▪ Gewinn (Erreichen der Gewinnziele; Gewinnwirkung) ▪ Deckungsbeitrage ▪ Marge (Erreichen der Margen-Ziele) ▪ Economic Value Added ▪ Cashflow ▪ Barwert (NPV) ▪ Return-on-Investment (ROI) ▪ Internal Rate of Return (IRR) ▪ Lizenzgebühren ▪ Externe Entwicklungserlöse ▪ Subventionen ▪ Kosteneinsparungen ▪ Break-Even-Time ▪ Break-Even-After-Release ▪ Marktanteils (Erreichen von Marktanteilszielen) ▪ Marktanteilswachstum ▪ Akzeptanz der Kunden	▪ Anteil des Umsatzes neuer Produkte am Gesamtumsatz ▪ Jahresumsatz/F&E-Budget ▪ Umsatz pro F&E-Mitarbeiter ▪ Anteil des Umsatzes von gesicherten Patenten im Besitz der Untertnehmung ▪ Verhältnis zwischen den Erträgen neu eingeführter Produkte zu den F&E-Kosten ▪ Anteil der Gewinne neuer Produkte am Gesamtgewinn ▪ Verhältnis zwischen den Gewinnen von Neuprodukten zu den F&E-Kosten ▪ Profitability relative to Competitors ▪ Verhältnis von Marktanteilswachstum zu F&E-Aufwand im Vergleich zu den Wettbewerbern
Indirekt	▪ Umsatzeinbußen bei Wettbewerbern ▪ Kostenerhöhungen für die Wettbewerber	

Abb. 3-7   Outcomekennzahlen (Quelle: Möller/Schmälzle, 2008, S. 35)

Die Studie Innovationssteuerung 2010 von Möller/Janssen verdeutlicht dass ungenutzte Potenzial von Outcomekennzahlen, da erst diese Kennzahlen Auskunft über den Erfolg der Innovationstätigkeit liefern können. Wie Abbildung 3-4 in Kapitel 3.3 zeigte, ist diese Kennzahlkategorie am wenigsten in der Unternehmenspraxis verbreitet. Auch die Erhebungsfrequenz ist ähnlich der von Outputkennzahlen eher gering.

3.5 Anwendungsstand von Innovationskennzahlen

Im Folgenden wird anhand von vier internationalen empirischen Studien ein Überblick über den Einsatz von Innovationskennzahlen in der Unternehmenspraxis gegeben.

Die Studie von Kerssens-van Drongelen und Bilderbeek erfasst die Anwendung von Innovationskennzahlen und greift dazu auf die Systematik der Innovation Balanced Scorecard zurück (Kerssens-van Drongelen/Bilderbeek, 1999). Die Ergebnisse beruhen auf einer branchenübergreifenden Befragung von 44 niederländischen R & D-Managern. Mittels offener Fragen haben die Autoren die Studienteilnehmer um Aufzählung und Beschreibung der in ihrem Unternehmen zum Einsatz kommenden Innovationskennzahlen gebeten und diese nachfolgend den vier Perspektiven der Balanced Scorecard »customer«, »internal business«, »innovation and learning« und »financial« zugeordnet. Zusätzlich wurde erfragt, welche Personen bzw. Bereiche durch die Kennzahlen erfasst werden, wobei zwischen »Team«, »Individual«, »Department« und »Company« unterschieden wurde.

Anwendung von Innovationskennzahlen in der Systematik der Innovation Balanced Scorecard

Die Ergebnisse zeigen, dass die »Internal Business Perspektive« im Vergleich zu den drei anderen Perspektiven wesentlich stärker durch Innovationskennzahlen erfasst wird. Von einem ausgewogenen Kennzahleneinsatz entlang der Perspektiven der Balanced Scorecard kann daher nicht gesprochen werden. Insbesondere die Ergebnisse der Innovationstätigkeit, die sich in der Finanz- und Kundenperspektive niederschlagen, werden nur selten durch Innovationskennzahlen dargestellt (vgl. Abb. 3-8). Weiterhin berichten die Autoren, dass die Erhebungsfrequenz der Innovationskennzahlen in Abhängigkeit vom Messobjekt variiert. So wird die Teamperformance, die in der Regel auch Auskunft über die Projektperformance gibt, zumeist bei Meilensteinen (in 45 % der Fälle) oder Projektfortschrittstreffen (in 55 % der Fälle) gemessen. Die individuelle Leistung wird hingegen in der Regel einmal jährlich im Rahmen formaler Beurteilungen erfasst. Auf Abteilungs- bzw. Unternehmensebene werden Innovationskennzahlen demgegenüber in einem durchschnittlich etwas engeren Zeitintervall erhoben (zu rund 50 % jährlich, zu rund 30 % monatlich).

Auch Donnelly stellt in seiner Studie fest, dass prozessbezogene Innovationskennzahlen wesentlich häufiger verwendet werden als finanzielle Ergebniskennzahlen und bestätigt damit ein zentrales Ergebnis von Kerssens-van Drongelen und Bilderbeek (Donnelly, 2000, S. 46). In seiner Untersuchung bezieht sich Donnelly auf eine Befragung von 184 Unternehmen nach den von ihnen verwendeten Innovationskennzahlen. Als wesentliches Ergebnis der Studie hält

Prozessbezogene Innovationskennzahlen werden häufiger genutzt als finanzielle Ergebniskennzahlen

	Team	Individual	Department	Company
Customer Perspective:				
Customer satisfaction/market response	21%	---	25%	33%
% of products succeeding in the market	5%	---	---	11%
Professional esteem	5%	---	---	11%
Internal Business Perspective:				
Agreed milestones/objectives met	74%	65%	25%	---
No. Projects/products completed	---	10%	63%	50%
Speed	32%	50%	13%	28%
Efficiency/keeping within budget	26%	10%	25%	11%
Quality of output/work	42%	40%	25%	11%
Behaviour (in group)	---	70%	13%	6%
Planning accuracy	---	---	---	11%
Innovation and Learning Perspective:				
No. Patents	---	5%	13%	11%
No. Ideas/findings	---	10%	---	6%
Creativity/innovation level	5%	25%	13%	---
Network building	---	5%	---	6%
Financial Perspective:				
Expected or realised IRR/ROI	11%	---	13%	11%
% of sales by new product(s)	---	---	---	28%
Profit due to R&D	---	---	---	22%
Market share gained due to R&D	---	---	13%	6%

Note: numbers represent % of respondents measuring the performance of the indicated subject

Abb. 3-8
Nutzung von Innovationskennzahlen in Abhängigkeit der Hierarchieebene (Quelle: Kerssens-van Drongelen,/Bilderbeek, 1999, S. 42)

der Autor fest, dass prozessbezogene Innovationskennzahlen von rund 80 % der Unternehmen verwendet werden, während weniger als 30 % der befragten Firmen das finanzielle Ergebnis der Innovationstätigkeit durch Kennzahlen erfassen. Dementsprechend findet sich auch nur eine Outcomekennzahl unter den zehn am häufigsten verwendeten Innovationskennzahlen. Die Befunde von Donnelly und Kerssens-van Drongelen und Bilderbeek stimmen damit mit den Studienergebnissen von Janssen/Möller überein und weisen auf ein erhebliches Verbesserungspotenzial in der Unternehmenspraxis hin (Möller/Janssen, 2011).

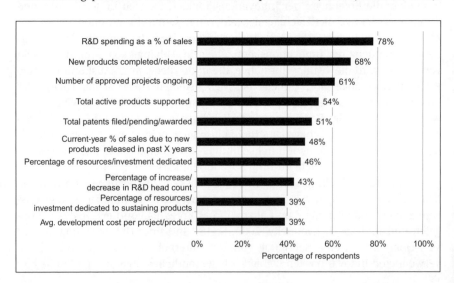

Abb. 3-9 Die zehn am weitesten verbreiteten Innovationskennzahlen (Quelle: Donnelly, G., 2000, S. 50)

Die Studie von Davila et al. basiert auf den Daten von insgesamt 675 Unternehmen, die im Rahmen einer weltweit durchgeführten, branchenübergreifenden Befragung erhoben wurden (Davila et al., 2004, S. 36ff.). Die Teilnehmer der Studie – in der Regel F&E-Leiter oder Innovationsmanager – wurden gebeten, das Ausmaß der Verwendung von insgesamt 24 Innovationskennzahlen auf einer Skala von 0 (Kennzahl wird nicht verwendet) bis 5 (Kennzahl wird intensiv verwendet) zu markieren. Die 24 Innovationskennzahlen wurden dabei in die vier Gruppen »lagging indicators«, »real-time indicators«, »leading indicators« und »learning indicators« unterteilt (vgl. Abb. 3-10). Anschließend wurde analysiert, welche Arten von Innovationskennzahlen in Unternehmen parallel zueinander verwendet werden. Auf Basis dieser Ergebnisse stellen die Autoren fest, dass Innovationskennzahlen in der Praxis nicht ausgewogen verwendet werden. Vielmehr fokussieren die verwendeten Innovationskennzahlen oftmals nur auf Ausschnitte des Innovationsprozesses – z.B. Inputs – und liefern somit kein ausgewogenes Bild über den Leistungsstand der Innovationstätigkeit.

> Mit- und nachlaufende Innovationsindikatoren werden häufiger verwendet als vorlaufende Größen

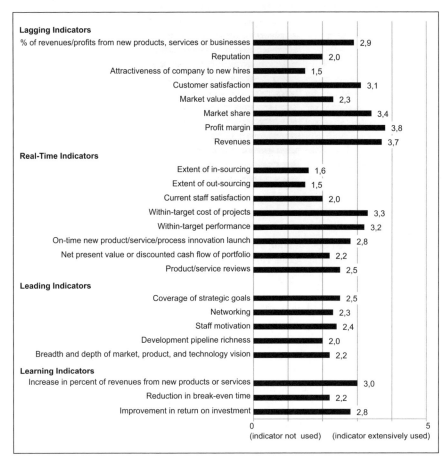

Abb. 3-10 Anwendungsstand von vor-, mit- und nachlaufenden Innovationskennzahlen (Quelle: Dravila et al., 2004, S. 39)

Kleine und mittlere Unternehmen nutzen im Innovationskontext, wenn überhaupt, kundenorientierte Kennzahlen

Die Studie von Huang et al. beruht auf einer Befragung von 276 australischen Chemie- und Maschinenbauunternehmen (Huang, 2004). Den Befragten wurde eine Liste mit insgesamt 16 Innovationskennzahlen vorgelegt und sie wurden gebeten, diejenigen Kennzahlen anzugeben, die im Rahmen der letzten Produktinnovation im Unternehmen Anwendung fanden. Der Anteil von Unternehmen, die tatsächlich Innovationskennzahlen zu diesem Zweck verwendet haben, lag bei rund 80 %. Dabei wurden vorzugsweise kundenbezogene Messgrößen verwendet, die Auskunft über Produktleistung und -qualität geben. Es handelt sich bei diesen Kennzahlen damit um typische nichtfinanzielle Kennzahlen, während finanzielle Ergebnisgrößen, zum Beispiel mit Bezug auf Umsatz oder Profitabilität der Produktinnovationen, seltener verwendet werden (vgl. Abb. 3-11).

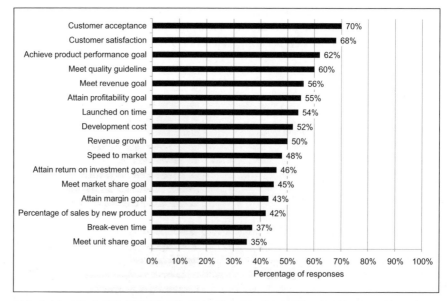

Abb. 3-11   Häufigkeit der Nutzung von Innovationskennzahlen bei kleinen und mittleren Unternehmen (Quelle: Huang/Brown, 2004, S. 119)

Innovationskennzahlen werden zwar häufig eingesetzt, allerdings nur selten in einer ausgewogenen Mischung aus Erfolgs- und Inputgrößen

Zusammenfassend ergibt sich aus den Studien ein weitgehend einheitliches Bild über den Anwendungsstand von Innovationskennzahlen in der Unternehmenspraxis: Es wird deutlich, dass die Leistungsmessung der Innovationstätigkeit durch Kennzahlen in der Unternehmenspraxis mittlerweile etabliert ist und von der Mehrzahl der Unternehmen praktiziert wird. Allerdings zeigt sich ebenso deutlich, dass die Ausgewogenheit der verwendeten Innovationskennzahlen in aller Regel deutliche Defizite aufweist. Insbesondere Outcomekennzahlen, die Auskunft über die Ergebnisse der Innovationstätigkeit liefern, werden vergleichsweise selten erhoben. Dieser Befund gilt im besonderen Maße für deutsche Industrieunternehmen, wie die Studie von Möller/Janssen zeigt (vgl. nochmals Abb. 3-4 in Kap. 3.3).

3.6 Nutzung von Innovationskennzahlen

Die bloße Bereitstellung der Controllinginformationen, beispielsweise durch die Erhebung von Innovationskennzahlen, hat für sich allein genommen noch keine Erfolgswirkung. Entscheidend ist vielmehr, dass die Kennzahlen von den Akteuren auch tatsächlich genutzt werden. Inzwischen liegen verschiedene Vorschläge vor, welche Nutzungsarten von betrieblichen Informationen unterschieden werden können.

Eine insbesondere in den Wirtschaftswissenschaften verbreitete Klassifizierung stammt von Pelz (1978) und unterscheidet zwischen einer instrumentellen, konzeptionellen und symbolischen Nutzung von Informationen. Eine instrumentelle Nutzung liegt vor, wenn Informationen unmittelbar zur Entscheidungsfindung verwendet werden. Dienen Informationen hingegen der Verständniserweiterung, werden sie konzeptionell genutzt. Eine symbolische Informationsnutzung schließlich bezeichnet die Verwendung von Informationen zur Legitimation von Entscheidungen. Bezogen auf Innovationskennzahlen können diese Nutzungsarten wie folgt charakterisiert werden:

- Die instrumentelle Nutzung von Innovationskennzahlen kennzeichnet ihre Verwendung zur Lösung spezifischer Entscheidungsprobleme. Wird beispielsweise ein Innovationsprojekt gestartet, da die Innovationskennzahl »Expected Return on Investment« einen festgelegten Schwellenwert (hurdle rate) überschreitet, so handelt es sich um eine instrumentelle Nutzung dieser Kennzahl. Die instrumentelle Nutzung von Innovationskennzahlen ermöglicht es damit, verschiedene Handlungsalternativen anhand objektiver Größen zu beurteilen, um die bestmögliche Entscheidungsalternative zu wählen. Allerdings besteht bei dieser Art der Informationsnutzung die Gefahr, dass Handlungsalternativen, für die keine entsprechenden Informationen vorliegen, vernachlässigt werden.

- Die konzeptionelle Nutzung von Innovationskennzahlen erfasst das Ausmaß, mit dem die Informationen zur Verständniserweiterung eingesetzt werden und so Denkprozesse und Handlungen beeinflussen. Erkennt ein Manager beispielsweise, dass die ursprünglichen Zeitplanungen für Innovationsprojekte einer bestimmten Produktlinie aufgrund technologischer Herausforderungen um durchschnittlich 30 % überschritten werden, so nutzt er die Innovationskennzahl »Zeitabweichung« konzeptionell. Die konzeptionelle Nutzung bezeichnet damit eine Verwendungsart von Innovationskennzahlen, die es Managern ermöglicht, ein vertieftes Verständnis für die Zusammenhänge der Innovationstätigkeit zu erlangen.

- Die symbolische Nutzung von Innovationskennzahlen kennzeichnet ihre Verwendung, um bereits getroffene Entscheidungen nachträglich zu legitimieren und um die Position des Nutzers zu unterstützen. Im Falle einer symbolischen Nutzung verwendet ein Akteur die ihm zur Verfügung stehenden Kennzahlen somit nicht zur Verständniserweiterung oder um eine Entscheidung zu treffen, sondern um eine von ihm präferierte oder bereits getroffene Entscheidung im Unternehmen durchzusetzen. Wird beispielsweise ein Innovationsprojekt aufgrund von Qualitätsbedenken abgebrochen, als offiziel-

Innovationskennzahlen können instrumentell, konzeptionell und symbolisch genutzt werden

le Begründung jedoch auf die Innovationskennzahl »Kostenüberschreitung« verwiesen, so wird diese Kennzahl symbolisch genutzt.

Um zu analysieren, wie der unternehmerische Innovationserfolg durch den Einsatz von Innovationskennzahlen verbessert werden kann, wurde im Rahmen der in Kapitel 1.7 beschriebenen Studie von Möller/Janssen untersucht, welche Erfolgswirkungen sich aus den skizzierten Nutzungsarten ergeben. Hierbei wurde einerseits betrachtet, ob sich die Qualität des Innovationsmanagements verändert, und andererseits, ob sich tatsächlich ein signifikanter Effekt auf den finanziellen Innovationserfolg nachweisen lässt. Als Indikatoren für die Qualität des Innovationsmanagements wurden die Qualität des Führungszyklus, die Qualität der Projektauswahl und die Zielerreichung von Zeit- und Kostenzielen gewählt. Als Maßstab für den finanziellen Innovationserfolg wurde der finanzielle Innovationserfolg der vergangenen fünf Jahre im Verhältnis zum wichtigsten Wettbewerber erfasst. Die verwendeten Variablen basieren dabei auf einer subjektiven Einschätzung der befragten 133 Innovationsmanager. Einen Überblick über die Ergebnisse dieser Untersuchung gibt Abbildung 3-12.

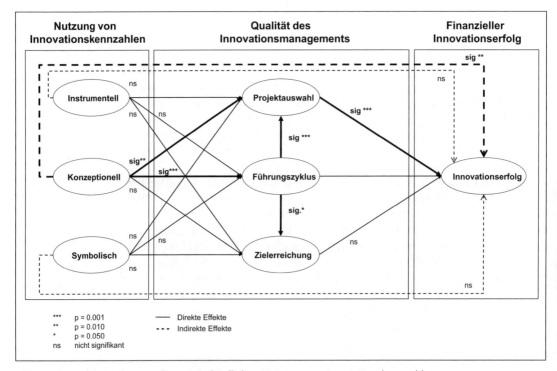

Abb. 3-12   Erfolgswirkungen der unterschiedlichen Nutzung von Innovationskennzahlen

Die Ergebnisse des in Abbildung 3-12 dargestellten Strukturgleichungsmodells zeigen, dass der unternehmerische Innovationserfolg durch den Einsatz von Innovationskennzahlen verbessert werden kann. Gleichzeitig wird jedoch deutlich, dass die tatsächlichen Erfolgswirkungen in erheblichem Maße von der Art und Weise der Kennzahlennutzung bestimmt werden: Während die konzeptionelle Nutzung von Innovationskennzahlen einen signifikant positiven Einfluss auf die Qualität des Innovationsmanagements und den finanziellen Innovationserfolg ausübt, konnte für die instrumentelle Nutzung und die symbolische Nutzung kein signifikanter Effekt festgestellt werden. Im stark durch Planungs- und Datenunsicherheit gekennzeichneten Innovationsprozess empfiehlt sich daher die Verwendung von Innovationskennzahlen zum Zweck der Verständniserweiterung. Die Ergebnisse unterstreichen ferner den großen Einfluss, den die Projektauswahl auf den finanziellen Innovationserfolg ausübt. Das Erfolgspotenzial von Innovationsprojekten wird somit bereits zu Beginn des Innovationsprozesses in erheblichem Maße bestimmt. Die Erreichung von Zeit- und Kostenzielen im Innovationsprozess hat demgegenüber keinen signifikanten Einfluss auf den finanziellen Innovationserfolg. Allerdings sollte aus diesem Befund nicht gefolgert werden, dass die Zeit- und Kosteneinhaltung keinerlei Erfolgswirkung hätte. Die Angaben der in der Studie kontaktierten Experten deuten vielmehr darauf hin, dass die Bedeutung der Zeit- und Kosteneinhaltung von dem unternehmensspezifischen Geschäftsmodell und dem Innovationsgrad der Projekte abhängt. Diese werden durch das dargestellte Strukturgleichungsmodell jedoch nicht abgebildet. Zusammenfassend lässt sich daher festhalten, dass die konzeptionelle Nutzung von Innovationskennzahlen die Qualität des Innovationsmanagements verbessert und somit den finanziellen Innovationserfolg steigert.

3.7 Praxisbeispiel: Freudenberg Innovation Monitor

Dr. Martin Messer und Dr. Ulrich Frenzel, Innovation Center Freudenberg Dichtungs- und Schwingungstechnik GmbH & Co. KG, Weinheim

Innovationsmanagement bei Freudenberg

Der Freudenberg Gruppe gehören ca. 400 Tochtergesellschaften und ca. 33.000 Mitarbeiter in 53 Ländern an. Das Familienunternehmen zeichnet sich durch eine breite Produktpalette von Dichtungen, schwingungstechnischen Komponenten, Filtern, Vliesstoffen, Trennmitteln, Spezialschmierstoffen, mechatronischen Produkten bis hin zu Haushaltsprodukten aus und bedient mit diesem Sortiment Kunden aus unterschiedlichen Branchen. Freudenberg Dichtungs- und Schwingungstechnik (FDS) beschäftigt ca. 9.200 Mitarbeiter und ist Spezialist für Entwicklung, Produktion und Vertrieb anspruchsvoller dichtungstechnischer Komponenten.

FDS ist in Division Lead Center strukturiert, die für ihr Geschäft verantwortlich sind und vorrangig kundennahe Entwicklungen betreiben. Dabei werden sie durch ein Innovation Center unterstützt. Im Innovation Center werden Innovationsprojekte bearbeitet, bei denen noch ein höherer Forschungs- und Entwicklungsaufwand bis zur Marktreife erforderlich ist und bei denen in naher Zukunft noch nicht mit Umsätzen zu rechnen ist. Da eine klare Abgrenzung je-

Die Innovationstätigkeit wird in Lead Centern für kundennahe Entwicklungen und in einem Innovation Center für umfangreichere F & E-Vorhaben durchgeführt

doch schwierig ist und Innovation in strategischen Zielmärkten platziert werden sollen, werden Innovationsprojekte wenn möglich in Kooperation mit dem Lead Center durchgeführt. Analog zum Innovation Center für die Produktinnovationen existiert für die Prozessinnovationen das Technology Center, welches für die Verbesserung der Verfahren und Prozesse innerhalb des Unternehmens zuständig ist. Im Material Center werden darüber hinaus neue Materialien entwickelt, die in allen Lead Centern für verschiedene Projekte und Produkte eingesetzt werden können und oft die Kernkompetenz der FDS darstellen.

Der vollständige Innovationsprozess bei Freudenberg Dichtungs- und Schwingungstechnik ist Abbildung 3-13 zu entnehmen. Um Innovationen strategie- und marktgerecht zu platzieren, beginnt dieser meist mit systematischen Trend- und Marktanalysen. Von Megatrends werden somit Produktideen in entsprechenden Suchfeldern abgeleitet und deren Geschäfts- und Produktpotenzial analysiert. Pro Suchfeld werden erfolgversprechende Ideen selektiert und deren Erschließung in einem Roadmapping-Prozess geplant. Ein ganzheitliches Innovationscontrolling unterstützt die trendbasierte Projektauswahl und bereitet relevante Informationen für die entsprechenden Entscheidungsträger auf Management- oder Projektebene entsprechend auf. Im Anschluss an die Prototypenphase werden Innovationsprojekte in entsprechende Lead Center transferiert, um kundenorientierte Entwicklungsprojekte abzuschließen und die Industrialisierung bzw. Serienproduktion umzusetzen.

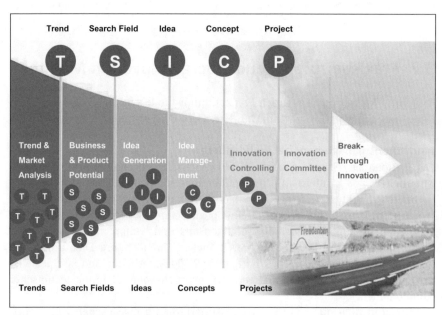

Abb. 3-13   Innovationsprozess bei FDS

Im Rahmen des Innovationsmanagements, also dem Management des gesamten Innovationsprozesses, kommen dabei verschiedene, aus Abbildung 3-14 ersichtliche, Instrumente bei FDS zum Einsatz, wie in der Literatur beschrieben.

Grundsätzlich wird hierbei neben den Instrumenten zur Projektidentifikation der Innovation Monitor als Instrument zur Projektauswahl, zum Projektmonitoring und dem darauf folgenden Projektmanagement verwendet.

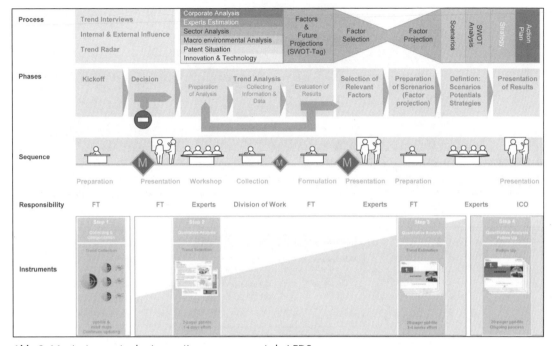

Abb. 3-14 Instrumente des Innovationsmanagements bei FDS

Erst durch den kombinierten Einsatz der verschiedenen Instrumente ist dabei ein erfolgreiches ganzheitliches Innovationsmanagement möglich. Der Beitrag fokussiert im Folgenden auf die Darstellung des Innovation Monitor, als zentrales Instrument zur Projektauswahl, zum Monitoring und zum Projektmanagement.

Kennzahlenbasierte Steuerung durch den Innovation Monitor

Die in Abbildung 3-15 dargestellte Scorecard liegt dem FDS Innovation Monitor, einem webbasierten Instrument, welches für jedes einzelne Innovationsprojekt Anwendung findet, zugrunde.

Damit dem Innovation Monitor projektspezifische Kennzahlen zur Steuerung entnommen werden können, müssen zuvor von den verantwortlichen R & D-Managern aber auch dem Marketing und den Verkaufskanälen diverse Informationen eingesteuert werden. Aus dem projektspezifischen Innovation Monitor kann anschließend durch Aggregation ein leicht abweichender projektübergreifender Innovation Monitor mit projektübergreifenden Kennzahlen generiert werden, um so Berichte für das Topmanagement zu erstellen. Im weiteren Verlauf wird auf den projektbezogenen Innovation Monitor der FDS näher eingegangen.

Im Rahmen des Innovation Monitors wurden die verwendeten Kennzahlen nach dem inhaltlichen Bezugsobjekt in fünf Perspektiven systematisiert. Drei

Die Bereiche F & E, Marketing und Vertrieb liefern Informationen, um in einem Innovation Monitor projektspezifische oder in aggregierter Form projektübergreifende Kennzahlen zur Steuerung darzustellen

der fünf Perspektiven sind direkt angelehnt an die Perspektiven einer Balanced Scorecard, (Finance, Market, Process) ergänzt werden sie durch eine explizite Operationalisierung der Strategie und der Technologie.

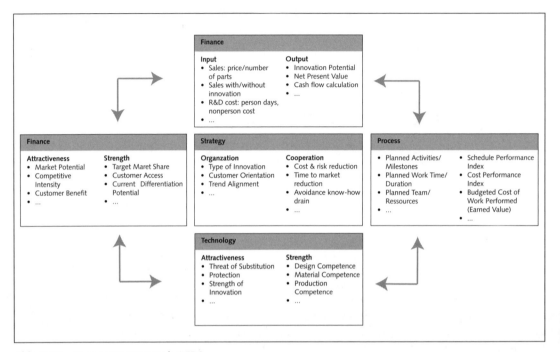

Abb. 3-15   Innovation Monitor bei FDS

Die Strategieperspektive stellt die zentrale Perspektive und den Ausgangspunkt im Innovation Monitor dar. Sie wurde explizit adressiert, um den Anforderungen der verschiedenen Anspruchsgruppen gerecht zu werden und die Strategiekonformität der einzelnen Projekte sicherzustellen.

Die strategische Perspektive unterscheidet Kennzahlen der Organisation und Kooperation

Die Kennzahlen innerhalb der strategischen Perspektive sind deshalb auch in Kennzahlen zur Organisation und Kennzahlen zur Kooperation unterteilt. Zu den Kennzahlen bezüglich der Organisation sind bspw. der Innovationsgrad, also ob es sich um eine inkrementelle, signifikante oder radikale Innovation handelt und die Trendausrichtung, d.h., ob das Innovationsprojekt in die bereits zuvor identifizierten Trends passt, zu nennen. Außerdem wird bspw. das Marksegment der Innovation bestimmt oder abgeglichen ob die Innovation der Konzentration auf das Kerngeschäft in der Dichtungs- und Schwingungstechnik gerecht wird. Kennzahlen bezüglich Kooperation werden eingesetzt, um strategische Allianzen in Forschung und Entwicklung oder Kooperationsprojekte zu bewerten.

Um steuerungsrelevante Kennzahlen zu erhalten, werden innerhalb der drei Perspektiven Strategie, Markt und Technologie verschiedene Nutzwertanalysen mit unterschiedlichen Kriteriengewichtungen und -bewertungen durchgeführt.

Dabei müssen stets diverse Mindestanforderungen erreicht werden, um eine Fortführung des Projektes zu rechtfertigen.

In der Technologieperspektive soll die Grundlage für zukünftige Innovationen abgebildet werden, wobei diese in Anlehnung an bekannte Technologieportfolios zweigeteilt ist in Technologieattraktivität und Technologiestärke. Bei der Technologieattraktivität wird bspw. die Bedrohung durch eine Substitution der Innovation oder die Möglichkeit des Schutzes der Innovation erhoben. Bezüglich der Technologiestärke wird bspw. die technologische Position der Innovation im Vergleich zu den Wettbewerbern erhoben.

Die Marktperspektive ist ähnlich wie die technologische Perspektive in Attraktivität und Stärke zweigeteilt und orientiert sich entsprechend an bekannten Marktportfolios. In der Marktperspektive werden Kunden- und Marktkennzahlen dargestellt, wodurch die Marktgegebenheiten beschrieben werden und eine ständige Marktorientierung gefördert werden soll. Die Marktattraktivität wird hierbei bspw. durch die Kriterien Marktpotenzial oder Kundennutzen der Innovation bestimmt. Demgegenüber erfolgt die Bestimmung der Marktstärke bspw. anhand der Kriterien Zielmarktanteil innerhalb von sieben Jahren nach Produktionsstart oder dem Gewinnpotenzial des Innovationsprojektes.

Die Finanzperspektive beinhaltet Kennzahlen zu Kosten und Erlösen und soll so die Wirtschaftlichkeit der Innovationsprojekte verdeutlichen. Sie ist in Input und Output unterteilt. In der Inputkategorie finden sich Größen wie bspw. wie viele Produkte zu welchem Preis am Markt abgesetzt werden können oder wie hoch die Ausgaben bzw. Investitionen der F & E-Abteilung sind. Aus diesen Eingaben auf der Inputseite ergeben sich folglich weitere steuerungsrelevante Kennzahlen auf der Outputseite. Hierzu sind bspw. das Innovationspotenzial, als kumulierte Einnahmen innerhalb der ersten sieben Jahre nach Produktionsstart, die Break Even Zeit oder der Net Present Value zu zählen.

In der Prozessperspektive sind Kennzahlen abgebildet, die den Projektstatus wiedergeben und gleichzeitig Auskunft darüber geben inwiefern sich das Projekt im Plan bezüglich Kosten, Zeit und Qualität befindet. In dieser Perspektive werden die Daten direkt aus einem vorhandenen Projektmanagement-Tool generiert. Hierbei spielen bspw. das Budget und die Budgeteinhaltung bzw. die geplante zeitliche Abfolge und deren Einhaltung eine wesentliche Rolle.

Die, auf Grundlage der fünf Perspektiven durch den Innovation Monitor generierten Berichte können dabei anspruchsgruppenspezifisch ausgestaltet und individualisiert werden. Dies ist erforderlich, da sich die Anforderungen der einzelnen Anspruchsgruppen (Top Management, Projektverantwortlicher etc.) teilweise erheblich unterscheiden in Bezug auf Detaillierungsgrad, Zeitpunkt und Frequenz der zur Verfügung zu stellenden Informationen.

Die fünf Perspektiven des Innovation-Monitor sind Grundlage für Berichte in unterschiedlichen Detaillierungsgraden

Der Innovation Monitor basiert im Wesentlichen auf den Perspektiven der Balanced Scorecard und stellt somit ein ganzheitliches und ausgewogenes Kennzahlensystem dar. Durch diesen Ansatz können Probleme bei der Steuerung auf Basis einzelner Kennzahlen oder unausgewogener Kennzahlensysteme drastisch verringert werden, wodurch sich der Innovation Monitor als besonders robust gegenüber Fehlsteuerungen erweist. Zusätzlich wird den unterschiedlichen Anforderungen der differierenden Anspruchsgruppen durch zielgruppenspezifische Berichtsformate Rechnung getragen. Der Innovation Monitor der FDS stellt insofern ein Beispiel für eine erfolgreiche kennzahlenbasierte Steuerung des Innovationsprozesses dar.

4 Instrumentelle Unterstützung im Innovationsprozess

Für einen erfolgreichen Ablauf des Innovationsprozesses sind Controllinginstrumente zur Unterstützung notwendig. Daher werden in diesem Kapitel Instrumente zur Auswahl neuer Innovationsprojekte (4.1) und zur Steuerung laufender Projekte (4.2) vorgestellt. Anschließend an ein Praxisbeispiel (4.3) werden Verfahren der Innovationsbewertung beschrieben (4.4). Den Abschluss bildet ein Praxisbeispiel für eine ganzheitliche Steuerung des Innovationsprozesses (4.5).

4.1 Auswahl neuer Projekte

4.1.1 Kreativitätstechniken

Kreativitätstechniken stellen Methoden dar, die die Ideenfindung und den Ideenfluss Einzelner oder von Gruppen beschleunigen und helfen Probleme zu präzisieren, Perspektiven zu wechseln und gedankliche Blockaden zu lösen. Diese Fähigkeiten unterstützen den Prozess der Entwicklung neuer Ziele, Erfindungen, Entdeckungen und Innovationen. Im Folgenden sollen verschiedene Kreativitätstechniken vorgestellt werden.

Kreativitätstechniken finden in der Ideengenerierungsphase Anwendung

Kreativitätstechniken zur Ideenfindung		
Diskursive Verfahren	**Intuitive Verfahren**	**Weitere Verfahren**
▪ Morphologische Technik (Strukturierte Themenkombination zur Identifikation weiterer Felder) ▪ Relevanzbaum (Hierarchische Zuordnung einzelner Systemelemente nach Relevanzbeziehungen) ▪ Osborn Checklist (Wiederholte Anwendung von marktorientierten Fragen auf ein Produkt) ▪ Ursache-Wirkungs-Diagramm (Zerlegung einer Ursache in Haupt- und Nebenursachen) ▪ Synektik (Übertragung der Betrachtung auf gleichartige Untersuchungsgegenstände)	▪ Brainstorming (Spontane, unreflektierte Gedankenartikulation) ▪ Delphi-Technik (Mehrfache, strukturierte und kontinuierlich fortentwickelte Expertenbefragung) ▪ Mind Mapping (Individueller Brainstorming Prozess, visuelle Ausdetaillierung des Problems) ▪ Brainwriting (»Schreibgespräch«; Fortführung der gedanklichen Leistung der anderen Gruppenmitglieder) ▪ Methode 635 (Form des Brainwritings; 6 Personen, 3 Ideen, 5 Minuten)	▪ Walt-Disney-Methode (Einbezug von drei Perspektiven »Rollen«: Ideenlieferant, Macher und Kritiker) ▪ DeBono's 6 Thinking Hats (Gezielte Kollision von 6 Denkweisen: analytisch, emotional, kritisch, optimistisch, assoziativ, moderierend) ▪ Lateral Thinking (Gewinnung von neuen Sichtweisen durch indirekte Lösungsansätze) ▪ Wertanalyse (Untersuchung der Funktionen eines Produktes)

Abb. 4-1 Übersicht Kreativitätstechniken zur Ideenfindung

Die Morphologische Technik verwendet eine Matrix als Grundlage (Higgins/ Wiese, 1996, S. 153 ff.). Auf der vertikalen Achse ist eine Checkliste mit möglichen Attributen des Produktes abgetragen. Die horizontale Achse ist mit einer Checkliste verbunden, die Hinweise zu verschiedenen Modifikationen enthält. So sollen neue Ideen durch die direkte Konfrontation verschiedener Aspekte aus beiden Gruppen entwickelt werden. Die Faktorenkombinationen sind so zu wählen, dass eine neue Sicht der Problemlage gefördert wird.

Beim Relevanzbaum-Verfahren werden, ausgehend von einem Problem (dem Stamm), Lösungsansätze »verästelt« aufgeführt. Jedem Lösungsansatz werden auf den untergeordneten Ebenen mehrere Teilziele zugeordnet. Diese Teilziele werden erneut in Teilziele aufgeteilt, sodass ein Problem im Detail analysiert werden kann. Dabei entsteht ein Modell, das sich wie ein Baum verzweigt. Das Verfahren ermöglicht die Analyse von komplexen mehrschichtigen Problemen und die Ableitung von konkreten (Teil-)Lösungsansätzen (Götz/Schmidt, 2000).

Die Osborn Checklist verfolgt die Idee, dass ein existierendes Produkt nur dann erfolgreich weiterentwickelt werden kann, wenn wiederholt eine Serie marktorientierter Fragen zum Produkt gestellt und verfolgt werden (Hoffmann, 1987, S. 185 ff.). Die zentralen Fragestellungen können unter die Attribute »Modifizieren?« und »Kombinieren?« subsumiert werden. Diese Worte zeigen Möglichkeiten zu Produktverbesserung mittels Veränderungen auf.

Das Ursache-Wirkungs-Diagramm bildet die Ursachen in Form einer Fischgräte ab; damit soll es möglich werden, die Problemursachen systematisch zu ergründen. Hierbei werden die möglichen Ursachen, die eine bestimmte Wirkung auslösen, in Haupt- und Nebenursachen zerlegt. »Auf diese Weise sollen alle Problemursachen identifiziert und mit Hilfe des Diagramms ihre Abhängigkeiten dargestellt werden.« (Schulte-Zurhausen, 2002, S. 513). Im Prozess dieser Ausdetaillierung werden neue oder verdeckte Ideen entdeckt.

Synektik ist eine Form des Gruppen-Brainstormings und basiert überwiegend auf Formen der Analogien- bzw. Metapherentwicklung, der Assoziation und der Exkursionstechnik (Higgins/Wiese, 1996, S. 184 f.). Es fördert die Phantasie bei der Erstellung zunächst nicht direkt erkennbarer Beziehungsstrukturen zwischen Objekten, Produkten, Personen und anderem. Die Synektik-Technik zielt zum einen auf die Bekanntmachung des Fremden und zum anderen auch nach Verfremdung des Bekannten. Der Gruppe gehören jeweils ein Problemeigner und ein Moderator an. Der Hauptunterschied zu alternativen Methoden besteht in der Möglichkeit bzw. Forderung während des kreativen Prozesses Kritik zu üben. So sollen spannungsgeladene, mit Emotionen angereicherte Sequenzen entstehen die mehr kreative Energien freisetzten sollen.

Beim Brainstorming werden alternative Lösungen in der Gruppe spontan und unreflektiert vorgetragen. Die wörtliche Übersetzung »Gedankensturm« verdeutlicht, dass die Probleme durchleuchtet werden und dabei konstruktiv Ideen »durcheinandergewirbelt« werden. Der Schwerpunkt des Brainstormings liegt eindeutig auf der Quantität der Beiträge; die Ideen werden zu einem späteren Zeitpunkt einer sorgfältigen Analyse unterzogen (Higgins/Wiese, 1996, S. 126 f.).

Bei der Delphi-Technik wird ein Fragebogen, der auf den gewissen Wahrnehmungen einer Situation basiert, an entsprechende Experten zum Thema verteilt.

Die individuellen Reaktionen werden gesammelt, gesichtet und anschließend zusammengefasst. Die Zusammenfassungen »Ideen-Pooling« werden den Experten mit dem Hinweis zugestellt, die eingegangene Reaktion – falls dies nötig sein sollte – zu revidieren. Dieser Prozess wird solange fortgeführt, bis ein Konsens erreicht wird (Higgins/Wiese, 1996, S. 140 f.).

Für die Technik des Brainwritings sind vier grundsätzliche Regeln einzuhalten: Kein Vorschlag wird sofort beurteilt; Alle Ideen sind willkommen; Die Quantität der Ideen steht im Vordergrund; Die Ideen können kombiniert und verfeinert werden (Higgins/Wiese, 1996, S. 131). Die Teilnehmer verständigen sich untereinander durch ein sog. Schreibgespräch. Jedes Mitglied schreibt die Lösungsvorschläge zum gestellten Problem auf einen Zettel und reicht diesen weiter zum nächsten Nachbarn. Die Zielsetzung besteht darin, auf der gedanklichen Leistung des Nachbarn aufzubauen und diese weiterzuentwickeln.

Die Methode »6–3–5« ist eine Variation des Brainwritings und orientiert sich an sechs Personen, die drei Ideen innerhalb von fünf Minuten erstellen (Higgins/Wiese, 1996, S. 133). Nach fünf Minuten wird das Papier zum nächsten Partner weitergegeben, der seine Anmerkungen zu der vorliegenden Idee hinzufügt. Dieser Prozess wird solange fortgesetzt, bis alle Teilnehmer alle Zettel bearbeitet haben. Die Ergebnisse werden diskutiert und ausgewertet.

Mind Mapping ist ein individualer Brainstorming-Prozess (Higgins/Wiese, 1996, S. 104 ff.). Zu Beginn eines Mind-Mapping-Prozess wird das anstehende Problem in das Zentrum eines Blatt Papiers geschrieben. Anschließend wird jede erdenkliche Facette des Problems einem Brainstorming unterzogen. Die verschiedenen Aspekte werden als »Straße« ausgehend vom zentralen Objekt in die »Karte« eingezeichnet. Von diesen »Hauptstraßen« können innerhalb zusätzlicher Brainstormaktivitäten neue »Nebenstraßen« ermittelt werden und mit weiteren Abzweigungen detailliert werden.

Die Walt-Disney-Methode basiert auf dem Zusammenspiel von drei Rollen, die ein Problem aus drei Blickwinkeln betrachten und diskutieren: dem Träumer (Visionär, Ideenlieferant), dem Realist (Macher) und dem Kritiker (Qualitäts-Manager) (Dilts et al., 1994). Das Rollenspiel kann von einer einzelnen Person oder im Team durchgeführt werden. Im Team angewandt empfiehlt es sich einen Moderator zu bestimmen. Der Prozess beginnt mit der Perspektive der Träumer. Diese sollen ohne Grenzen, Vorgaben und Einschränkungen Visionen und Ziele entwickeln. Die Realisten handeln so, dass die Umsetzung des Traums möglich wird. Dabei haben sie die Rahmenbedingungen, innerhalb derer die Umsetzung erfolgen muss, im Blick. Am letzten Punkt im Kreislauf analysieren die logisch denkenden Kritiker mögliche Probleme und Risiken bei der Umsetzung aus einer kritischen Distanz.

Bei DeBono's 6 Thinking Hats handelt es sich um eine Gruppendiskussion, bei der Gruppenmitglieder verschiedene Rollen einnehmen, die durch verschiedenfarbige Hüte repräsentiert werden (DeBono, 2010). Jeder Hut entspricht einer Denkweise oder einem Blickwinkel. Dies soll einen effizienten Diskurs über ein Thema entfachen der gleichzeitig keinen Blickwinkel außer Acht lässt. Die einzelnen Hüte stehen für: weiß: Analytisches Denken (Objektiv: Das weiße Blatt), rot: Emotionales Denken (Subjektiv: Feuer und Wärme), schwarz: Kritisches

Denken (Kritisch: Schwarzmalerei), gelb: Optimistisches Denken (Spekulativ: Sonnenschein), grün: Kreatives, assoziatives Denken (Konstruktiv: Wachstum), blau: Ordnendes, moderierendes Denken (»Big Picture«: Der blaue Himmel)

Lateral Thinking bedeutet »seitwärts« denken (Hoffmann, 1987, S. 125 ff.). Daher fordert diese Denktechnik nicht mehr geradeaus zu gehen, sondern um die Ecke zu biegen und zur Seite zu springen, um von dort zu einer vielleicht neuen Sichtweise zu kommen. Der Prozess charakterisiert sich durch intuitives Erfassen von Details, zulassen gedanklicher Sprünge und Assoziationen, vermeiden von Ja/Nein-Entscheidungen, infrage stellen konventioneller Denkmuster und nicht feststehender Ausgangsituation und Rahmenbedingungen.

Die Wertanalyse untersucht die einzelnen Funktionen eines Produktes, um festzustellen, ob (1) die Funktion überhaupt notwendig ist, (2) ob sie in der vorliegenden Form oder anders realisiert werden kann und (3) ob die Realisierung kostengünstiger erreicht werden kann (Bronner/Herr, 2003). Die Funktionen lassen sich nach Funktionenarten, Funktionenklassen und Funktionenkosten unterteilen. Im Zuge der hierbei durchgeführten ABC-Analyse und im Prozess an sich, können eine Vielzahl von Ideen generiert werden.

4.1.2 Umweltanalyse/Trend Radar

Die Auswahl neuer Innovationsprojekte kann nicht unabhängig von sich ändernden Umweltbedingungen durchgeführt werden. Da der Zeitrahmen von Innovationsprojekten nicht selten mehrere Jahre umfasst, ist eine explizite Berücksichtigung der Unternehmensumwelt bzw. eine Anpassung an diese im Sinne eines »fit« zu berücksichtigen. Dies bezieht sich insbesondere auf die Auswahl der Innovationsprojekte.

Die Umweltanalyse versucht Trends und Entwicklungen der Umwelt frühzeitig aufzudecken und betrachtet dazu systematisch verschiedene Handlungsfelder

Die Umweltanalyse hat das Ziel möglichst viele potenziell relevante Trends und Entwicklungen zu identifizieren und zu prüfen. Da Vollständigkeit schon aus systematischen Gründen unmöglich ist, ist eine Strukturierung von Beobachtungsinhalten und -prozessen sinnvoll. Hierzu wird die globale Umwelt in verschiedene Untersuchungsbereiche unterschieden: makro-ökonomische Umwelt, technologische Umwelt, politisch-rechtliche Umwelt, sozio-kulturelle Umwelt und natürliche Umwelt, damit ergibt sich als Akronym PESTEL = Political, Economic, Social, Technological, Environmental and Legislative Analysis (Pearce/Robinson, 2002; Baum et al., 2007, S. 56).

Die allgemeine ökonomische Umweltanalyse umfasst nicht nur die unmittelbare Wettbewerbssituation, sondern bezieht nationale und internationale Einflusskräfte mit ein. Der Umfang der potenziellen Einflussfaktoren ist groß. Eine allgemeine Rezession beeinflusst das Wettbewerbsgeschehen in einem Geschäftsfeld ebenso wie Änderungen des Wechselkurses. Die technologische Umwelt hat die größten Veränderungen in den letzten Jahren erfahren. Sie ist eine Quelle von Chancen und Risiken auch für solche Unternehmen, die auf den ersten Blick keinen engeren Technologiebezug aufweisen. Daher sind technologische Trends zu erkennen, lange bevor sie sich in der Wettbewerbssituation eines Geschäftsfeldes niederschlagen. Die politisch-rechtliche Umwelt

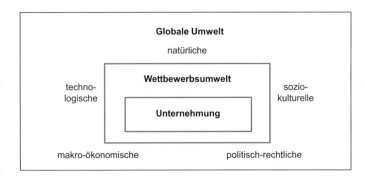

Abb. 4-2   Sektoren der allgemeinen Umweltanalyse (Quelle: Eigene Darstellung in Anlehnung an Steinmann/Schreyögg, 2005, S. 176ff.)

kann nicht unabhängig von dem ökonomischen Bereich betrachtet werden. Insbesondere bei Unternehmen, die in regulierten Sektoren (Gas, Wasser, Strom, Telekommunikation etc.) tätig sind, können politisch-regulatorische Eingriffe erhebliche Auswirkungen auf das Geschäftsmodell haben. Der schwer erfassbare und meist nicht quantifizierbare Charakter der sozio-kulturellen Umwelt sollte aufgrund der Messprobleme nicht zu ihrer Vernachlässigung führen. Demographische Merkmale und vorherrschende Wertmuster sind von besonderer Bedeutung für das Verstehen dieses Zweigs. Die frühzeitige Erkennung eines sich abzeichnenden Wandels von Verbraucherprofilen steht im Mittelpunkt. Gerade für Unternehmen die auf den Endkundenmärkten tätig sind, ist dieser Bereich von größter Relevanz. Die natürliche Umwelt ist vielen Bedrohungen ausgesetzt und die zunehmend intensivere Ressourcennutzung hat eine Vielzahl von

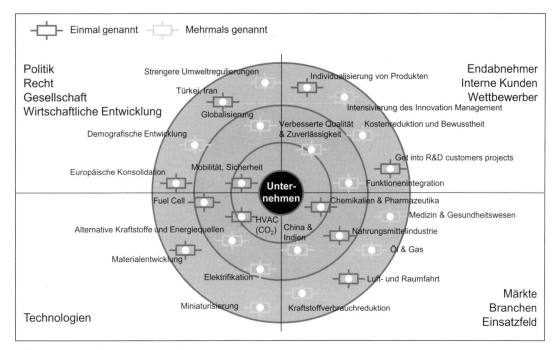

Abb. 4-3   Beispiel eines Trend Radars

Ein Trendradar sucht ungerichtet nach innovativen Themen und Trends, indem die globale Umwelt permanent abgetastet wird

Aktivitäten, Programmen und Regulierungen entstehen lassen. Eine gesonderte Aufmerksamkeit muss deshalb im Rahmen der globalen Umweltanalyse den ökologischen Entwicklungen, Erwartungen und Verpflichtungen gewidmet werden (vgl. bspw. Kap. 6.2).

Das System Umweltanalyse funktioniert ungerichtet und soll bereits erste Anzeichen relevanter Trends anzeigen, was einer Art »strategischem Radar« gleich kommt. Mit einem derartigen Radar soll die gesamte Umwelt der Unternehmen permanent auf Anzeichen für Veränderung hin überwacht werden. Die Ergebnisse lassen sich in einem Trend Radar visualisieren, sodass die Relevanz und Nähe der Trends zum Unternehmen sichtbar wird (Abb. 4-3).

4.1.3 Open Innovation

Open Innovation beinhaltet einen Wissensaustausch über Organisationsgrenzen hinweg

Historisch dominierend ist das klassische Innovationsparadigma der Closed Innovation. Damit ist die funktionale Separation von F&E-Abteilungen und Zuweisung der Aufgaben an einen festgelegten internen Personenkreis gemeint. Folglich werden ausschließlich Ideen aus unternehmensinternen Bereichen, insbesondere der Forschung und Entwicklung, kommerzialisiert. Bemängelt wird die ungenügende Nutzung von Schnittstellen traditioneller Organisationsgrenzen sowie zwischen Akteursebenen (Tsai, 2001). Die starken Kontrollbemühungen über Wissensflüsse behindern die Entstehung radikaler Innovationen.

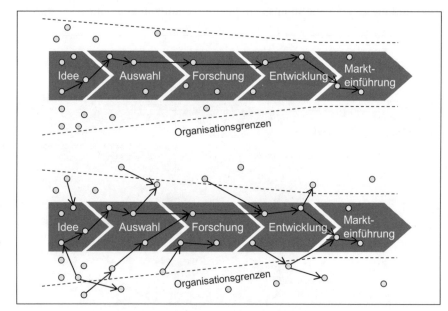

Abb.4-4
Closed Innovation und Open Innovation Prozess (Quelle: Eigene Darstellung in Anlehnung an Möslein, 2009, S. 6)

Der Ansatz Open Innovation steht demgegenüber für die aktive strategische Erschließung der kollektiven Wissensbasis, Kreativität und Innovationspotenziale außerhalb des eigenen Unternehmens (Chesbrough, 2003). Das Internet ist hierbei ein zentraler Treiber und Erfolgsfaktor zur Entwicklung verteilter, offener und interaktiver Innovationssysteme. Open Innovation zielt auf die Reduktion von Flop-Raten sowie das gezielte Management von Kundenbeziehungen. Einsatzfelder erstrecken sich von der Lösung konkreter Innovationsaufgaben über das Screening breiter Innovationsfelder bis zu einem Marketinginstrument (Habicht/Möslein, 2011, S. 91). Die Integration von internen und externen Ideen und Aktivitäten zeichnet Open Innovation aus. So sollen externe Bedürfnis- und Lösungsinformationen in den Innovationsprozess eingefügt werden. Unter Lösungswissen sind die technologischen Möglichkeiten und Potenziale, Kundenbedürfnisse in eine konkrete Leistung bzw. Produkt zu überführen, zu subsumieren. Bedürfniswissen hingegen beschreibt die Information über die Kunden, d. h. Informationen über die Präferenzen, Wünsche, Zufriedenheitsfaktoren und Kaufmotive der aktuellen und potenziellen Kunden bzw. Nutzer einer Leistung. Die Menge verfügbarer Innovationsquellen wird durch gezielte Prozessöffnung erheblich erweitert. So verfolgen Unternehmen sowohl eigene als auch unternehmensfremde Ideen und bringen diese zur Marktreife bzw. entwickeln Wege, Innovationen auch außerhalb der Unternehmensgrenzen, bspw. in strategischen Allianzen, zu einem Erfolg zu führen. Klassische Innovationssysteme können mit Open Innovation sinnvoll ergänzt oder komplett ersetzt werden.

Ein Open Innovation Controlling unterstützt das Open Innovation Paradigma und umfasst die Koordination von strategischem Management, Innovationsmanagement, Personalentwicklung und Technologiemanagement (Hilgers/Piller, 2009).

Outside-in-Prozess	Inside-out-Prozess	Couple-Prozess
Akquisition (Kauf von z.B. technologischem Wissen, Outsourcing, M&A)	Verkauf Kommerzialisierung von F&E (z.B. Verkauf von Patenten, Lizenzen, Softwarecode, etc.)	Kooperation (Netzwerke, Allianzen, Joint Ventures)
Sourcing In Identifikation und Integration von externem Bedürfnis- und Lösungsinformationen aus anderen Unternehmen und Universitäten.	Revealing Weitergabe und Veröffentlichung von technologischem Wissen (z.B. Open Source Software, bei der jeder den Quellcode weiterentwickeln und zurückspiegeln kann)	Kooperation Kooperationsformen, die nicht auf marktlichen (monetären) Austauschbeziehungen beruhen

Abb. 4-5
Offenheit im unternehmerischen Innovationsprozess (Quelle: Eigene Darstellung in Anlehnung an Dahlander/Gann, 2010)

Es könnten drei Kernaktivitäten des Open-Innovation-Ansatzes identifiziert werden:

1. Der Outside-in-Prozess reichert das interne Wissen des Unternehmens sowohl mit externem Wissen von Kunden, Lieferanten oder Partnern an, als auch durch das aktive Transferieren von Technologien aus anderen Unternehmen und Universitäten.
2. Der Inside-out-Prozess unterstützt die externe Kommerzialisierung, wobei durch Lizensierung Ideen schneller auf den Markt gebracht und Technologien besser multipliziert werden, als das durch eine interne Ausbeutung möglich wäre.

Der Open-Innovation-Ansatz umfasst die drei Kernprozesse outside-in, inside-out und couple

3. Der Couple-Prozess beinhaltet eine Kopplung der Integration und Externalisierung von Wissen zum Zweck der gemeinsamen Entwicklung in Allianzen, Joint Ventures und Innovationsnetzwerken, bei der eine Balance zwischen Geben und Nehmen den Kooperationserfolg bedingt.

4.1.4 Future Cash Flows

Eine Auswahl neuer Innovationsprojekte kann anhand der zukünftigen Zahlungsreihe der einzelnen Projekte getroffen werden. Dabei wird zur Ermittlung des optimalen Innovationsprojektes üblicherweise die Discounted-Cash-Flow-Methode verwendet.

Die Discounted-Cash-Flow-Methode ermöglicht eine optimale Auswahl von Innovationsprojekten aus Sicht eines Shareholders

Diese Methode ist an dem Ziel der Steigerung des Shareholder Value ausgerichtet. Der Eigentümer (Shareholder) trifft seine Entscheidung anhand seiner erwarteten Zahlungen, die ihm aus einer Innovation in der Zukunft zufließen werden. Zu diesem Zweck werden die zukünftigen Cashflows (CF) auf den Bewertungszeitpunkt diskontiert.

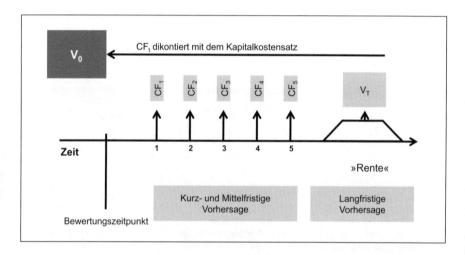

Abb. 4-6 Ansatz der Discounted-Cash-Flow-Methode

Abbildung 4-6 zeigt den generellen Ansatz einer Discounted-Cash-Flow-Methode. Die jährlichen Future Cash Flows werden geschätzt und mit einem Diskontierungsfaktor auf den Betrachtungszeitpunkt abgezinst.

Die monetäre Innovationsauswahl mit Hilfe der Discounted-Cash-Flow-Methode umfasst eine detaillierte und eine grobe Planphase

Die Planung der Future Cash Flows kann in eine Detailplanungsphase, die ca. drei bis fünf Jahre umfasst, und eine Grobplanungsphase, die als pauschale Fortschreibung zu verstehen ist, aufgeteilt werden.

$$Innovation = \sum_{t=1}^{n} \frac{CF_t}{(1 + WACC)^t} + \frac{Residualwert}{(1 + WACC)^n}$$

In der Detailplanungsphase werden die Cashflows für die einzelnen Perioden geschätzt, wohingegen für die Folgezeit ein gleichbleibender Betrag in Form einer Rente (V) angesetzt wird. Der Abzinsungsfaktor entspricht dem Kalkulati-

onszinsfuß im Rahmen investitionstheoretischer Verfahren. Er bringt die Mindest-
renditeerwartungen der Eigen- und Fremdkapitalgeber zum Ausdruck. Meist
werden die Weighted Average Cost of Capital (WACC) als Mindestrendite für
Innovationsprojekte verwendet. Dieser Gesamtkapitalkostensatz ergibt sich als
gewichteter Durchschnitt des Eigenkapitalkostensatzes (k_{EK}) und des Fremdka-
pitalkostensatzes (k_{FK}).

$$WACC = k_{EK} \cdot \frac{Eigenkapital}{Gesamtkapital} + k_{FK} \cdot \frac{Fremdkapital}{Gesamtkapital}$$

Während der Fremdkapitalkostensatz aus den vorliegenden Kreditkonditionen
entnommen werden kann, ist die Ermittlungen des Eigenkapitalkostensatzes
etwas aufwändiger. Ein Eigenkapitalgeber erwartet für eine Beteiligung an einem Innovationsprojekt eine Risikoprämie. Einen kapitalmarktorientierte Lösungsansatz stellt das Capital Asset Pricing Model (CAPM) dar. Dieser Methode
entsprechend besteht der Eigenkapitalkostensatz aus einem quasi-risikolosen
Basiszinssatz und einem Risikozuschlag. Dieser wird ermittelt als Produkt aus
der Marktrisikoprämie und dem Betafaktor (Maß für die Volatilität). Mit Hilfe
des beschriebenen Discounted-Cash-Flow-Verfahren können verschiedene Innovationsprojekte vergleichbar gemacht werden und anhand des Barwertes der
Innovation kann eine Auswahl erfolgen.

4.1.5 Innovations-Portfolios

Zu einem wichtigen Instrument der strategischen Planung haben sich Portfolio-
Modelle entwickelt, da sie eine Kombination von Umweltanalyse und Unterneh-
mensanalyse ermöglichen. Die Grundidee der Portfolio-Analyse besteht in der
Übersicht mehrerer strategischer Entscheidungen. So sind bestimmte Produkt-
Markt-Kombinationen für sich gesehen Erfolg versprechend, aus gesamtunter-
nehmerischer Perspektive jedoch negativ zu bewerten (Steinmann/Schreyögg,
2005, S. 243 ff.). Die Portfolio-Analyse entstammt der Portfoliotheorie der Fi-
nanzierung, bei der es um eine effiziente Anlagenstreuung nach den Kriterien
»Verzinsung« und »Risiko« geht (Markowitz, 1952). Mit dem Konzept soll die
optimale Zusammenstellung eines Wertpapierportfolios für den Anleger erreicht
werden.

Dementsprechend steht auch die Betrachtung einzelner Innovationsprojekte
nicht im Mittelpunkt des Interesses, sondern ob die Kombination aus mehreren
Innovationsprojekten für die gegenwärtige und zukünftige Entwicklung der Unternehmen zielentsprechend ist. Insoweit sind Portfolio-Modelle auch Instrumente zur Abstimmung zwischen den Innovationsprojekten eines Unternehmens.
Verfügt das Unternehmen nicht über eine günstige oder optimale Kombination
verschiedener Geschäftseinheiten, so muss es versuchen, durch Schaffung neuer Innovationsprojekte, den Ausbau vorhandener und die Schließung bisheriger
Vorhaben die Ausgangsposition zu verbessern. Für die Darstellung und Analyse
der Innovationsprojekte existieren unterschiedliche Portfolio-Modelle. Ihnen ist
gemeinsam, dass sie die strategischen Entscheidungen über zwei Dimensionen

*Innovations-Port-
folios unterstützen
den Auswahlprozess
aus einer überge-
ordneten Betrach-
tung aller Innova-
tionsprojekte*

in einem Koordinatensystem positionieren. Zentrale Einflussgrößen werden ermittelt und an den Achsen abgetragen. Hierbei unterscheidet man unabhängige Kriterien, die vom Unternehmen nicht direkt beeinflussbar sind und unternehmensspezifische Kriterien, die direkt beeinflusst werden können. Daraufhin können die Innovationsprojekte in Abhängigkeit zu den Einflussgrößen in die Matrix eingeordnet werden. Der Durchmesser des Positionskreises eines Innovationsprojektes innerhalb der Matrix kann z. B. entsprechend der Bedeutung oder des Budgets zusätzlich zur Verdeutlichung herangezogen werden. Je nach Einteilung der Matrix lassen sich verschiedene Charakteristika ableiten und eine Einordnung der Projekte kann vorgenommen werden.

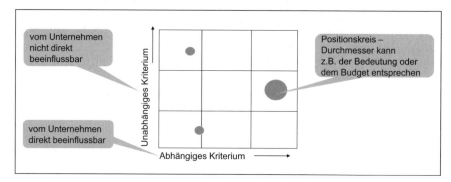

Abb. 4-7
Grundidee von
Portfolio Strategien

In einem Technologie-Portfolio werden die unbeeinflussbaren technologischen Chancen und Risiken und die unternehmensinternen technologischen Stärken und Schwächen in einer Matrix verdichtet. Die Dimensionen geben einerseits die generellen Aussichten einer Technologie im Wettbewerb (Technologieattraktivität) und andererseits den individuellen Stand der Unternehmensposition bezüglich der betreffenden Technologie (Ressourcenstärke) wieder.

Ein Technologie-
Portfolio stellt
Informationen für
die F & E Abteilung
bereit

Das Instrument Technologie-Portfolio betont Technologie als strategischen Erfolgsfaktor und leitet Handlungsempfehlungen für die Forschungs- und Entwicklungstätigkeiten ab. Folglich kann die Schnittstelle zwischen Technik und Unternehmensstrategie führungsmäßig besser bearbeitet werden (Pfeiffer/ Dögel, 1986, S. 152 ff.). Die Technologieattraktivität umfasst die Summe aller technisch-wirtschaftlichen Vorteile, die durch eine Weiterentwicklung eines Technologiegebiets gewonnen werden können. Die Minimalstruktur umfasst Weiterentwicklungspotenziale, Anwendungsbreite und Kompatibilität. Die Technologie-Ressourcenstärke umfasst die technisch-ökonomischen Faktoren, die weitgehend der Steuerung des Unternehmens unterliegen. Diese Dimension wird durch die Einzelindikatoren technisch-qualitativer Beherrschungsgrad, Potenziale und (Re-)Aktionsgeschwindigkeit bestimmt. Aus der Positionierung einzelner Projekte bzw. Technologien im Portfolio lassen sich anhand von Normstrategien Handlungsempfehlungen zum weiteren Vorgehen ableiten. Die Nutzung von Portfolios ist allerdings auch mit einigen Nachteilen verbunden: Durch die grafische Darstellung ist eine Verdichtung auf zwei Dimensionen notwendig, die in vielen Fällen eine zu hohe Verdichtung der Realität darstellt, da es bedeutend mehr Einflussfaktoren gibt. Die mehrfaktorielle Konstruktion der Achsen (wie im Technologieportfolio erfolgt) schafft hier Abhilfe, bringt aber das Problem der unklaren Bewertung bzw. Gewichtung der einzelnen Dimensionen mit sich. Zweitens sind die Abgrenzung der einzelnen Projekte sowie deren Einordnung häufig unklar und subjektiv, da die Skalierung der Achsen nicht explizit und berechenbar erfolgt. Drittens stellten Portfolios immer nur eine Momentaufnahme dar und vernachlässigen die Entwicklungsdynamik.

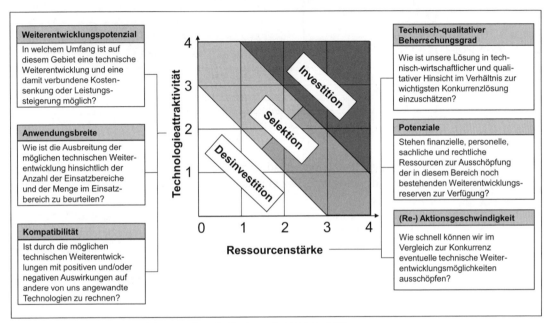

Abb. 4-8 Technologie-Portfolio (Quelle: Pfeiffer/Dögel, 1986, S. 154)

4.1.6 Technology Roadmap

Technologien stellen in vielen Industrien die Hauptquelle für den Erhalt der Wettbewerbsfähigkeit und die Generierung von Wettbewerbsvorteilen dar. Der Aufbau und der Erhalt erfolgreicher Wettbewerbspositionen spiegeln dementsprechend eine effiziente Entwicklung und einen adäquaten Einsatz von Technologien wider. Unter dem Begriff Technologie wird hierbei generell das Wissen über Wege zur technischen Problemlösung verstanden, wohingegen Techniken das materielle Ergebnis dieses Lösungsprozesses darstellen (Gerpott, 2005, S. 18). Im Zuge des Technology Roadmappings wird versucht, künftige Entwicklungslinien und Verfügbarkeitszeitpunkte von Technologien zu prognostizieren und zu analysieren, um rechtzeitig Weichenstellungen im Unternehmen vorzunehmen (Specht et al., 2000, S. 42). Das Ergebnis dieses Prozesses ist eine Kartierung von technologischen Entwicklungen, die durch Beziehungen zu und Abhängigkeiten von Produkt- und Marktentwicklungen bedingt werden (Praahl et al., 2004, S. 5).

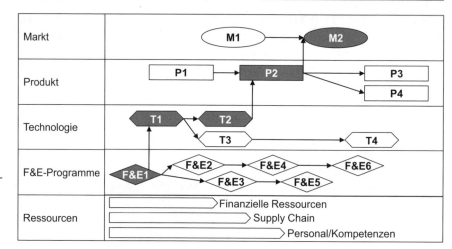

Abb. 4-9 Grundstruktur einer Technology Roadmap (Quelle: Probert/Farrukh/Phaal, 2003, S. 1184)

Technology Roadmapping erhöht die Qualität von technologischen Entscheidungen und hilft der Koordination von technologiebezogenen Projekten und Prozessen

Das Ziel des Technology Roadmappings besteht dementsprechend vor allem in der Aufdeckung von Beziehungen zwischen Technologieinvestitionen und Unternehmenszielen bzw. Marktbedürfnissen, um die Qualität von technologischen Entscheidungen zu erhöhen. Darüber hinaus wird über den Prozess des Roadmappings eine Integration verschiedener Managementbereiche, eine Fundierung von Make-or-Buy-Entscheidungen und eine bessere Koordination von technologiebezogenen Projekten und Prozessen unterstützt.

Auch wenn verschiedene Konzepte zur Entwicklung einer Technologie-Roadmap existieren, ist allen Roadmaps ihr generischer Aufbau gemeinsam. Hierbei werden die Objekte der Roadmap, wie in Abbildung 4-9 beispielhaft dargestellt, nach ihrer zugehörigen Ebene auf der Ordinate (z. B. Markt, Produkt, Technologie) und ihrer zeitlichen Verwirklichung auf der Abszisse positioniert. Zeitversetze Beziehungen und Beeinflussungen zwischen einzelnen (Vorgänger- und Nachfolge-)Objekten können über Graphen verdeutlicht werden.

Die Technology Roadmap unterstützt die langfristige Produkt- und Technologieplanung

Die Darstellung der Technology Roadmap stellt somit einen systematischen Abgleich der langfristigen Produkt- und Technologieplanung dar und dient der Vereinfachung von komplexen Sachverhalten (Zenial, 2007, S. 113).

Die vertikale Untergliederung der Technology Roadmap in verschiedene Ebenen dient der Fokussierung auf strategische Handlungsoptionen und ihre Auswirkungen. Oftmals wird ein dreigliedriger Aufbau vorgeschlagen: In der obersten Schicht werden Entwicklungen relevanter (oftmals externer und nicht direkt beeinflussbarer) Zielgrößen, die mit Hilfe der Roadmap erreicht werden sollen, aufgenommen. Beispiele hierfür sind u.a. Markt, Kunde, Wettbewerber, Umwelt, Industrie, Trends usw. Die zweite Schicht umfasst Produkte und Technologien sowie deren Leistungen und Eigenschaften, um die Anforderungen der ersten Schicht zu erfüllen. Beispiele sind hier u.a. Technologien, Kompetenzen, Produkte, Dienstleistungen, Anwendungen, Prozesse usw. In der dritten Schicht werden schließlich die zur Verfügung stehenden Ressourcen aufgelistet und in Beziehung gesetzt, die zur Verwirklichung der Produkte und Technologien in der zweiten Schicht beitragen. Beispiele hierfür sind u.a. Fähigkeiten, Zulieferer, Infrastruktur, Organisation, Finanzen, F&E usw. (Zenial, 2007, S. 118f.)

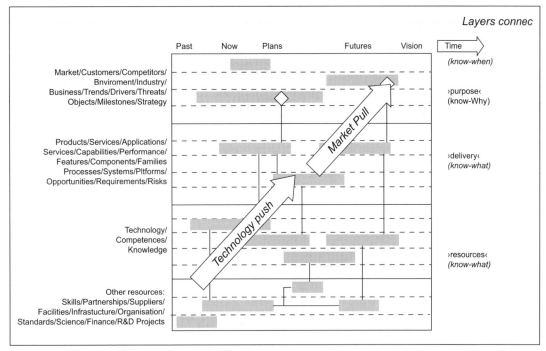

Abb. 4-10   Zusammenhang und Begrifflichkeiten innerhalb von Technology Roadmaps (Quelle: Phaal et al., 2004, S. 5–26)

Im Zuge der Erstellung einer Technology Roadmap werden die einzelnen Schichten sukzessive in Workshops definiert und inhaltlich gefüllt.

Beginnend mit der Marktanalyse und den hierbei definierten Zielsetzungen werden in einem zweiten Workshop Produktkonzepte und -strategien analysiert. Im Anschluss an den dritten Schritt, der die Ableitung von technologischen Lösungen umfasst, werden schließlich alle drei Ebenen in einer Roadmap verknüpft, um Anforderungen an die Unternehmensressourcen aufzudecken (Probert et al., 2003, S. 1189).

Die Erstellung der Technology Roadmap erfolgt in drei Schritten: Marktanalyse, Strategieerarbeitung, Lösungsableitung

Die gebräuchlichste Anwendung besteht im Rahmen der Produkt- und Service-Planung, um marktseitige Potenziale auszuschöpfen. Im Zuge der strategischen Planung werden Technologie-Roadmaps zur Analyse von marktseitigen Entwicklungspfaden und zur Aufdeckung von möglichen Diskontinuitäten genutzt. Im Zuge der Ressourcenallokation wird das Roadmapping eingesetzt, um Wissensbestände nach zukünftigen Marktanforderungen aus zu richten und die Programmplanung des Unternehmens zu steuern.

Der Erfolg einer Technologie-Roadmap wird maßgeblich durch die Kompetenz und Objektivität der involvierten Manager und Experten in einem standardisierten Vorgehen bestimmt. Hinzu kommt die bereichsübergreifende, interdisziplinäre Zusammenarbeit innerhalb des Unternehmens unter Berücksichtigung interner und externer Entwicklungen. Die Technologie-Roadmap stellt ein effektives Instrument dar, um die Prozesse der Frühaufklärung, der strategischen Analyse und der Strategieformulierung im Rahmen des Technologiemanagements sinnvoll zu begleiten. Die Visualisierung von Beziehungen zwischen internen Ressourcen über Produkte und Technologien hin zu Unternehmenszielen und externen Entwicklungstrends kann zur Vereinfachung komplexer Wirkungszusammenhänge beitragen. Auf diese Weise kann durch das Aufzeigen der zeitlichen Interdependenz von Markttrends, Technologien und Ressourcen eine zielorientierte Unternehmensführung unterstützt werden.

4.1.7 Praxisbeispiel: Projektauswahl beim Deutschen Zentrum für Luft- und Raumfahrt (DLR)

Innovationsbewertung und -auswahl beim DLR

Interview mit Harald Grobusch, Diplom-Mathematiker, Innovationsexperte des Deutschen Zentrums für Luft- und Raumfahrt e.V. und Entwickler des InnoGuide®-Bewertungsverfahrens

Warum ist die Bewertung bei Innovationen in frühen Phasen so wichtig?
Erfolgreiche Innovationen basieren zumeist auf einer Vielzahl von Ideen, die betrachtet und ausgewählt werden müssen. Wenn ich also Innovationsideen vorliegen habe, stehe ich grundsätzlich vor dem Problem: Welche von meinen Ideen ist so gut, dass ich sie realisieren soll, welche Idee bedarf einer Nacharbeit und welche Idee soll nicht weiter verfolgt werden?
Durch eine qualifizierte Bewertung von Innovationsideen habe ich die Chance, in einem überschaubaren Zeitrahmen mit geringem Ressourceneinsatz festzustellen, welche Idee es wirklich wert ist, weiter umgesetzt zu werden. Ich erfahre durch die Bewertung, welches Markterfolgspotenzial man erwarten kann, welche Risiken bestehen und welche Maßnahmen zu ergreifen sind, um die Innovation besser und erfolgreicher in den Markt zu bringen. Somit erkenne und vermeide ich also frühzeitig Risiken und erhöhe meine Chancen, mit einem neuen Produkt am Markt Erfolg zu haben.

Was sind Ihre Erfahrungen bei der Einführung dieser Methoden in der Praxis?
Inzwischen beschäftige ich mich über zehn Jahre intensiv mit dem Thema Bewertungsmethoden bei Innovationsideen und -projekten in der Umsetzung, Beratung und Schulung. Nach meiner Erfahrung kommt es bei der Einführung erst einmal darauf an, inwieweit sich ein Unternehmen bereits mit der systematischen Entwicklung von Innovationsprojekten befasst hat. Unternehmen mit Erfahrung im Innovationsmanagement und einem bestehenden Innovationsprozess nehmen ein neues Verfahren eher an, weil es eine methodische Lücke in ihrer Vorgehensweise schließt oder den Prozess optimiert. Für andere

(Fortsetzung auf Folgeseite)

(Fortsetzung von Vorseite)

Unternehmen, die keinen Innovationsprozess besitzen, ist die Erfahrung in der Anwendung einer solchen Methode oft das Schlüsselerlebnis für den Einstieg in ein systematisches Innovationsmanagement. Die Anwendung einer Bewertungsmethode kann also durchaus eine Initialzündung sein für eine strukturierte Innovationsentwicklung.

Ein Beispiel: Im Jahre 2000 wurde vom Deutschen Zentrum für Luft- und Raumfahrt (DLR) ein spezifisches Auswahlverfahren für Innovationsprojekte entwickelt. Bei der Suche nach einem geeigneten Auswahlwerkzeug für Innovationsprojekte ergab eine Marktrecherche kein kommerziell verfügbares und geeignetes Instrument ausreichender Qualität. Daher entschied sich das DLR dafür, selbst ein entsprechendes Instrumentarium zu entwickeln. Das Projekt startete mit der Entwicklung eines Kriterienkatalogs für frühe Phasen des Innovationsprozesses. Dabei wurde das Ziel verfolgt, nur wissenschaftlich belegte Kriterien ausreichender Relevanz aufzunehmen. Eine gute Orientierung hierzu bildeten die zahlreichen Studien der Erfolgsfaktorenforschung im Innovationsmanagement. Insbesondere die »NewProd-Studien« von Robert G. Cooper sowie Folgestudien anderer Institutionen ergaben belegbare Anhaltspunkte für relevante Auswahlkriterien. Nachdem die Auswahlkriterien zunächst in geeigneten Innovationsprojekten erfolgreich getestet waren, wurde auf dieser Basis ein softwaregestützes Werkzeug entwickelt, das die Bewertung schneller und einfacher möglich machte. Dieses »InnoGuide® Screening« benannte Werkzeug hat sich nach mehreren Jahren erfolgreicher Verwendung im industriellen Einsatz heute zu einem Auswahlstandard für innovative Ideen entwickelt. Auch beim DLR war die Erfahrung mit der InnoGuide® Methodik Auslöser für die weitere Ausprägung von Innovationskultur und Innovationsstrategie sowie die Einführung von Innovationsprozessen und Ideenmanagement im Technologiemarketing des DLR.

Wie wirkt sich die Einführung der Bewertungsmethode konkret auf Unternehmen aus?

Eine verblüffende Erfahrung war, dass die Einführung einer vergleichsweise simplen Methodik im überschaubaren Bereich des frühen Innovationsprozesses doch weitreichende Schnittstellen zum globalen Managementsystem eines Unternehmens hat und dies nachhaltig beeinflussen kann. Bei der Bewertung von Innovationsideen werden Stärken und Schwächen des Unternehmens im Innovationsprozess, in der Innovationskultur und in der Innovationsstrategie schnell offenbar. Etwa die Frage, ob eine Innovationsidee zur Innovationsstrategie des Unternehmens passt, führt oft zu der Erkenntnis, dass eine Innovationsstrategie nicht formuliert ist. Auch die Zusammensetzung der Teilnehmer bei einem Bewertungsworkshop in einem interdisziplinären Team führt zu neuen Erfahrungen der Zusammenarbeit, da bei vielen Unternehmen die bisherige Kultur eine solche Zusammenarbeit nicht gefördert hat.   *(Fortsetzung auf Folgeseite)*

(Fortsetzung von Vorseite)

Was sind Voraussetzungen zur erfolgreichen Einführung im Unternehmen?

In erster Linie die Unternehmensstrategie und -kultur. Man muss offen sein für methodisches Vorgehen und fähig zur interdisziplinären Zusammenarbeit. Das Management muss bereit sein, sich mit den erarbeiteten Ergebnissen objektiv auseinander zu setzen und auch Transparenz zuzulassen. Dann sollte das Unternehmen wirklich innovative Produkte oder Dienstleistungen entwickeln wollen. Häufig erkennen Unternehmen in der Diskussion um die Einführung von Bewertungsmethoden, dass ihr Unternehmen und ihre Produkte gar nicht so innovativ sind, wie man es bisher gesehen oder dargestellt hat.

Spielt dort die Zugehörigkeit zu einer Branche eine entscheidende Rolle?

Die Branchen haben sich natürlich zur systematischen Entwicklung von Innovationen sehr unterschiedlich aufgestellt. Dabei sind die High-Tech Branchen mit sehr kurzen Produktentwicklungs- und Markteinführungszyklen Vorreiter beim Einsatz von Innovationsmethoden. Dort sind auch die strukturellen und personellen Ressourcen vorhanden, um internes Wissen dazu aufzubauen und anzuwenden.

Andere Branchen mit eher langfristiger Produktorientierung wie z. B. im Anlagenbau sehen den Bedarf an Innovationen und Innovationsprojekten als weniger dringlich an.

Sollen denn alle Innovationsideen gleich behandelt werden?

Grundsätzlich können alle Innovationsideen mit der gleichen Methodik bewertet werden. Dies gilt sowohl für Produktinnovation, Serviceinnovationen als auch Innovationssysteme.

Sinnvoll ist es jedoch, durch Kategorienbildung die Innovationsideen vorher einzuteilen, damit die Bewertung schneller, zielgerichteter und insgesamt effektiver durchgeführt werden kann. Die meisten Innovationen sind Verbesserungen oder Weiterentwicklungen bestehender Produkte. Für diese Kategorie liegen bereits sehr viele Informationen vor, sodass man sich hier auf die Betrachtung des eigentlichen Innovationsaspekts beschränken kann. Die größte Bedeutung hat die Bewertung einer Innovation, bei der entweder das Produkt sehr neu für das Unternehmen oder neu für den Markt ist. Hier besteht eine große Unsicherheit und das Risiko des Scheiterns ist sehr hoch. Die Bewertung gibt Klarheit über Chancen und Risiken und auch Empfehlungen zur Risikominimierung.

Wie ist ihre Erfahrung mit dem Innovationscontrolling?

Man trifft selten auf ein ausgesprochenes Innovationscontrolling. Die Controllingabteilungen befassen sich nur in geringem Maße spezifisch mit der Steuerung von Innovationen, insbesondere in frühen Phasen des Innovationsprozesses. Hier agieren meist Innovationsmanagement und F&E-Abteilungen. Es gibt auch Unternehmen, bei denen der Innovationsmanager im Controlling angesiedelt ist, aber das ist die Ausnahme. Eine Innovationsbewertung kommt natürlich dem

(Fortsetzung auf Folgeseite)

(Fortsetzung von Vorseite)

Controlling entgegen. Sie stellt eine Methode zur Risikobewertung und Messung des Markterfolgspotenzials in frühen Phasen des Innovationsprozesses zur Verfügung. Durch validierte Kriterien sind diese Bewertungen auch schon sehr zuverlässig. Da die Bewertung kein einmaliger Akt sein muss, sondern beim Projektfortschritt im Sinne einer fortlaufenden Ermittlung des Risikos wiederholt werden kann, steht dem Controlling sogar ein begleitendes Instrumentarium zur Verfügung. Dadurch kann die Marktpotenzial- und Risikoentwicklung systematisch verfolgt werden.

Ein systematisches Innovationscontrolling bietet so eine gute Chance, risikoreiche Entwicklungen schon in frühen Phasen systematisch zu begleiten.

4.2 Steuerung laufender Projekte

4.2.1 Innovationen als Projekte

Innovationen werden in der Wissenschaft und Praxis häufig als Projekte behandelt. Daher kann das Innovationscontrolling für die Steuerung von Innovationen Instrumente nutzen, die sich an traditionellen Projekten bewährt haben. Im Folgenden wird der Projektcharakter von Innovationen verdeutlicht.

Ein Projekt ist nach DIN 69901 ein Vorhaben, das im Wesentlichen durch die Einmaligkeit der Bedingungen in ihrer Gesamtheit gekennzeichnet ist, wie z. B. Zielvorgabe, zeitliche, finanzielle, personelle oder andere Bedingungen, Abgrenzungen gegenüber anderen Vorhaben und projektspezifische Organisation. Die Durchführung von Projekten obliegt im Unternehmen zumeist einer speziellen, zeitlich befristeten Projektorganisation. Diese Projektarbeit geht über den Rahmen der Planung und Steuerung in der Linie hinaus. Das Unternehmen verfolgt das Ziel, solche Aufgaben sachlich, terminlich und kosten- sowie ergebnismäßig optimal zu bewerkstelligen. Dafür wird ein Projektmanagement mit einheitlich festgelegten Arbeitsmethoden zur Planung, Vorbereitung, Durchführung und Steuerung solcher Vorhaben benötigt (Littkemann, 2005, S. 69). Es ist die vorrangige Aufgabe des Projektcontrollings geeignete Instrumente bereitzustellen, mit denen die Besonderheiten von Projekten berücksichtigt und die Effekte auf das Unternehmensergebnis transparent dargestellt werden. Das Projektcontrolling umfasst alle Aktivitäten zur Unterstützung einer strategieorientierten, zielgerichteten und wirtschaftlichen Planung, Steuerung und Kontrolle der Projekte. Die Elemente und der Ablauf einer Projektplanung sind in Abbildung 4-11 visualisiert. Der Ablauf der Projektplanung ist dabei in sieben Schritte unterteilt. Eine adäquate Bearbeitung dieser Schritte ist für den Projekterfolg und für die Anwendung von Steuerungsinstrumenten bei der Projektdurchführung notwendig, da die Projektsteuerung vorrangig Abweichungen zwischen Plan und Ist ermittelt und darauf aufbauend Gegenmaßnahmen initiiert.

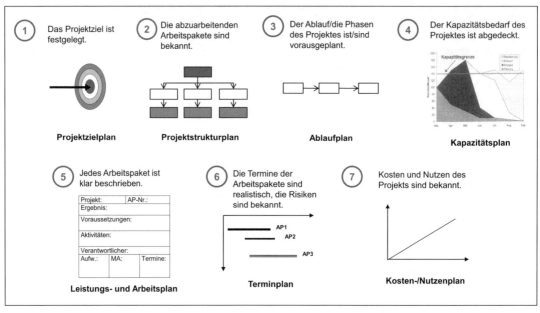

Abb. 4-11   Elemente und Ablauf der Projektplanung (Quelle: Fiedler, 2001; Mörsdorf, 1998)

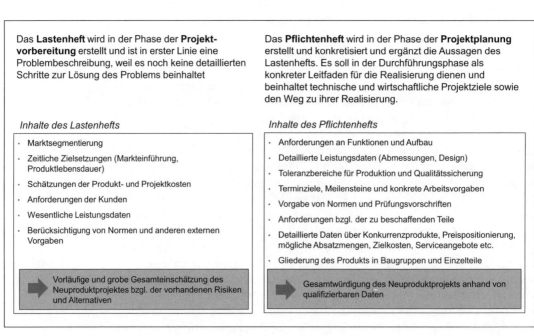

Abb. 4-12   Lasten- und Pflichtenhefte: Beispiel F & E-Projekte (Quelle: Vahs/Burmester, 2005, S. 241–243)

Die Merkmale, die ein Projekt charakterisieren, gelten in der Regel auch für die Durchführung einer Innovation. Daher spricht man im Kontext von Innovationsvorhaben auch von Innovationsprojekten. Aufgrund der Ähnlichkeit können viele Instrumente des Projektcontrollings vom Innovationscontrolling übernommen werden. Um eine zeitliche und inhaltliche Strukturierung zu unterstützen hat sich in den Ingenieurwissenschaften die Abfassung von Anforderungsbedingungen im Rahmen von Lasten- und Pflichtenheft etabliert (vgl. Abb. 4-12).

4.2.2 Innovationsabrechnung

Gesetzliche Bilanzierungs- und Bewertungsvorschriften verboten lange Zeit die Aktivierung von Innovationen als immaterielle Investitionen im externen Rechnungswesen (vgl. dazu auch ausführlich Kap. 5). Seit Einführung des Bilanzrechtsmodernisierungsgesetzes (BilMoG) und bei Anwendung internationaler Standards (IFRS, US-GAAP) existiert das strikte Aktivierungsverbot zwar nicht mehr, dennoch bietet das externe Rechnungswesens weder die grundsätzliche Notwendigkeit noch eine strukturelle Orientierung für eine Innovationsabrechnung (Littkemann, 2005, S. 34). Auch das interne Rechnungswesen kann nicht direkt zur Abrechnung von Innovationen herangezogen werden.

Um die spezifischen Controllingeigenschaften von Innovationen adäquat zu berücksichtigen, bedarf es modifizierter Planungs- und Kontrollrechnungen. In den variierten Abrechnungen soll der fehlenden Projekt-, Erfolgs- und Zukunftsbezug der Innovation überwunden werden (Littkemann, 2005, S. 34 ff.). Betrachtet man die Innovation wie eine Investition in den Abrechnungen des Rechnungswesens, so lässt sich dieses Ziel erreichen. Um den Bezug zu einem investitionstheoretisch gestalteten Rechnungswesen zu schaffen, entsprechen Kosten und Erlöse Zahlungen im finanzwirtschaftlichen Sinn. Dabei wird eine projektbezogene Sichtweise eingenommen. Auf diesem Wege werden Verantwortlichkeiten bestimmt, die Transparenz erhöht und Vergleichsrechnungen ermöglicht. Im Voraus muss der Zeitraum des Innovationsprojektes bestimmt und institutionelle Zuständigkeiten geklärt werden. Die Innovation bekommt im Kontenplan des betrieblichen Rechnungswesens eine oder mehrere Nummern zugewiesen. Im Rahmen der Kostenartenrechnung erfolgt eine systematische Erfassung und Gliederung aller Projektkosten, die bei der Erstellung und Verwertung des Innovationsprojektes als Kostenträger anfallen. In einem nächsten Schritt werden die erfassten Kostenarten auf die Betriebsbereiche verteilt, in denen sie angefallen sind. Gesonderte, das Projekt betreffende Kostenstellen sind notwendig. Während die Kostenartenrechnung zeigt, welche Kosten entstanden sind, erfasst die Kostenstellenrechnung die Kosten an dem Ort ihrer Entstehung. Die Kostenträgerrechnung zeigt den Ort der Kostenentstehung. Diesen stellt das Innovationsprojekt dar.

Für die abrechnungstechnische Umsetzung des fehlenden Erfolgsbezuges einer Innovation sind alle relevanten Ausgaben und Einnahmen zu berücksichtigen, was den Investitionscharakter der Innovation verdeutlicht. Daraus erfolgt eine investitionsorientiert erstellte Projektdeckungsbeitragsrechnung mit kumulativen, vergangenheitsbezogenen Größen. Da so die Projekterfolgsermittlung

Der fehlende Projekt-, Erfolgs- und Zukunftsbezug einer Innovation wird mittels einer investitionstheoretischen Sichtweise überwunden

aus innovativen Tätigkeiten neben die Erfolgsermittlung der operativen Bereiche tritt, wird der Stellenwert des Projekts im Unternehmen verdeutlicht. Zudem ist eine ökonomische Leistungsbeurteilung des Projektleiters bzw. -teams möglich.

Der fehlende Zukunftsbezug wird zum einen in der Kostenrechnung durch die Erstellung gesonderter Kostenvergleichsrechnungen und zum anderen in der Erfolgsrechnung durch die Erstellung von investitionsorientierten Projektdeckungsbeitragsrechnungen mit kumulativen, vergangenheits- und zukunftsbezogenen Größen realisiert.

Folglich wird unter einer Innovationsabrechnung die Berücksichtigung des Innovationsprojekts in den folgenden Punkten der Kosten- und Leistungsrechnung verstanden:

- Aufspaltung der Innovationskosten im Rahmen der Kostenartenrechnung,
- Einrichtung von gesonderten, die Innovation betreffenden Kostenstellen,
- Abrechnung der Innovation als Kostenträger,
- Erstellung von investitionsähnlichen Ergebnisrechnungen für die Innovation mit kumulativen, vergangenheitsbezogenen Größen,
- Erstellung von investitionsähnlichen Ergebnisrechnungen für die Innovation mit kumulativen, vergangenheits- und zukunftsbezogenen Größen und
- Erstellung von Vergleichsrechnungen für die Innovationskosten (z. B. Soll-Ist-Vergleiche).

4.2.3 Meilensteine

Meilensteine sind herausragende Ereignisse in einem Gesamtprozess und stellen ein überprüfbares Ergebnis dar, welches wesentlich, eindeutig sowie inhaltlich vordefiniert ist.

Meilensteine sind wesentliche, eindeutige, überprüfbare, zeitlich und inhaltlich vordefinierte Ereignisse

Sie ermöglichen, quasi als Zwischenstation, über die Fortführung oder den Projektabbruch zu entscheiden. Daher wird in der Planung der Start- sowie Endzeitpunkt bzw. das Intervall der Meilensteine bestimmt und häufig auch eine Zuordnung von vorab definierten Kosten vorgenommen (Schwarze, 2006, S. 99 ff.). Charakteristisch für die Meilenstein-Technik ist die eindeutige Ergebnisorientierung in Verbindung mit der Terminfestlegung. Die zuständige Person oder Instanz ist eigenverantwortlich für die Erreichung des Meilensteins. Zwei Arten von Meilensteinen lassen sich unterscheiden: Technische Meilensteine, die die Logik der Abwicklung erzwingen und organisatorische Meilensteine, die Reifegrade darstellen, zu denen Entscheidungen getroffen werden. Meilensteine ermöglichen eine logische Struktur des Ablaufs, schrittweise Entscheidungen, verbindliche Ergebnisse, einen überprüfbaren Projektstatus, die Koordination verschiedener Ergebnisse sowie eine Motivation durch klare Ziele. Sie sind ein wichtiges Informations- und Kontrollinstrument für die Führungsebene.

Meilensteine eingebaut in einen Netzplan visualisieren den kritischen Pfad eines Innovationsprojektes

Zwar sind die Rollen der Akteure klar verteilt, aber ob man sich auf dem kritischen Pfad befindet, ist häufig nicht ersichtlich. Aus Netzplänen, die auf grafische Art und Weise die logische und zeitliche Abfolge von Teilvorgängen zeigen, können Ereignisknotennetze (Meilensteinpläne) hergeleitet werden, in denen nur noch die Meilensteine als Knoten enthalten sind. Daher kann die Mei-

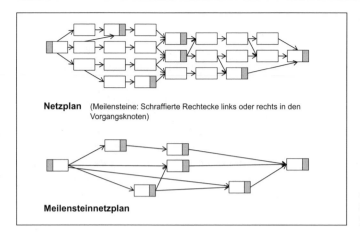

Netzplan (Meilensteine: Schraffierte Rechtecke links oder rechts in den Vorgangsknoten)

Meilensteinnetzplan

Abb. 4-13   Netzplan und Meilensteinnetzplan (Quelle: Schwarze, 2006, S. 99–123)

lenstein-Technik auch als eine »robuste« Netzplantechnik bezeichnet werden. Neue logische Abschnitte oder Verantwortungswechsel werden durch Meilensteine gekennzeichnet. Zudem werden Meilensteine dort gesetzt, wo fachliche, planerische und Go/No-Go- Entscheidungen anstehen. Die Zeitdauer zwischen zwei Meilensteinen sollte drei Monate nicht übersteigen.

Der Stage Gate Prozess ist ein Meilensteinplan von der Idee bis zur Einführung eines neuen Produktes. Die Gates zwischen den einzelnen Meilensteinen dienen zur Beurteilung der jeweiligen Produktidee und zur Entscheidung, ob die Produktidee weiterverfolgt werden soll oder nicht. Das Schema stellt sicher, dass Ideen durchgehend und objektiv beurteilt werden, dass schlechte Ideen aussortiert und Gute in Angriff genommen werden, dass Antragsteller zu neuen Ideen Feedback erhalten und dass brachliegende Ideen nicht verloren gehen (Cooper et al., 2002, S. 22 f.).

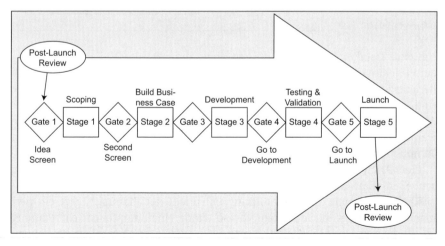

Abb. 4-14
Stage Gate Prozess (Quelle: Cooper et al., 2002, S. 21–27)

4.2.4 Meilenstein-Trendanalyse

Der Meilensteinplan dient als Grundlage zur Projektfortschrittskontrolle. Mit Hilfe der Meilenstein-Trendanalyse soll die Terminsituation eines Projekts veranschaulicht werden.

Die Meilenstein-Trendanalyse ist ein Werkzeug mit der der Projektfortschritt grafisch übersichtlich dargestellt werden kann

Dazu werden pro Meilenstein und Berichtszeitpunkt die ursprünglichen Plantermine den zu diesem Zeitpunkt erwarteten Terminen gegenüber gestellt. Auf diese Weise werden die Dimensionen »Sachfortschritt« und »Zeit« verbunden. In einem Diagramm werden auf der vertikalen Achse die geplanten Fertigstellungstermine der Meilensteine von unten nach oben und auf der horizontalen Achse die Berichtszeitpunkte von links nach rechts eingetragen. Die Diagonale dokumentiert den Zeitpunkt der Fertigstellung der Arbeitsergebnisse aller Meilensteine (Riedl, 1990, S. 160).

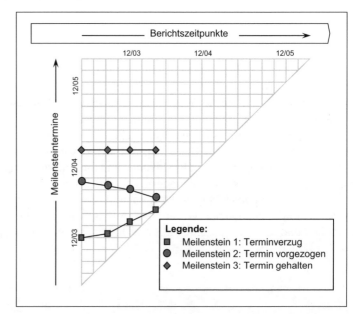

Abb. 4-15　Meilenstein-Trendanalyse

Um eine Trendanalyse durchzuführen muss zunächst der Meilensteinplan aus der Projektplanung vorliegen. Im Projektablauf werden zu den jeweils nächsten Berichtszeitpunkten die Termine aller Meilensteine, die noch nicht abgearbeitet sind, neu geschätzt. Eine regelmäßige Überprüfung der Meilensteintermine hebt Abweichungen von der Terminplanung hervor. Die neuen Meilensteintermine werden auf der nächsten senkrechten Achse eingetragen und mit den vorherigen Terminen zu Kurvenzügen verbunden.

Die Verbindungen der Meilensteine geben Aufschluss über die Planmäßigkeit eines Innovationsprojektes

Eine Analyse der Kurvenzüge lässt auf die Planmäßigkeit eines Projektes schließen. Eine horizontale Verbindungslinie spiegelt den optimalen Projektzustand wider und die Durchführung entspricht der Planung. Liegt ein permanent steigender Kurvenverlauf vor, so wurde eine zu optimistische Planung vorgenommen bzw. die Durchführung ist ineffizienter als geplant. Bei einem permanent fallenden Kurvenverlauf wurde die Planung mit zu hohen Puffern kalkuliert, die Durchführung hat gegenüber der Planung an Effizienz gewonnen. Schwankungen im Kurvenverlauf spiegeln eine hohe Unsicherheit der Terminaussagen wider. Ein entgegen gerichteter Verlauf zweier abhängiger Vorgänge lässt darauf schließen, dass mindestens ein Arbeitspaket unrealistisch geplant wurde. Die Meilenstein-Trendanalyse hat sich bewährt durch ihren hohen Aussagewert und den geringen formalen Aufwand.

4.2.5 Kosten-Trendanalyse

Die Kosten-Trendanalyse baut auf der Meilenstein-Trendanalyse auf und zeigt den Verlauf der Gesamtkostenabschätzung des Projekts.

In dieser Analyse werden die Dimensionen »Sachfortschritt« und »Kosten« verwendet. Der Aufbau eines Kosten-Trenddiagramms ähnelt dem Aufbau des Diagramms aus der Meilenstein-Trendanalyse. Statt der Meilensteintermine werden die Projektkosten auf der vertikalen Achse abgetragen. Mit Hilfe eines Kosten-Trenddiagramms können Kostenänderungen einzelner Teilprojekte und Arbeitspakete während eines Projektes aufgezeigt werden (Fiedler, 2001, S. 110). Auch hier zeigt ein waagerechter Kurvenzug eine Durchführung entsprechend der Planung, wohingegen ein steigender (fallender) Kurvenzug eine ineffizientere (effizientere) Durchführung als geplant verdeutlicht. Der Quervergleich zwischen der Termin- und der Kostenentwicklung erlaubt weitergehende Analysen des Projekts. So lassen sich Abhängigkeiten zwischen Zeit und Kosten erfassen und darstellen. Ein Kosten-Zeit-Trade-Off würde z. B. mit dem Ziel der Kostentreue zu einem waagerechten oder sogar fallenden Kurvenverlauf in der Kosten-Trend-Analyse bei gleichzeitig steigendem Kurvenzug der Meilenstein-Trendanalyse führen.

Eine Kombination von Meilenstein- und Kosten-Trenddiagramm ermöglicht die Analyse des Budgetverbrauchs im Zeitverlauf. Im Zeit-Kosten-Trenddia-

> Die Ebenen Projektfortschritt und -kosten werden in einer Kosten-Trendanalyse miteinander verbunden

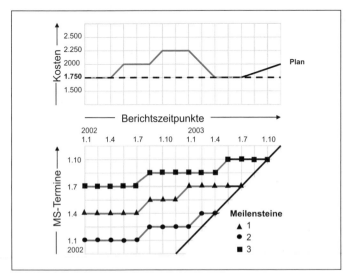

Abb. 4-16 Kosten-Trendanalyse

gramm wird das Verhältnis zwischen Plankosten und Zeitverbrauch sowie Ist-kosten und Zeitverbrauch gegenübergestellt.

Eine integrierte Dar-stellung der Meilen-stein- und Kosten-Trendanalyse deckt Unwirtschaftlich-keiten auf

Der Vergleich von Plan- und Istkosten bei einem bestimmten Zeitverbrauch lässt drohende Budgetüberschreitungen und Unwirtschaftlichkeiten frühzeitig erkennen. Entsprechen sich Plan-und Istkosten in einem Punkt, so sind zeitliche Verzögerungen und Abweichungen im Budgetverbrauch nicht zu erwarten. Um eine realistische Kostenaussage treffen zu können, sollte die bereits erbrachte Leistung bekannt sein und in die Analyse mit einfließen (Fiedler, 2001, S. 111).

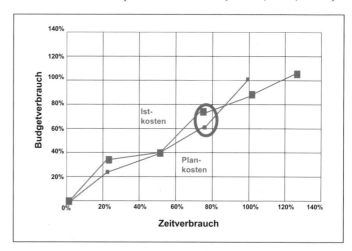

Abb. 4-17 Meilenstein-Kosten-Trend-diagramm (Quelle: Fiedler, 2001, S. 111)

4.2.6 Earned Value Methode

Mit Hilfe der Earned Value Methode wird eine gleichzeitige Erfassung von Zeit, Kosten und Projektfortschritt ermöglicht.

Die Earned Value Methode kombiniert die Dimensionen Zeit, Kosten und Projektfortschritt

Der aktuelle Fortschritt des Projekts wird ins Verhältnis zum geplanten Ziel gesetzt und bewertet. Eine Gegenüberstellung von Plan-, Soll- und Istkosten zu einem Zeitpunkt lässt Abweichungen des tatsächlich erzielten Fortschritts vom geplanten Ziel erkennen und führt zu einer differenzierten Erkenntnis von Ab-weichungsursachen (Fiedler, 2001, S. 113). Hierbei beschreiben Kennzahlen, die sog. Earned Values, die gegenwärtige Termin- und Kostensituation. Vorausset-zung für die Durchführung der Earned Value Methode ist ein Projektstrukturplan mit vollständiger hierarchisch strukturierter Aufstellung aller Arbeitspakete. Da unter dem Earned Value (Arbeitswert) die zu einem bestimmten Zeitpunkt er-ledigten, mit budgetierten Kosten bewerteten Arbeiten im Projekt, also die Ist-Leistung bewertet zu geplanten Kosten verstanden wird, sind Planwerte bzgl. Terminen, Laufzeiten und Budgets des Innovationsprojekts notwendig.

Plankosten, Ist-Kos-ten und Sollkosten stellen die Basis-größen der Earned Value Methode dar

Die Berechnungen der Earned-Value-Methode basieren auf drei grundlegen-den Werten. Den geplanten Kosten (Plankosten), der Summe der budgetierten Werte der Arbeitspakete, die bei planmäßigem Verlauf realisiert worden wären, den Ist-Kosten, die für den erzielten Projektverlauf angefallenen Kosten, und dem Arbeitswert (Sollkosten). So kann mit Hilfe des Arbeitswerts der erzielte

Leistungsfortschritt zu einem Zeitpunkt in eine aussagekräftige Beziehung zu den geplanten und den tatsächlichen Kosten gesetzt werden. Durch verschiedene Kombinationen dieser drei Werte lassen sich Zeit-, Kosten- und Fortschrittsabweichungen gleichzeitig betrachten und Prognosen für den weiteren Projektverlauf erstellen.

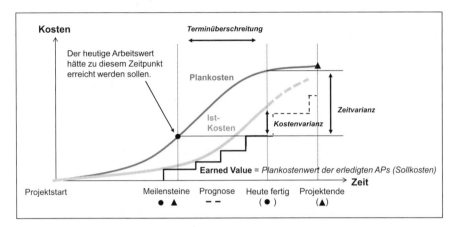

Abb. 4-18
Earned Value Methode (Quelle: Eigene Darstellung in Anlehnung an Riedrich, 2007, S. 141)

In dem in Abbildung 4-18 dargestellten Fall ist die tatsächlich erbrachte Projektleistung deutlich geringer als geplant und nur mit höheren Kosten erreicht worden. Gleichzeitig wurde das Arbeitspaket mit deutlich höheren (Ist-)Kosten als geplant erarbeitet bzw. die geplante Leistung hätte bereits deutlich früher erfolgen sollen. Dies impliziert entweder ein ineffizientes Vorgehen oder eine falsche Zeit-, Kosten- und Leistungsplanung.

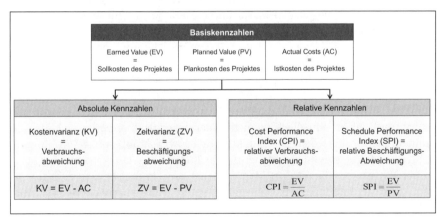

Abb. 4-19
Basiskennzahlen der Earned Value Methode (Quelle: Eigene Darstellung in Anlehnung an Riedrich, 2007, S. 141)

Aufbauend auf den Basiskennzahlen Earned Value (EV), Plankosten (PV) und Ist-Kosten (AC) lassen sich in absoluter Form die Kosten- und Zeitvarianz ermitteln. Erstere gibt die Verbrauchsabweichung an und ergibt sich aus der Differenz zwischen Earned Value und Ist-Kosten. Letztere berechnet die Beschäftigungsabweichung aus den Plankosten subtrahiert um den Earned Value. Der Cost

Performance Index als relative Kennzahl gibt die relative Verbrauchsabweichung wieder. Die relative Beschäftigungsabweichung wird mittels des Schedule Performance Index ermittelt.

4.2.7 Target Costing

Target Costing bzw. Target Cost Management verfolgt die zielorientierte Gestaltung von Produkt- und Dienstleistungskosten im Rahmen der Produktentwicklung. Eine wesentliche Begründung des Target Cost Managements liegt in der Erkenntnis, dass insbesondere in den frühen Phasen der Produktentstehung 80 % der Kosten der nachgelagerten Prozesse im Produktlebenszyklus festgelegt werden. Allerdings stehen der Produktentwicklung in diesen frühen Phasen nur verhältnismäßig wenige Informationen zur kostengünstigen Gestaltung zur Verfügung.

Zentrales Merkmal des Target Cost Managements ist die konsequente Marktorientierung

Die Grundidee des Target Cost Managements besteht darin, bereits in den frühen Phasen der Produkt- und Prozessgestaltung die Kostenstrukturen dahingehend zu beeinflussen, dass sie den Marktanforderungen und damit den von den Kunden gewünschten Produktmerkmalen gerecht werden (Möller 2002). Die Marktorientierung wird durch die retrograde produktlebenszyklusorientierte Kalkulation realisiert. Im Gegensatz zur klassischen progressiven »Cost-plus-Kalkulation«, die den Verkaufspreis über die Selbstkosten und einen Gewinnzuschlag ermittelt, geht die retrograde »Preis-minus-Kalkulation« vom Zielumsatz aus, subtrahiert davon den Zielgewinn (Target Profit) und erhält dadurch die »vom Markt erlaubten Kosten« (Allowable Costs). Den »erlaubten« Kosten werden anschließend die prognostizierten Standardkosten (Drifting Costs) des neuen Produkts gegenübergestellt. Eine mögliche Differenz weist auf Kostensenkungspotenziale hin. Ausgangspunkt der retrograden Kalkulation ist folglich eine nach außen auf den Markt und die Kundenanforderungen gerichtete Betrachtungsweise (»Was darf ein Produkt kosten?«), während die traditionelle Kalkulation den Blick zuerst auf das »Innere des Unternehmens« lenkt (»Was wird ein Produkt kosten?«).

Der Einsatz des Target Costing ist für Produkte mit hoher Wertigkeit und Komplexität sinnvoll

Um ein Target Cost Management unter Aufwand-Nutzen-Erwägungen sinnvoll implementieren zu können, sollten die Produkte eine hohe Wertigkeit und Komplexität aufweisen. Unabdingbare Voraussetzung ist eine genügend große Gestaltungsfreiheit, um die Kundenanforderungen flexibel berücksichtigen zu können. Stark standardisierte Produkte, wie bspw. Schrauben bzw. Ein-Komponenten-Produkte, eignen sich daher für ein Target Cost Management weniger.

Der Prozess des Target Cost Managements kann in drei Phasen zerlegt werden: Zielkostenfindung, Zielkostenspaltung und Zielkostenerreichung (vgl. Abb. 4-20).

Die erste Phase des Target Cost Managements bildet die Zielkostenfindung auf Gesamtproduktebene. Ausgangsbasis der Zielkostenfindung ist die Sammlung aller relevanten Marktdaten. Dies ist nicht nur Aufgabe der Marktforschung allein, sondern fordert bereits in diesem Stadium die Bildung eines interdisziplinären Teams. Hierbei lassen sich fünf Methoden zur Findung von Zielkosten unterscheiden:

- Market into Company: Ausgangspunkt der Zielkostenbestimmung ist der am Markt erzielbare Preis und der geplante Gewinn.
- Out of Company: Die Zielkosten werden aus den technischen und betriebswirtschaftlichen Fähigkeiten, dem Erfahrungsschatz und den Potenzialen des Unternehmens abgeleitet.
- Into and out of Company: Dieses Verfahren stellt eine Kombination der oberen zwei Verfahren dar.
- Out of Competitor: Die Zielkosten werden aus den Kosten der Konkurrenz abgeleitet.
- Out of Standard Costs: Ableitung der Zielkosten aus den eigenen Standardkosten und Senkungsabschlägen.

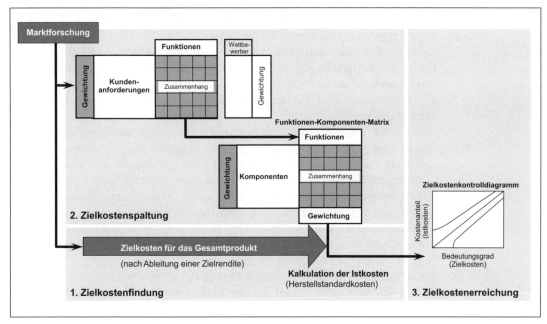

Abb. 4-20 Dreistufige Target Costing-Konzeption

Die erst genannte Konzeption der Zielkostenrechnung entspricht dem Target-Costing-Konzept am besten, da nur dann die Zielkosten so nahe wie möglich an die vom Markt erlaubten Kosten angenähert sind. Bei den anderen Formen der Zielkostenfestlegung ist eine Marktorientierung nur indirekt möglich.

Ausgangspunkt der Market into Company-Methode ist der mithilfe der Marktforschung ermittelte »am Markt erzielbare Preis« für ein Produkt. Durch Subtraktion der angestrebten Zielrendite (target profit) erhält man die »vom Markt erlaubten Kosten« (Allowable Costs), die im Idealfall den Zielkosten (target costs) entsprechen. Sie enthalten alle Kosten, die während der gesamten Produktlebensdauer entstehen dürfen, um die angestrebte Rendite zu erreichen. Diese werden den sogenannten »Drifting Costs« gegenübergestellt. Als Drifting Costs werden die Kosten bezeichnet, die die Herstellung des Produktes bei Auf-

Die Allowable Costs stellen den Ausgangspunkt der Market into Company-Methode dar

rechterhaltung vorhandener Technologie- und Verfahrensstandards im Unternehmen verursachen würde. Sie werden auf Basis bisheriger oder geschätzter eigener Standardkosten durch eine progressive Kalkulation ermittelt. Diese Berechnung sollte sich – wie auch das gesamte Target Cost Management – auf Vollkosten beziehen.

Eine detaillierte Kostensteuerung ist mit der Vorgabe von Zielkosten auf Gesamtproduktebene noch nicht möglich. Dazu müssen die Gesamtkosten auf eine steuerungsrelevante Ebene aufgespalten werden. Das Target Cost Management betrachtet dazu zwei Perspektiven: Aus Sicht der Kunden stellen Produkte und Dienstleistungen Lösungen dar, die bestimmte Funktionalitäten aufweisen; aus Sicht des Unternehmens konstituiert sich ein Produkt aus mehreren Komponenten, die zur Funktionserfüllung beitragen. Hintergrund der Zielkostenspaltung ist damit die Anforderung des Kunden, ein umfassendes Leistungsbündel zu erwerben, das verschiedene Funktionen erfüllt. Diese Funktionen sind Eigenschaften des Leistungsbündels, die zu einer Bedürfnisbefriedigung beim Nachfrager führen. Im Rahmen der Zielkostenspaltung erfolgt eine Übertragung der Funktionen aus der Kundensprache in Komponenten und Prozesse aus der Unternehmenssprache. Für die systematische Übertragung haben sich zwei Ansätze etabliert:

- Die relativ einfach konzipierte Komponentenmethode geht von der Annahme aus, dass genau eine Komponente eine Funktion erfüllt. Als Anhaltspunkt für die Zielkostenspaltung dienen die Kostenstrukturen von Vorgängermodellen, ähnlichen Produkten oder Konkurrenzprodukten. Der Nachteil der Komponentenmethode besteht darin, dass Kundenwünsche nicht explizit berücksichtigt werden und eine »Einfrierung« der bestehenden Kosten- und Prozessstruktur vorgenommen wird. Daher wird sie besonders für Produkte mit einem geringen Innovationsgrad und für primär material- und technologieorientierte Entwicklungen verwendet.
- Die Funktionsmethode orientiert sich direkt an den Wünschen des Kunden und ist damit prädestiniert für den Einsatz bei komplexen und umfangreichen Neuproduktentwicklungen. Ein Produkt wird dazu als eine Kombination von Funktionen definiert, die wiederum durch technische Komponenten (und ggf. dazugehörige Dienstleistungen) erfüllt werden. Die Verbindung von Funktionen und technischen Komponenten erfolgt anschließend über eine Funktionen-Komponenten-Matrix, in der eine komponentenbezogene Zuordnung zur Funktionserfüllung erfolgt.

Am Ende der Zielkostenspaltung liegen für alle spezifizierten Bestandteile des Gesamtprodukts Zielkosten vor, die einen Einzelkostencharakter aufweisen und daher separat hinsichtlich der Dimensionen Kostenstruktur, -verlauf und -niveau beeinflussbar sind. Mit den Kunden- bzw. Funktionsanforderungen im Hintergrund kann dann die konkrete Ausgestaltung der Leistungsbestandteile erfolgen.

Zur besseren Steuerung und Visualisierung kritischer Bereiche bei der Umsetzung der Zielkostenerreichung werden in der dritten Phase des Target Cost Managements Zielkostenindizes und das Zielkostenkontrolldiagramm verwendet. Ausgehend von der Idealform, dass der Ressourceneinsatz für eine Komponente genau der Gewichtung entsprechend der Kundenbedeutung für diese Komponente entspricht, errechnet sich der Zielkostenindex aus der Division von prozentualem Nutzenteilgewicht und prozentualem Kostenanteil. Ein Zielkostenindex kleiner als eins signalisiert dabei, dass eine Produktkomponente zu teuer ist. Liegt eine Komponente jedoch innerhalb des Toleranzbereichs, wird die Abweichung noch als wirtschaftlich vertretbar angesehen. Aufgrund der lediglich näherungsweisen Aussage legt man eine Zielkostenzone um den Zielkostenindex fest. Mit zunehmender Bedeutung der Komponente nimmt der Toleranzbereich stetig ab. Mit abnehmender Bedeutung der Komponenten wird hingegen eine größere Bandbreite in der Zielkostenzone für zulässig gehalten (»trichterförmiger Verlauf«). Das Zielkostenkontrolldiagramm visualisiert diesen Sachverhalt übersichtlich für alle Komponenten bzw. Zielkostenindizes (vgl. Abb. 4-21). Hierbei wird auf der x-Achse das Nutzenteilgewicht (aus Sicht des Kunden) einer Komponente abgetragen, auf der y-Achse deren Kostenanteil (aus der bisherigen Sicht des Unternehmens). Die Winkelhalbierende zeigt die Idealforderung des Zielkostenindexes von 1 an.

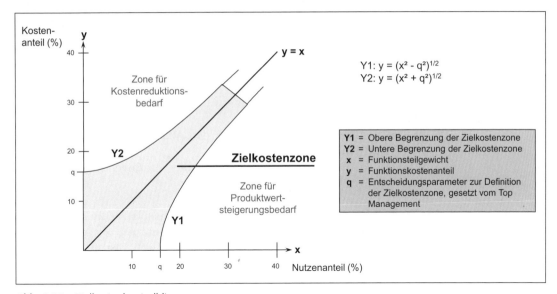

Abb. 4-21 Zielkostenkontrolldiagramm

Nach der Verabschiedung der Zielkosten beginnt die Umsetzungsphase, in der die angestrebten Zielkosten durch Kostensenkungsmaßnahmen realisiert werden müssen. Die Maßnahmen beziehen sich auf den gesamten Produktlebenszyklus, sie setzen aber insbesondere in der Entwicklungs- und Produktionsplanungsphase an, um Gestaltungsspielräume zu nutzen. Für den eigentlichen Prozess der Zielkostenerreichung existiert eine Vielzahl von Instrumenten und Maßnahmen zur Aufdeckung und anschließenden Umsetzung von Kostensenkungspotenzialen, die in Abbildung 4-22 dargestellt sind.

Ingenieurorientierte Verfahren	Managementorientierte Verfahren
• Konstruktionsbegleitende Kalkulation • Simultaneous Engineering/ Resident Engineers • Reverse Engineering • Wertanalyse • Design-to-Cost • Design for Manufacture and Assembly (DFMA) • Rapid Prototyping	• Benchmarking • Zero Base Budgeting • Prozesskostenmanagement • Lebenszyklusrechnung • Kaizen/kontinuierlicher Verbesserungsprozess (KVP) • Zulieferermanagement • Outsourcing

Abb. 4-22
Verfahren der Ziel-
kostenerreichung

Target Costing muss
an der gleichzeitigen
Optimierung von
Kosten, Preis
und Profitabilität
ansetzen

Neben der Fokussierung auf die Kosten (Target Cost Management) beinhaltet der Ansatz des Target Costings auch Preis- und Ergebnisgestaltung und bildet damit einen »Triple Constraint«, in dessen Spannungsfeld eine Entscheidung getroffen werden muss (Horváth/Möller, 2003, S. 468). Ein integratives Preis-, Ergebnis- und Kostenmanagement steht daher vor der dreifachen Optimierungs-aufgabe:

• Was ist der Kunde bereit für einen erwarteten Nutzen zu bezahlen? (Target Price)
• Welche Renditeerwartungen gegenüber den Anteilseignern sind zu realisie-ren? (Target Profit)
• Was darf das Produkt unter Berücksichtigung von Target Price und Target Profit kosten? (Target Costs).

Das Target Pricing hat die Aufgabe, den Preis und den Nutzen zu koordinieren. Ein Kunde kauft ein Produkt nur, wenn der Nettonutzen, also die Differenz Nutzen minus Preis, für ihn positiv bzw. zumindest nicht negativ ist. Im tradi-tionellen Target Cost Management wird die Phase der Preisfindung häufig (zu) stark vereinfacht und der Preis eines Produkts nicht weiter differenziert. Um dif-ferenzierte Preis- und Produktgestaltungsmaßnahmen durchführen zu können ist es daher erforderlich, dass Nutzen- sowie Preiskategorien und Preisbestand-teile klar herausgearbeitet werden. Nur wenn einzelne Abhängigkeiten bekannt sind, können auch wirksame Maßnahmen zur Steigerung des Kundennutzens ergriffen werden. Das Produkt ist daher in einzelne Teilfunktionen zu zerlegen, die von potenziellen Kunden im Rahmen von Marktuntersuchungen hinsichtlich ihres Teilnutzens quantifiziert werden. Instrumentell liefert hier insbesondere das Conjoint-Measurement gute Ergebnisse.

4.2.8 Lebenszyklusrechnung

Das Life Cycle Costing, auch Lebenszyklusrechnung genannt, stellt eine weitere Methode des Kostenmanagements zur Innovationssteuerung dar, welche erstmals in den 1960er Jahren im militärischen Bereich, bei Bauinvestitionen und für die Überwachung großer Investitionsprojekte eingesetzt wurde (Wübbenhorst, 1984, S. 6 f.). Das Life Cycle Costing dient zur Optimierung der Gesamtkosten eines Systems oder Produktes, die über den Lebenszyklus hinweg entstehen. Es wird in der Planung, Beurteilung und zum Vergleich von Investitionsalternativen sowie zur Wirtschaftlichkeitsanalyse von Systemen und Produkten eingesetzt. Das Life Cycle Costing basiert auf dem allgemeinen Lebenszykluskonzept und bezieht alle Kosten eines Produktes bzw. Projektes von der Vorlauf-, über die Markt- bis hin zur Nachlaufphase ein.

Der Lebenszyklus beginnt mit der Vorlaufphase, in der die Produktidee entsteht, die Konstruktion geplant, sowie Produktions- und Absatzvorbereitungen vorgenommen werden. In der anschließenden Marktphase ist der Zeitraum vom Markteintritt bis zum Marktaustritt zusammengefasst, die die Herstellung und den Vertrieb des Produktes enthalten. Die typische Untergliederung enthält dabei die Einführungs-, Wachstums-, Reife-, Sättigungs- und Degenerationsphase. In der abschließenden Nachlaufphase finden sich Kundendienst, Ersatzteilgeschäft, Rücknahme und Entsorgung sowie die Desinvestition von Betriebsmitteln wieder. Die typischen Verläufe von Kosten, bzw. Ein- und Auszahlungen zeigt Abbildung 4-23. Mit dem Product Life Cycle Costing kann ein Produzent

Die Lebenszyklusrechnung betrachtet die Kosten über den gesamten Lebenszyklus hinweg

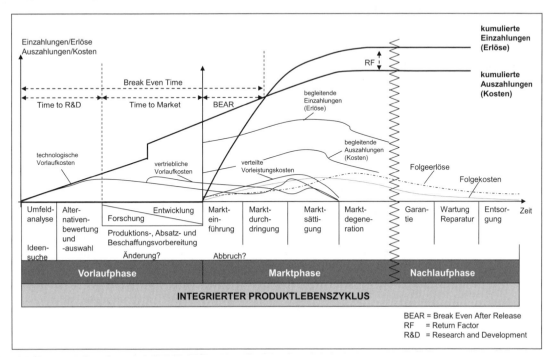

Abb. 4-23 Integrierter Produktlebenszyklus (Quelle: Pfohl, 2002, S. 30)

somit analysieren, ob sich z. B. eine Kostenerhöhung in den Phasen vor der Produkteinführung positiv auf Kostensenkungen in späteren Lebenszyklusphasen auswirken. Ist bekannt in welcher Phase des Produktlebenszyklus sich ein Produkt befindet, so lassen sich ferner Schlussfolgerungen über dessen zukünftige Absatzentwicklung ziehen. Das Life Cycle Costing vermeidet durch die Betrachtung der Kosten in ihrer Gesamtheit, dass Kosten der Folge- bzw. Nachlaufphase als Gemeinkosten auf andere Produkte verrechnet werden und strebt so eine direkte Zuweisung auf das verursachende Produkt an.

4.3 Praxisbeispiel: Innovationssteuerung bei Henkel Adhesive Technologies

Dr. Christian Hebeler ist Corporate Director Supply Chain & Operations Controlling und verantwortet auch das F & E-Controlling im Unternehmensbereich Adhesive Technologies bei der Henkel AG & Co. KGaA, Düsseldorf.

Aufbauorganisation

Henkel Adhesive Technologies ist Weltmarktführer bei Klebstoffen, Dichtstoffen und in der Oberflächentechnik für Konsumenten und Handwerker sowie bei industriellen Anwendungen. Forschungs- und Entwicklungsaktivitäten finden im Unternehmen Henkel unternehmensbereichsbezogen statt.

Die F & E-Aktivitäten sind als Kombination aus Technologieplattformen und strategischen Geschäftseinheiten organisiert

Diese Organisationsstruktur stellt in den Geschäftsbereichen eine engere Verzahnung der Innovationstätigkeit mit Marketing und Vertrieb sicher und ist damit einer zentralen, unternehmensbereichsübergreifenden Forschungsabteilung überlegen. Der Forschungsbereich der Henkel Adhesive Technologies gliedert sich in acht Technologieplattformen. Die Technologieplattformen bündeln technologisches Expertenwissen und stellen dieses auf Anforderung den fünf strategischen Geschäftseinheiten zur Verfügung. Die Abteilung Advanced Technologies stellt eine Besonderheit dar, da diese projektunabhängig den Freiraum hat, Technologietrends aufzuspüren und deren grundsätzliche technische und wirtschaftliche Machbarkeit zu analysieren. In den übrigen sieben Technologieplattformen besteht Zweckfreiheit über 10 % des Budgets, um auch dort eine angemessene Flexibilität zu erlauben.

Die fünf strategischen Geschäftsfelder verfügen über die Stelle und Funktion eines Innovation Managers. Diese vereinigen die nötigen Kenntnisse und Erfahrungen sowohl über die Kundenanforderungen (Markt- und Marketingkenntnisse) als auch über die technologischen Anforderungen. Dies ermöglicht es ihnen die marktorientierten Innovationsprozesse in den jeweiligen Geschäftsfeldern strategisch zu steuern. Auf Basis der Forschungsergebnisse der Technologieplattformen werden im Wesentlichen Produkte und Anwendungen in den jeweiligen Entwicklungsabteilungen zur Markteinführung fertiggestellt.

Insgesamt verfügt Henkel Adhesive Technologies über neun Forschungsstandorte in Nordamerika, Europa und Asien und beschäftigt etwa 1.600 Mitarbeiter in Forschung- und Entwicklung, davon rund 400 in den Technologieplattformen. Der jährliche F&E-Aufwand liegt bei etwa 230 Mio €. Dies entsprach im Geschäftsjahr 2010 einer Forschungsquote von 3,2 % im Verhältnis zum Umsatz.

Ablauforganisation

Henkel setzt seit 2005 erfolgreich den Henkel InnoGate Prozess zur Steuerung seiner Innovationsprojekte ein. Der Prozess ist als Lotus-Notes basiertes Workflowsystem IT-technisch implementiert und webbasiert weltweit verfügbar.

Konzeptionell besteht der Henkel InnoGate Prozess aus einer festen Abfolge von Phasen, die durch separate Entscheidungstore (InnoGates) voneinander getrennt sind (vgl. Kap. 4.2.3). Dabei ist das erfolgreiche Passieren eines Inno-Gates jeweils die Voraussetzung für das Erreichen der nächsten Phase. Hierin besteht der wesentliche Unterschied zu den häufig im Projektmanagement gesetzten Meilensteinen: »An einem Meilenstein kann man vorbei, durch ein Tor muss man hindurch!« (Boutellier/Gassmann, 2006, 110 f.) Bei der Entscheidung nehmen die jeweiligen Verantwortlichen (InnoGatekeeper) an jedem InnoGate im Rahmen des Projekt Reviews eine Neubewertung des Innovationsprojektes hinsichtlich technischer Realisierung und Marktchancen vor. Dies führt dazu, dass weniger erfolgsträchtige Projekte im Henkel InnoGate System frühzeitig und systematisch identifiziert und eliminiert werden, d. h. bevor sie den Großteil der Ressourcen, der zur vollständigen Durchführung benötigt worden wäre, verbraucht haben. Die zuständigen InnoGatekeeper bewerten hierzu an jedem InnoGate nicht nur die finanzielle Dimension eines Innovationsprojektes, sondern beziehen darüber hinaus Kriterien wie die Marktentwicklung, Kundenbedürfnisse und die Nachhaltigkeit des Produkts in ihre Entscheidung mit ein.

Jede Phase des Henkel InnoGate Prozesses besteht aus einer definierten Reihe von Aufgaben, die von dem interdisziplinär – d. h. Forschung und Marketing – besetzten Projektteam parallel bearbeitet werden. Der Henkel InnoGate Prozess besteht aus den folgenden fünf Stufen (vgl. Abb. 4-24):

> Der Innovationsprozess verwendet Meilensteine und Gates

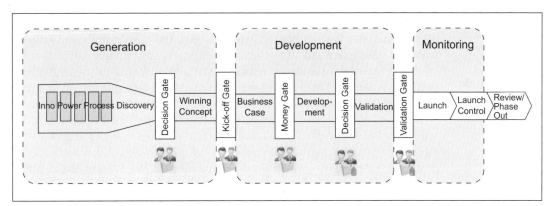

Abb. 4-24 Der Henkel InnoGate Prozess

1. Winning Concept umfasst eine schnelle und kurze Projektanalyse im Vorfeld.
2. Business Case beinhaltet eine detaillierte, technische und marktbezogene Projektanalyse, die eine Produkt- und Projektdefinition sowie einen Projekt-

plan enthält. Dabei muss die Vorteilhaftigkeit des Projektes nachgewiesen werden.

3. Development heißt die technische Realisierung des Projektes.
4. Validation umfasst den Test und die Erprobung des Neuproduktes im Markt, im Labor und in der Produktion.
5. Launch bedeutet die Markteinführung. Marketing, Produktion und Vertrieb beginnen ihre Tätigkeiten in vollem Umfang.

Zur Steigerung der Flexibilität kommt statt eines starren, fünfstufigen Henkel InnoGate Prozesses ein weiterentwickelter, skalierbarer Prozess zum Einsatz. Bei diesem können kleine und Innovationsprojekte mit geringerem Risiko einzelne InnoGates überspringen. Bei Henkel Adhesive Technologies trifft dies insbesondere auf Projekte zu, bei denen bestehende Produkte weiterentwickelt werden (z. B. Customizing, Relaunch) – typische Aufgabe der Entwicklungsabteilungen. Gerade bei diesen Projekten ist die Zeit bis zur Markteinführung ein kritischer Erfolgsfaktor. Daher müssen diese Projekte statt aller fünf nur drei (Decision, Money & Launch Gate) oder gar zwei (Decision & Launch Gate) InnoGates durchlaufen.

Planung und Bewertung von Innovationsprojekten

Das Innovationscontrolling soll die jeweiligen Leitungsorgane bei der Bewältigung der Führungsaufgaben als argumentativer »Sparringspartner« unterstützen (Schmidt/Hebeler, 2005, S. 265). Hauptaufgabe des Innovationscontrollings ist es, während der Planung und Durchführung von Innovationsprojekten sicherzustellen, dass die Businessplanung laufender Projekte fortwährend aktualisiert wird. Nur so können im Rahmen des Henkel InnoGate Prozesses gezielt Projekte mit hoher Erfolgsquote etwa durch zusätzliche Ressourcen gefördert und sich als technisch nicht realisierbar oder unwirtschaftlich abzeichnende Projekte frühzeitig eliminiert werden.

Das Innovationscontrolling unterstützt den Innovationsprozess bei der Planung und Bewertung und kontrolliert die Einhaltung der Geschäftsplanung

Hierzu muss eine marktorientierte Bewertung von Innovationsprojekten in allen Phasen des Innovationsprozesses erfolgen. Die interdisziplinären Projektteams, insbesondere mit Unterstützung des Marketing, sorgen dafür, dass im Laufe des Innovationsprozesses relevante Markt-/Kundeninformationen berücksichtigt werden. Im Ergebnis ist jeweils der aktuellste Erkenntnisstand in Bezug auf die laufenden Innovationsprojekte zur Entscheidungsfindung abgebildet.

Aufgrund der durchschnittlichen Entwicklungsdauer von ein bis zwei Jahren sowie der Länge der Produktlebenszyklen kommen in erster Linie die Verfahren der dynamischen Investitionsrechnung zur Bewertung von Innovationsprojekten zum Einsatz. Mit Hilfe des Kapitalwerts (Net Present Value, NPV) lässt sich der geplante Innovationserfolg eines Projektes zu jedem Zeitpunkt des Projektverlaufs neu und vergleichbar berechnen. Die Wertermittlung liefert so eine Entscheidungsgrundlage für die Weiterverfolgung oder Beendigung der Innovationsprojekte. Als Abzinsungsfaktor werden bei Henkel Adhesive Technologies die gewichteten durchschnittlichen Kapitalkosten (Weighted Average Cost of Capital) von 10,5 % vor Steuern verwendet (siehe Henkel Geschäftsbericht 2010, S. 43).

Zur Bestimmung des Kapitalwertes greift das Innovationscontrolling auf die Daten der Businessplanung zurück. Im Regelfall nehmen Projektmitarbeiter des zuständigen Marketings die Businessplanung vor, wobei jedoch eine enge Abstimmung mit den Bereichen Produktion, Beschaffung, Forschung & Entwicklung notwendig ist. Die Bündelung des interdisziplinären Wissens ist ein Haupterfolgsfaktor für die zweckmäßige Projektbewertung. Ziel dieser Businessplanung ist es, für die Laufzeit des Innovationsprojektes und den anschließenden Lebenszyklus der Neuprodukte die entscheidungsrelevanten finanziellen Größen zu planen, um auf dieser Grundlage die finanzielle Vorteilhaftigkeit des Innovationsprojektes zu beurteilen. Die Eingabe der Daten erfolgt über eine webbasierte Eingabemaske im Henkel InnoGate Tool, die sämtlichen Projektmitarbeitern jederzeit weltweit zugänglich ist. Sämtliche Änderungen im Datengerüst lassen sich schnell anpassen und deren Ergebnisse stehen online umgehend zur Verfügung. Abbildung 4-25 zeigt einen Ausschnitt dieser Eingabemaske, wie sie von den Projektmitarbeitern zur Aktualisierung und Analyse aufgerufen werden kann.

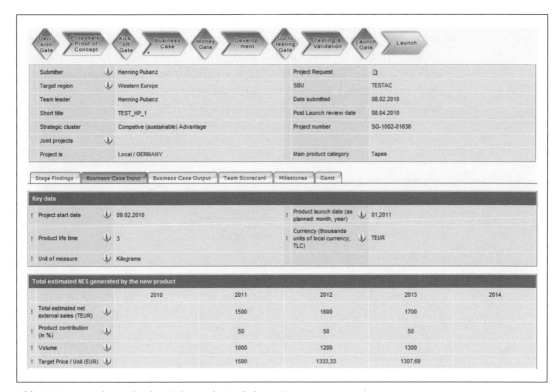

Abb. 4-25   Eingabemaske des Onlinetools Henkel InnoGate

Somit bietet das Webtool den global und über meist mehrere Standorte vernetzt arbeitenden Projektteams eine benutzerfreundliche Möglichkeit, sich über den aktuellen Stand des Innovationsprojektes zu informieren. Aus den quantitativen Daten der Businessplanung ergibt sich nach der unten dargestellten Rechenlogik (vgl. Abb. 4-26) für jedes Jahr der geplante Periodenüberschuss. Dabei hat man sich bei Henkel Adhesive Technologies bewusst für einen konservativen Ansatz entschieden, bei dem eine Fixkostenumlage in die Bewertung der Innovationsprojekte mit einfließt, da die langfristige Entscheidung für die Durchführung eines Innovationsprojektes auch die Entscheidung zum Auf- bzw. Abbau der entsprechenden Organisationsstrukturen beinhaltet.

	Nettoumsatz durch Neuprodukte aus dem Innovationsprojekt
x	Deckungsbeitragsmarge der Neuprodukte
=	Deckungsbeitrag der Neuprodukte
-	Kannibalisierter Deckungsbeitrag (Kannibalisierter Umsatz x Deckungsbeitragsmarge)
-	Fixkostenumlage [% vom zusätzlichen Umsatz]
-	F&E-Personalkosten
-	Sonstige F&E-Ausgaben
-	Investitionen in Produktionsanlagen
-	Ausgaben für die Markteinführung
=	**abzuzinsender Periodenüberschuss**

Abb. 4-26 Ermittlung der Periodenüberschüsse im *Henkel InnoGate*

Allerdings berücksichtigt ein so berechneter Kapitalwert keine spezifischen Innovationsrisiken, da diese in den Kapitalkosten nicht enthalten sind. Die Risikoanalyse erfolgt über die Zerlegung der Einnahmen- und Ausgabenstruktur in die Komponenten F&E-Aufwand, Produktions- und Markteinführungsaufwendungen sowie Einnahmeüberschüsse und deren Gewichtung über jeweilige Risi-

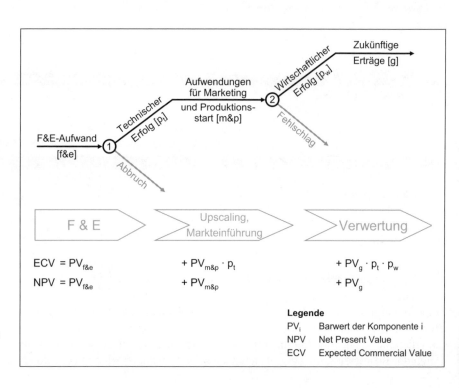

Abb. 4-27
Entscheidungsbaummodell zur Bestimmung eines risikoadjustierten Kapitalwertes

kowahrscheinlichkeiten. Das Entscheidungskalkül, das die Phasen des Innovationslebenszyklusses berücksichtigt, ergibt sich aus einem Entscheidungsbaum (vgl. Abb. 4-27).

Der Entscheidungsbaum ergibt sich aus zwei Entscheidungspunkten, an denen jeweils die beiden Möglichkeiten simuliert werden, entweder dass ein Innovationsprojekt wie geplant fortgesetzt werden kann oder aber erfolglos beendet werden muss. Beide Szenarien werden mit ihren jeweiligen Eintrittswahrscheinlichkeiten gewichtet, sodass sich für jedes der Enden des Entscheidungsbaumes ein Kapitalwert bestimmen lässt. Die Summe dieser drei Kapitalwerte ergibt den mit dem innovationsspezifischen Risiko gewichteten Gesamtkapitalwert. Dieser risikoadjustierte Kapitalwert wird als Expected Commercial Value (ECV) bezeichnet. Eine Herausforderung bei diesem Modell besteht darin die technische und wirtschaftliche Erfolgswahrscheinlichkeit (p_t und p_w) einerseits möglichst objektiv zu bestimmen und andererseits das Verfahren einheitlich und handhabbar zu gestalten.

Bei Henkel Adhesive Technologies werden hierzu Scoring-Modelle eingesetzt, die mehrere qualitative Kriterien (z. B. technische Komplexität, Know-how-Verfügbarkeit, Time to Market, Kunden- und Wettbewerbsstruktur sowie erwarteter Produktlebenszyklus) zur Objektivierung der Risikowahrscheinlichkeiten verknüpfen. Das Kriterium »Time to Market« fließt dabei sowohl in die Bestimmung der technischen als auch der wirtschaftlichen Erfolgswahrscheinlichkeit mit ein, was die besondere Bedeutung des Faktors Zeit bei Innovationen zum Ausdruck bringt. Die Erfahrung hat gezeigt, dass es mit Hilfe von Scoring-Modellen wirksam gelingt, weltweit verteiltes Wissen zu verdichten und so eine vergleichbare Bewertung unterschiedlicher Innovationsprojekte zu ermöglichen.

Scoring-Modelle unterstützen die Bewertung von Innovationsprojekten

Steuerung von Produktinnovationen

Die laufende Messung der Innovationsleistung erfolgt in Anlehnung an das Input-Process-Output-Outcome-Modell (Möller/Janssen, 2009, S. 91 f. und Kap. 2.4). Henkel Adhesive Technologies hat eine projektübergreifende Sichtweise des Innovationsprozesses mit dem skizzierten Ursache-Wirkungsmodell verknüpft, um auf dieser Grundlage geeignete Kennzahlen für das Performance Measurement von Produktinnovationen zu definieren. Ausgangspunkt der Betrachtung ist der Input in Form von innovativen Ideen der Mitarbeiter sowie das verfügbare Innnovationsbudget. Die innovativen Ideen werden entweder verworfen oder gelangen in das Processing System. In diesem durchlaufen die Ideen als Innovationsprojekte je nach Komplexität den zwei-, drei- oder fünfstufigen Henkel InnoGate Prozess. Dabei wird an jedem InnoGate ein Teil der Innovationsprojekte abgebrochen. Die weiterlaufenden Projekte führen zu Neuprodukten (Output), die vom Receiving System in den Markt eingeführt werden. Am Markt können die Neuprodukte Erfolg haben (Bestseller) oder scheitern (Flopprodukte). Abbildung 4-28 stellt diesen konzeptionellen Rahmen des Performance Measurements von Produktinnovationen dar.

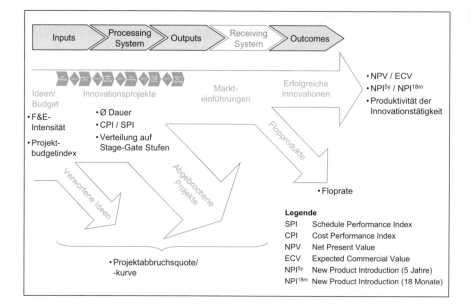

Abb. 4-28
Performance
Measurement-
System zur Inno-
vationssteuerung
Henkel Adhesive
Technologies

Die beiden Kennzahlen F & E-Intensität sowie Projektbudgetindex werden zur vergleichenden Analyse der Inputs herangezogen. So ermöglicht die F & E-Intensität (= F & E-Budget / Umsatz) einen Vergleich der Budgets unterschiedlich großer strategischer Geschäftseinheiten unternehmensintern und -extern, vorrangig zur Wettbewerbsanalyse. Der Projektbudgetindex ergibt sich aus der Summe der geplanten F & E-Projektkosten geteilt durch das gesamte F & E-Budget. Diese Kennzahl ermöglicht den zuständigen Managern einen Überblick darüber, welcher Anteil des F & E-Budgets des aktuellen Jahres bereits für laufende Innovationsprojekte verplant ist oder ob zusätzliche Ressourcen zur Abarbeitung des Forschungsprogramms notwendig sind. Diese Kennzahl hat im Rahmen der Neuorganisation des F & E-Bereichs und der Einführung der Markt-Budget-Koordinationsmechanismen erheblich an Bedeutung gewonnen.

Wesentliche Kennzahlen zur Leistungsbewertung des Processing Systems sind die durchschnittliche Dauer der abgeschlossenen Projekte sowie die Verteilung der laufenden Projekte auf die Stufen des Henkel InnoGate Prozesses. Des Weiteren dienen die Kennzahlen CPI (Cost Performance Index) sowie SPI (Schedule Performance Index) zur operativen Projektfortschrittskontrolle. Beide Kennzahlen sind das Ergebnis einer Earned Value Analyse (vgl. Kap. 4.2.6) und geben an, ob ein Projekt die Budgetvorgaben (CPI) sowie die Zeitvorgaben (SPI) einhält. Bei den Projektabbruchskurven handelt es sich um grafische Darstellungen des Innovationstrichters. Bei einem funktionierenden Innovationsprozess gelangen möglichst viele Ideen in das Innovationssystem, von denen jedoch nur die erfolgversprechenden bis zur Marktreife geführt werden. Alle anderen Projektideen werden möglichst frühzeitig beendet. Diese umfassende Betrachtung des Processing Systems bei Henkel Adhesive Technologies zielt darauf ab, die Effizienz des Innovationssystems sicherzustellen. Denn nur wenn Innovationsprojekte zügig zur Marktreife geführt werden, stellt sich der gewünschte Innovationserfolg samt den positiven Effekten auf den Unternehmenswert ein. Auf eine Leistungsmessung und Bewertung des Outputs der Innovationstätigkeit (z. B. Anzahl angemeldeter Patente) wird verzichtet, denn erst durch die erfolgreiche innovative Produkteinführung im Markt oder den Einsatz des neuen Verfahrens (Prozessinnovation) wird aus der Erfindung eine Innovation.

Der Innovationserfolg in Form der Outcomes – d. h. verkaufte Produkte – wird hingegen sehr detailliert durch das Innovationscontrolling gemessen, um die Effektivität des Innovationssystems zu gewährleisten. Dabei stellen die Kennzahlen NPV und ECV den geplanten Innovationserfolg dar, während der realisierte Innovationserfolg durch die Kennzahlen NPI^{5y} und NPI^{18m} abgebildet wird. Hierbei handelt es sich um den jährlichen prozentualen Umsatzanteil innovativer Produkte, die in den letzten fünf Jahren (NPI^{5y}) bzw. 18 Monaten (NPI^{18m}) in den Markt eingeführt wurden. Die Kennzahl NPI^{5y} stellt das gesamte Niveau der Innovationsfähigkeit dar und ist eine der wichtigsten Kennzahlen zur Steuerung des Innovationssystems. Der Fünfjahreszeitraum entspricht insofern der durchschnittlichen zeitlichen Relevanz einer Innovation in den verschiedenen Marktsegmenten bei Henkel Adhesive Technologies. Die Kennzahl NPI^{18m} stellt eine Ergänzung dar, indem sie eine Aussage darüber erlaubt, wie schnell sich die innovativen Produkte am Markt durchsetzen, insbesondere mit dem Ziel die Altersstruktur der Innovationen zu verjüngen und die Innovationsfrequenz zu erhöhen. Beide NPI-Kennzahlen sind als Zielgrößen Bestandteil der jährlichen variablen Vergütungsstruktur der Geschäfts- und Forschungsverantwortlichen.

Die Produktivität der Innovationstätigkeit ist eine Verhältniskennzahl, welche die Erträge der innovativen Produkte ins Verhältnis zu den hierfür angefallen Innovationskosten setzt. Da nicht alle abgeschlossenen Innovationsprojekte die geplanten Innovationserfolge realisieren, gibt die Floprate an, welcher Anteil der innovativen Produkte am Markt scheitert. Dies ist ein Ansatzpunkt die Qualität der Businessplanung, d. h. Marktprognose und Markteinführung, weiter zu verbessern.

Die Outcomedimension findet starke Berücksichtigung, um die Effektivität des Innovationssystems sicherzustellen

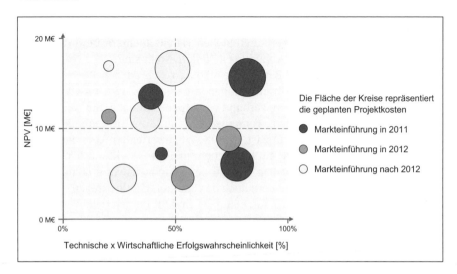

Abb. 4-29
Darstellung eines beispielhaften Innovationsprojektportfolios

Die quantitative Leistungsmessung und -bewertung wird bei Henkel Adhesive Technologies durch regelmäßige Portfolioanalysen ergänzt (vgl. Kap. 4.1.5). Dies ist insbesondere Aufgabe der Innovation Manager. Dabei kann zum Teil auf die in dem Business Warehouse vorhandenen Daten zu den einzelnen Innovationsprojekten zurückgegriffen werden. Zur Analyse des Innovationsprojektportfolios werden sowohl bewährte Risiko-Ertrags-Diagramme (vgl. Abb. 4-29) als auch andere Darstellungsformen wie das Markt/Technologie-Portfolio oder das Time-to-Market-Portfolio verwendet.

4.4 Innovationsbewertung

4.4.1 Bewertungsgrundsätze für immaterielle Vermögenswerte

Innovationen stellen im Grundsatz einen immateriellen Wert dar, der zukünftig zu Einzahlungsüberschüssen führen soll.

Die Innovationsbewertung greift auf die Bewertungsverfahren von immateriellen Vermögenswerten zurück

Den Ausgangspunkt der Innovationsbewertung stellen daher die Grundlagen zur Bewertung von immateriellen Vermögenswerten dar, die im Folgenden knapp skizziert werden. Hierbei wurden die Prämissen und Bewertungskalküle des IDW S 5 (Standard Nr. 5 des Instituts der Wirtschaftsprüfer) als Grundlage für die Entwicklung von Methoden für die Bewertung von Innovationen herangezogen. Die Bewertungsgrundsätze des IDW gelten in Theorie und Praxis als gesichert und werden in der Rechtsprechung anerkannt. Immaterielle Vermögenswerte im Sinne des IDW S 5 sind in Leistungserstellungsprozessen eingesetzte, nichtfinanzielle, wirtschaftliche Güter, deren Substanz nicht körperlich wahrnehmbar ist, sondern beispielsweise als Recht, Beziehung, Wissen oder Information, Prozess, Verfahren oder Gedanke in Erscheinung tritt (IDW, 2010, S. 358).

Die monetäre Bewertung von Innovationen kann mittels marktpreisorientierter, kapitalwertorientierter oder kostenorientierter Verfahren erfolgen

Für die monetäre Bewertung immaterieller Vermögenswerte kommen im Allgemeinen drei Bewertungsverfahren in Frage. Dies sind das marktpreisorientierte Verfahren, das kapitalwertorientierte Verfahren und das kostenorientierte Verfahren. Innerhalb dieser Verfahren stehen jeweils mehrere Bewertungsmethoden zur Verfügung, die in Abbildung 4-30 dargestellt sind.

Eine marktpreisorientierte Bewertung orientiert sich an den Preisen, die in aktuellen oder vergangenen Transaktionen für einzelne immaterielle Vermögenswerte separat oder für im Verbund erworbene immaterielle Vermögenswerte anteilig bezahlt wurden. Voraussetzung für die Anwendbarkeit einer marktpreisorientierten Bewertung ist, dass die zu bewertenden Vermögenswerte unmittelbar marktgängig sind, ein hinreichend liquider Markt mit beobachtbaren Preisen existiert und mit dem Erwerb der Vermögenswerte nicht nur das Nutzungsrecht eingeräumt, sondern auch das Stammrecht übertragen wird. Insbesondere die erstgenannten Voraussetzungen sind für immaterielle Vermögenswerte in der Regel nicht gegeben.

Eine kostenorientierte Bewertung basiert auf den Aufwendungen, die in der Vergangenheit für die Anschaffung oder Herstellung des Vermögenswertes angefallen sind oder für die Reproduktion eines vergleichbaren Vermögenswertes mit demselben Nutzen anfallen würden. Die so ermittelten Werte sagen allerdings nichts über die zukünftigen Erfolge aus, die durch die wirtschaftliche Nutzung des immateriellen Vermögenswertes realisiert werden können. Aufwendungen sind dementsprechend nur dann als Bewertungsmaßstab geeignet, wenn mit der Nutzung oder Verwertung der Vermögenswerte finanzielle Erfolge entweder nicht verbunden oder diese nicht ermittelbar sind.

Dem kapitalwertorientierten Verfahren liegt die Annahme zugrunde, dass sich der Wert eines immateriellen Vermögenswertes aus dessen Eigenschaft ergibt, künftige Erfolgsbeiträge in Form von Cashflows zu erwirtschaften. Der Wert eines Vermögenswertes ergibt sich demnach aus der Summe der Barwerte der künftig erzielbaren Cashflows zum Bewertungsstichtag, die aus der Nutzung des immateriellen Vermögenswertes während der erwarteten wirtschaftlichen Nutzungsdauer generiert werden.

Gemäß IDW S 5 kommt für die Bewertung von immateriellen Vermögenswerten vorzugsweise das kapitalwertorientierte Bewertungsverfahren in Betracht. Dies gilt grundsätzlich auch für die Bewertung von Innovationen. Bei Innovationsaktivitäten vor Markteinführung kann es jedoch im Zweifel schwer sein, die für das kapitalwertorientierte Bewertungsverfahren notwendigen Informationen abzuschätzen. Der Einfluss der jeweiligen Entwicklungsphase einer Innovation auf die Angemessenheit eines Bewertungsansatzes ist daher im Bewertungskalkül explizit zu berücksichtigen.

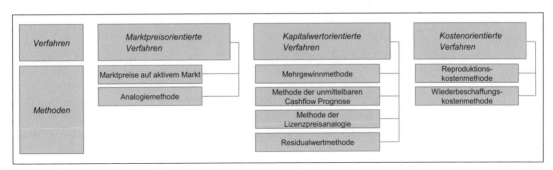

Abb. 4-30 Bewertungsverfahren für immaterielle Vermögenswerte (Quelle: IDW S 5)

4.4.2 Entwicklungsphasen und Innovationsbewertung

Wie für die Bewertung von immateriellen Vermögenswerten im Allgemeinen ist grundsätzlich auch bei der Bewertung von Innovationen im Speziellen das kapitalwertorientierte Verfahren anzuwenden.

Da Innovationsprojekte in unterschiedlichen Gate-Phasen einen unterschiedlichen Entwicklungsstand haben, ist auch der Informationsstand über die mögliche Verwertung einer Innovation von Phase zu Phase unterschiedlich. Gerade in frühen Entwicklungsphasen einer Innovation wird nur sehr wenig über den künftigen wirtschaftlichen Nutzen des Projekts bekannt sein. Im Gegenzug

Das kapitalwertorientierte Verfahren ist aufgrund seiner Zukunftsbezogenheit für die Bewertung von Innovationen zu bevorzugen, wenn die Informationslage dies zulässt

sollten in späteren Phasen bis zur Implementierung der Innovation bspw. in Produkte oder Dienstleistungen genauere Aussagen zu Markt, Umsatzpotenzial, etc. möglich sein. Da solche Angaben die Informationsbasis eines kapitalwertorientierten Bewertungsverfahrens sind, aber nicht in jeder Entwicklungsphase einer Innovation belastbar abgeschätzt werden können, sind für die Bewertung von Innovationen in früheren Entwicklungsphasen andere Bewertungsmethoden heranzuziehen. Darüber hinaus gibt es mehrere Arten des künftigen wirtschaftlichen Nutzens von Innovationen. Nicht alle Innovationsergebnisse werden in Produkten oder Dienstleistungen Verwendung finden und zusätzliche Umsätze erwirtschaften. Auch Vorteile im Sinne von Kosteneinsparungen o. Ä. sind denkbar. Daher ist es sinnvoll, für Bewertungszwecke eine Klassifizierung der zu bewertenden Innovationen nach den eben aufgeführten Kriterien »Entwicklungsstand« und »Art des künftigen finanziellen Nutzens einer Innovation« vorzunehmen. Das entscheidende Kriterium für die Auswahl eines geeigneten Bewertungsverfahrens ist der Entwicklungsstand eines Innovationsprojekts. Grafisch darstellen lässt sich dies in einer Bewertungsmatrix, in der die drei Spalten der üblicherweise vorgenommenen Kategorisierung der Entwicklungsphasen einer Innovation entsprechen, die sich wiederum an wesentlichen Stufen des in der Praxis zu beobachtenden Entscheidungsprozesses orientiert. Die Bewertungsmethoden der drei Spalten unterscheiden sich insofern, als dass sie auf die unterschiedliche Güte und Verfügbarkeit von bewertungsrelevanten Informationen in den verschiedenen Entwicklungsphasen Rücksicht nehmen. Die Zuordnung der Bewertungsverfahren im Verlauf des Gate Prozesses ist hierbei als fließend anzusehen.

Die frühe Phase der Bewertungsmatrix (Phase 1) umfasst die Entwicklungsstufen bis vor Gate 2. Für Innovationen, die sich erst in der Ideengenerierungsphase oder der Projektplangenerierungsphase befinden, gibt also diese erste Spalte der Bewertungsmatrix einen Überblick über die anzuwendenden Bewertungsmethoden. In der Regel sind hier nur begrenzt Aussagen über den künftigen wirtschaftlichen Nutzen einer zu bewertenden Innovation möglich. Dem wird durch die vorgeschlagenen Bewertungsmethoden Rechnung getragen.

Einen Überblick zur gesamten Bewertungsmatrix, die die grundsätzlich anzuwendenden Methoden in Abhängigkeit der Klassifizierung der Innovationen nach Produkten/Dienstleistungen, Infrastruktur und Sicherheitstechnologie sowie der Entwicklungsphase bestimmt, liefert Abb. 4-31.

Innovationen, die bereits Gate 2 passiert haben, einem Projektplan unterliegen und sich nun vor Gate 3 befinden, sind in die mittlere Spalte (Phase 2) einzuordnen. Die dort vorgeschlagenen Bewertungsmethoden sind gerade für Innovationen geeignet, die sich bereits in einem etwas fortgeschrittenen Stadium befinden und grobe Aussagen über den künftigen wirtschaftlichen Nutzen wie Umsatz oder Kosteneinsparungen zulassen. Die letzte Spalte der Bewertungsmatrix (Phase 3) beinhaltet Bewertungsmethoden, die für Innovationen geeignet sind, die sich bereits nach Gate 3 befinden. Für diesen Entwicklungsstand lassen sich die maßgeblichen Informationen für das zu bevorzugende kapitalwertorientierte Verfahren in angemessener Form ermitteln. Die Übergänge zwischen

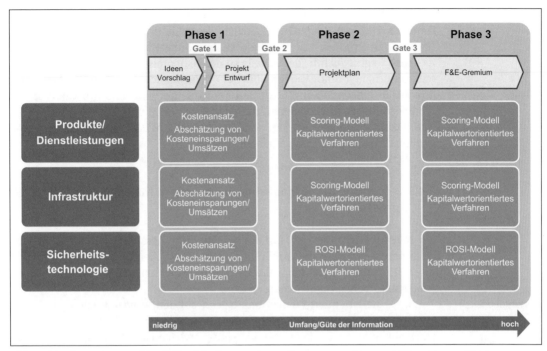

Abb. 4-31 Bewertungsmatrix als Kombination aus Innovationsprozessphasen und Bewertungsobjekten (Quelle: PricewaterhouseCoopers)

den einzelnen Phasen der Bewertungsmatrix sind als fließend anzusehen. D. h., die Auswahl der Bewertungskonzepte orientiert sich stets an der Datenverfügbarkeit bzw. der Abschätzbarkeit des ökonomischen Nutzens. In den einzelnen Feldern der Bewertungsmatrix sind daher mehrere Bewertungsmethoden genannt.

Neben der Betrachtung des Entwicklungsstands eines Innovationsprojekts ist ebenfalls der Charakter der Innovation zu berücksichtigen. Hierbei wurde beispielhaft eine Unterscheidung in produktnahe, infrastrukturnahe sowie sicherheitsnahe Innovationen vorgenommen. Diese Form der Kategorisierung berücksichtigt die möglichen Arten des zukünftigen Nutzens, der wiederum die spezifische Ausgestaltung der Bewertungsmethode determiniert. Dies ist durch die drei Zeilen der Bewertungsmatrix ausgedrückt:

Der Charakter der Innovation beeinflusst die Auswahl des Bewertungsverfahrens

- Produkte/Dienstleistungen,
- Infrastruktur,
- Sicherheitstechnologie.

Vor dem Hintergrund der gewählten beispielhaften Kategorisierung sind sämtliche Innovationsprojekte, deren Ergebnisse in Produkte bzw. Dienstleistungen einfließen, dem Bewertungscluster Produkte/Dienstleistungen zuzuordnen. Die zweite Kategorie der Innovationsprojekte umfasst reine Infrastrukturentwicklungen. Diese sollen dabei nicht Bestandteil von künftigen Produkten bzw. Dienstleistungen werden. Grundsätzlich werden in dieser Kategorie die gleichen Bewertungsmethoden wie bei produktnahen Innovationen angewandt. Der Unterschied liegt jedoch in der Ableitung des ökonomischen Nutzens, der bei infrastrukturnahen Innovationen üblicherweise ein anderer sein wird, als bei produktnahen Innovationen. Zur dritten Kategorie der Innovationsprojekte zählen reine Sicherheitsentwicklungen, die nicht Bestandteil von künftigen Produkten bzw. Dienstleistungen werden, sondern den reibungslosen Ablauf der operativen Geschäftstätigkeit gewährleisten sollen.

4.4.3 Kostenorientierte Innovationsbewertung in frühen Entwicklungsphasen

Bei Innovationen, die sich auf frühen Entwicklungsstufen befinden, ist eine belastbare Schätzung des zukünftigen wirtschaftlichen Nutzens oftmals nicht möglich. In diesem Fall kann die Bewertung einer Innovation mittels des Kostenansatzes vorgenommen werden.

Das kostenorientierte Verfahren unterscheidet sich in die Reproduktionskosten- und Wiederbeschaffungsmethode

Eine kostenorientierte Bewertung basiert auf den Aufwendungen, die in der Vergangenheit für die Anschaffung oder Herstellung des Vermögenswertes angefallen sind oder für die Reproduktion eines vergleichbaren Vermögenswertes mit demselben Nutzen anfallen würden. Man unterscheidet demnach zwischen der Reproduktionskostenmethode und der Wiederbeschaffungsmethode.

Da Innovationen definitionsgemäß etwas Neues darstellen, werden jedoch die Reproduktionskosten als ein Indikator des fairen Werts einer Innovation herangezogen. Der faire Wert einer Innovation entspricht dabei der maximalen Geldmenge, die ein rationaler Investor zu zahlen bereit ist, um den betreffenden Vermögensgegenstand zu reproduzieren. Im Fall von Innovationen, die noch nicht bis zur Marktreife fertig entwickelt wurden, sind grundsätzlich alle Kosten seit Entwicklungsbeginn sowie die zukünftigen Entwicklungsaufwendungen zu berücksichtigen. Da nach der dargestellten Bewertungsmatrix ab Gate 2 ein Wechsel zu anderen Bewertungsmethoden vorzunehmen ist, sind beim Kostenverfahren in der hier verwendeten Form nur die bis zum Gate 2 erwarteten Kosten zu berücksichtigen. Als relevante Kosten können insbesondere folgende berücksichtigt werden:

- Kosten für Ideengenerierung: Hierzu zählen Personalkosten für eigene Mitarbeiter, Unterstützung durch externe Dritte sowie Materialkosten.
- Kosten für Ideenausarbeitung: Darunter sind Kosten zu verstehen, die bspw. für die Erstellung eines Prototypen oder verschiedener Muster anfallen. Diese reichen von Personalkosten für die Entwicklerteams über Materialkosten für die technische Umsetzung bis hin zu Betriebskosten, die für die Umsetzung nötig sind.
- Patentbedingte Kosten: Hierzu zählen Kosten für Patentprüfung, -anmeldung und -aufrechterhaltung, z. B. Gebühren der Patentanmeldung, ggf. eines Patentanwalts, Übersetzungskosten, Verlängerungsgebühr.

Anpassungen für Wertverluste aufgrund funktionaler (technologischer Wandel) oder wirtschaftlicher Überalterung (Marktveränderungen) des Bewertungsobjekts können erforderlich sein. Funktionale Überalterung ist der durch technologischen Wandel, Entdeckung neuer Materialien oder verbesserte Herstellungsprozesse bedingte Wertverlust. Wirtschaftliche Überalterung entspricht dem Wertverlust, der durch externe Kräfte wie z. B. rechtliche Restriktionen oder Veränderungen der Angebots- und Nachfragesituation entsteht. Falls sich die zu bewertende Innovation am Bewertungsstichtag vor Gate 1 befindet, sind die noch für den Zeitraum zwischen Gate 1 und Gate 2 erwarteten zukünftigen Kosten mit der Wahrscheinlichkeit zu multiplizieren, dass Gate 1 erfolgreich passiert wird.

4.4.4 Abschätzung von Umsätzen/Kosteneinsparungen als Ergänzung des Kostenverfahrens

Grundsätzlich ist eine Abschätzung des zukünftig erwarteten Umsatzes bzw. der zukünftig erwarteten Kosteneinsparungen als Ergänzung der auf Basis des Kostenverfahrens vorgenommenen Bewertung so früh wie möglich durchzuführen.

Gerade in frühen Entwicklungsphasen eines Innovationsprojekts ist eine standardisierte Vorgehensweise zur Abschätzung des zukünftig erwarteten Umsatzes bzw. der zukünftig erwarteten Kosteneinsparungen hilfreich. Um zu vermeiden, dass Umsatz- bzw. Kosteneinsparungserwartungen »aus der Luft gegriffen« werden oder auf nicht näher erläuterten Annahmen basieren, sollte eine Plausibilisierung der Erwartungen anhand eines Kriterienkatalogs erfolgen. Der für die Plausibilisierung zugrunde gelegte Kriterienkatalog umfasst die wesentlichen Einflussfaktoren auf zukünftige Umsätze bzw. Kosteneinsparungen. Um den Ansprüchen eines standardisierten Vorgehens gerecht zu werden, erfolgt vorab eine Definition der wesentlichen Einflussfaktoren. Dabei bestimmt die Art der Innovation die wesentlichen Einflussfaktoren. So ist es sinnvoll, einen separaten Kriterienkatalog für Innovationsprojekte im Bereich Produkte/Dienstleistungen zu erstellen, d. h. für Innovationen, die darauf ausgerichtet sind, in Zukunft neue Umsätze zu generieren. Ein weiterer Kriterienkatalog bietet sich für Innovationen im Bereich Infrastruktur und Inhärente Sicherheit an, die auf künftige Kosteneinsparungen abzielen.

Der Kriterienkatalog besteht aus Fragen, die vom Betreffenden als Leitfaden verstanden werden sollen. Die Beantwortung der Fragen erfordert in der Regel gewisse Recherchen. Datengrundlage und Quellen sind jedoch von der Art der Innovation bestimmt. Bei produktnahen Innovationen ist bspw. eine Marktanalyse sinnvoll, wohingegen für infrastrukturbezogene Innovationen eher eine Kostenanalyse oder für sicherheitsbezogene Innovationen eine Kosten-/Schadensanalyse in Frage kommt. Der Grad der Vollständigkeit der Antworten im Kriterienkatalog gibt Aufschluss über den Grad der Fundiertheit der resultierenden Abschätzung. Demnach ist eine Abschätzung der erwarteten Umsätze bzw. Kosteneinsparungen umso fundierter und somit aussagekräftiger, desto mehr Fragen im Kriterienkatalog unter Angabe von relevanten Quellen beantwortet werden konnten.

Die zukünftig erwarteten Umsatzsteigerungen bzw. Kosteneinsparungen sind so früh wie möglich auf Basis von vordefinierten Einflussfaktoren zu ermitteln

Kriterienkatalog für Innovationsprojekte der Kategorie Produkte/Dienstleistungen		
Kriterien	Zu berücksichtigende Aspekte unter Zuhilfenahme interner und externer Quellen (Fachzeitschriften, Marktstudien, Datenbanken, Statistiken etc.)	Analyse
Abschätzung des Marktvolumens	• Was ist der Zielmarkt? Geographische Ausdehnung? • Wer sind die potentiellen Kunden? • Ausführungen zum Markt und zu Markttrends: Größe, Wachstum, reifer/junger Markt	*Analyse-ergebnisse*
Abschätzung des Marktanteils	• Wie viele Wettbewerber existieren im relevanten Markt der Innovation? • Wie hoch ist die Wettbewerbsintensität einzustufen? • Informationen über die Branche (Einstiegs- bzw. Wachstumschancen) • Marktstellung im Vergleich zum Wettbewerb in Bezug auf Einsatzgebiet der Innovation • Ermöglicht Innovation eine »First Mover«- oder »Me too«-Positionierung?	*Analyse-ergebnisse*
Vorteil Innovation vs. bestehender Lösung	• Was ist der entscheidende Wettbewerbsvorteil der Innovation? • Welches ist der erwartete Kundennutzen? (Technik, Qualität, finanziell, etc.)	*Analyse-ergebnisse*
Skalierung/ Anwendungsoption	• Wie hoch ist das Anwendungspotenzial der Innovation? • Wie spezifisch ist die Innovation auf einen Anwendungszweck ausgelegt? • Wie viele SBUs können an Vermarktung/Verwertung der Innovation Interesse haben?	*Analyse-ergebnisse*
Substituierbarkeit	• Gibt es Wettbewerbslösungen (alternative Innovationen), die trotz technologischer Unterlegenheit für Kunden/interne Mitarbeiter ähnlichen Nutzen bringen?	*Analyse-ergebnisse*
Lebenszyklus	• Was sind typische Lebenszyklen im Einsatzgebiet der Innovation? • Wie forschungsintensiv ist der Marktbereich der Innovation?	*Analyse-ergebnisse*

Abb. 4-32   Kriterienkatalog zur ergänzenden Abschätzung von Umsätzen für Projekte im Bereich Produkte/ Dienstleistungen (Quelle: PricewaterhouseCoopers)

Kriterienkatalog für Innovationsprojekte der Kategorie Infrastruktur und Inhärente Sicherheit		
Kriterien	Zu berücksichtigende Aspekte unter Zuhilfenahme interner und externer Quellen (Informationen von Wettbewerbern, Fachzeitschriften, Marktstudien, Datenbanken, Statistiken etc.)	Analyse
Analyse der bisherigen Kosten	• Wie sind die bisherigen Kostenstrukturen? Gibt es mehrere Bereiche, in denen innovationsrelevante Kosten anfallen? • Wie hoch sind die bisherigen Kosten? • Wie ist die historische Entwicklung der relevanten Kosten? Steigende/stagnierende/sinkende Kosten? • Welche Kostenstrukturen sind bei Wettbewerbern/Kooperationspartnern üblich?	*Analyseergebnisse*
Abschätzung des Einsparpotenzials	• Wie hoch ist die Leistungssteigerung in %? • Ist überhaupt eine Kostenreduktion möglich, oder kann ausschließlich eine Leistungssteigerung realisiert werden? • Was würde es kosten, die Technologie (ggf. zu einem späteren Zeitpunkt teurer) zuzukaufen, da sie nicht selbst entwickelt wurde? • Was würde es kosten, die Technologie zu lizenzieren, da sie innerhalb des Unternehmens nicht verfügbar ist?	*Analyseergebnisse*
Vorteil Innovation vs. bestehender Lösung	• Was ist der entscheidende Vorteil der Innovation? • Welches ist der erwartete Nutzen? (Technik, Qualität, finanziell, etc.)	*Analyseergebnisse*
Skalierung/ Anwendungsoption	• Wie hoch ist das Anwendungspotenzial der Innovation? • Wie spezifisch ist die Innovation auf einen Anwendungszweck ausgelegt? • Wie viele SBUs können an Realisierung/Verwertung der Innovation Interesse haben?	*Analyseergebnisse*
Substituierbarkeit	• Gibt es Lösungen (alternative Innovationen), die trotz technologischer Unterlegenheit für interne Mitarbeiter ähnlichen Nutzen bringen?	*Analyseergebnisse*
Lebenszyklus	• Was sind typische Lebenszyklen im Einsatzgebiet der Innovation? • Wie forschungsintensiv ist die Innovation?	*Analyseergebnisse*

Abb. 4-33   Kriterienkatalog zur ergänzenden Abschätzung von Kosteneinsparungen für Projekte im Bereich Infrastruktur und Sicherheitstechnologie (Quelle: PricewaterhouseCoopers)

Diese standardisierte Vorgehensweise zur Abschätzung der erwarteten Umsätze bzw. Kosteneinsparungen liefert nicht nur eine höhere Aussagekraft für die Abschätzung an sich, sondern zudem eine deutlich verbesserte Vergleichbarkeit der einzelnen Abschätzungen im Rahmen des Gate Prozesses.

4.4.5 Indikative Innovationsbewertung in mittleren Phasen des Entwicklungsprozesses mittels eines Scoringmodells

Die Grundidee des Scoringmodells beruht auf einer Dreisatzüberlegung: Wenn eine Innovation A mit bestimmten Merkmalen einem monetären Wert Y entspricht, wie hoch ist der monetäre Wert X für Innovation B?

Eine grobe Wertableitung für Innovationen auf Basis des Scoringmodells erfolgt, indem anhand empirischer Beobachtungen aus bereits abgeschlossenen und mittels kapitalwertorientiertem Verfahren bewerteten Innovationen das Verhältnis von Scoringwert zu monetärem Wert auf die zu bewertende Innovation übertragen wird. Das Scoringmodell ist als Fragebogen zu verstehen, bei dem verschiedene Indikatoren auf einer Vier-Stufen-Skala abgefragt werden, die Hinweise zum künftigen Potenzial der Innovation geben. Dementsprechend sind die vorgegebenen Antwortmöglichkeiten mit bestimmten Punktwerten versehen. Je nach Antwort ergibt sich daher für jede Innovation ein bestimmter Scoringwert. Die einzelnen Scoringwerte für unterschiedliche Innovationen erlauben bereits eine relative Einschätzung der einzelnen Innovationen zueinander. So ist beispielsweise das Nutzenpotenzial (Umsatz bzw. Kosteneinsparung) einer Innovation A im Vergleich zu einer Innovation B in der Regel höher, wenn sich aus dem Scoringmodell für Innovation A ein Scoringwert von 1.000 und für Innovation B ein Scoringwert von 300 ergibt.

Die Innovationsbewertung auf Basis des Scoringmodells erfolgt, indem man das Verhältnis von Scoringwert zu monetärem Wert ermittelt

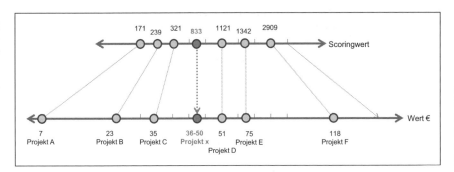

Abb. 4-34
Bewertungskonzeption des PwC-Scoringmodells (Quelle: PricewaterhouseCoopers)

Um einen Scoringwert nun auf einen monetären Wert zu übertragen, ist eine bestehende empirische Datenbasis nötig. Zur Schaffung dieser Datenbasis muss eine standardmäßige Evaluation bzw. Aktualisierung der Evaluation aller abgeschlossenen bzw. in späten Phasen befindlichen und auf Basis des kapitalwertorientierten Verfahrens bewerteten Innovationen anhand des Scoringmodells erfolgen. Eine stetige »Fütterung« der Datenbasis mit Scoringwerten und zugehörigen monetären Werten führt zu einer zunehmenden Datendichte. Bildhaft ausgedrückt bedeutet dies, dass in der Grafik auf der vorigen Seite immer mehr Datenpaare auf den beiden Wertachsen (Scoringwert und monetärer Wert) zu sehen sein werden. Diese zunehmende Datendichte stellt sicher, dass eine Zuordnung von Scoringwerten zu monetären Werten im Zeitablauf immer genauer wird.

Lediglich an den Datenrändern wird eine gewisse Ungenauigkeit nicht zu vermeiden sein. Dies ist durch die Vier-Stufen-Skala des Scoringmodells begründet, da extrem hohe oder extrem niedrige Ausprägungen der Indikatoren nicht genau erfasst werden können. Die Konzentration auf vier Stufen trägt der Tatsache Rechnung, dass in frühen und mittleren Phasen höchstens eine grobe Abschätzung wertrelevanter Einflussfaktoren erfolgen kann.

Ein weiterer Vorteil des Scoringmodells ist die Vergleichbarkeit der resultierenden monetären Werte. Beruhen die monetären Werte in der Datenbasis auf dem kapitalwertorientierten Verfahren, so handelt es sich um Barwerte. Bei einer Wertableitung auf Basis des Scoringmodells resultieren aufgrund des Dreisatz-Gedankens demnach ebenfalls Werte, die grundsätzlich eine zum Barwert äquivalente Aussagekraft besitzen.

Grundsätzlich ist die Wertableitung anhand des Scoringmodells besonders für Innovationen geeignet, die sich in frühen bis mittleren Entwicklungsphasen befinden und für die eine Abschätzung von künftigen Nutzenpotenzialen erst sehr grob (z. B. unter Zuhilfenahme des Kriterienkatalogs) möglich ist. Sobald jedoch eine über den Detaillierungsgrad des Scoringmodells hinausgehende Abschätzung des ökonomischen Nutzens möglich ist, ist eine Bewertung anhand des kapitalwertorientierten Verfahrens durchzuführen. Dies sollte aufgrund der überlegenen Aussagekraft und konzeptionellen Vorzugswürdigkeit der kapitalwertorientierten Verfahren so früh wie möglich angestrebt werden.

4.4.6 Return on Security Investments (ROSI) als Modell zur Bewertung von Sicherheitstechnologien und -maßnahmen

Grundlagen und Bewertungskalkül des ROSI-Modells

Zur Bewertung von Innovationen, die Sicherheitsmaßnahmen zum Inhalt haben und keinen Produktbezug aufweisen, kann das ROSI Konzept eingesetzt werden (Return on Security Investments). Es handelt sich hierbei um ein Konzept zur Isolierung des erwarteten Nutzens einer oder mehrerer Sicherheitsmaßnahmen, der für die Innovationsbewertung im Rahmen eines Barwertmodells benötigt wird (siehe als Einführung und die Ausführungen in diesem Abschnitt vom Brocke et al., 2007). Anders als bei produktnahen Innovationen, die meist die Realisierung zusätzlicher Umsätze ermöglichen, besteht der wesentliche ökonomische Nutzen von Sicherheitsmaßnahmen darin, absehbare Schäden zu vermeiden. Als Schaden ist allgemein ein ökonomischer Verlust zu verstehen, der aufgrund eines bestimmten Ereignisses eintritt. Ein Ereignis kann z. B. der Befall eines IT-Systems mit Computerviren sein. Der durch das Ereignis hervorgerufene Schaden kann hierbei vielfältiger Art sein. Beispielsweise können Computerviren Schäden in Form von verloren gegangenen Daten, Ausfällen von Computersystemen, etc. verursachen und somit Kosten für die Schadensbeseitigung hervorrufen. Die Behebung von solchen Schäden erfordert den Einsatz von Ressourcen und ist mit Kosten verbunden. Der monetäre Nutzen einer Sicherheitsmaßnahme entspricht somit der Höhe nach denjenigen Aufwendungen, die durch die Einführung der Sicherheitsmaßnahme vermieden werden können. Hiervon sind noch die für die Umsetzung der Sicherheitsmaßnahme notwendigen Kosten abzuziehen. Zur Ableitung des Nutzens einer einzelnen oder aber auch eines Bündels von Sicherheitsmaßnahmen ist also ein Vergleich vorzunehmen, zwischen dem erwarteten Schaden bei Nichtimplementierung und dem erwarteten Schaden nach Implementierung der zu bewertenden Sicherheitsmaßnahme. Der erwartete Schaden vor und nach Einführung der Sicherheitsmaßnahme wird jeweils durch die monetäre Schadenshöhe sowie der als Eintrittswahrscheinlichkeit verstandenen Häufigkeit des Schadensereignisses in einem Jahr determiniert. Die Wirkung einer Sicherheitsmaßnahme kann sich hierbei einerseits in der Reduktion der Häufigkeit als auch andererseits in einer Minderung der Schadenshöhe eines Schadensereignisses niederschlagen.

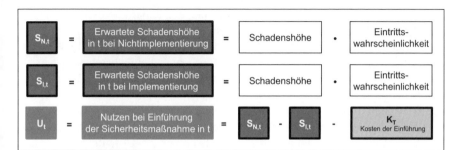

Abb. 4-35
Schematische Darstellung der Nutzenbestimmung von Sicherheitsmaßnahmen

Es sind also folgende Inputfaktoren abzuschätzen:
- Monetäre Schadenshöhe bei Nichtimplementierung einer Sicherheitsmaßnahme,
- Monetäre Schadenshöhe nach Implementierung einer Sicherheitsmaßnahme,
- Eintrittswahrscheinlichkeit/Häufigkeit eines Schadens bei Nichtimplementierung,
- Eintrittswahrscheinlichkeit/Häufigkeit eines Schadens nach Implementierung,
- Jährliche Kosten/Investitionen für die Einführung der Sicherheitsmaßnahme.

Falls sich das zu bewertende Security Projekt aus mehreren einzelnen Sicherheitsmaßnahmen zusammensetzt, ist für dieses Bündel eine Abschätzung der genannten Größen vorzunehmen.

Die Abschätzungen der Inputgrößen und die hierauf aufbauende Ableitung des Nutzens sind für jedes Jahr der Nutzungsdauer ab der Einführung der Maßnahme durchzuführen. Der periodenspezifische Nutzen wird anschließend auf den Bewertungsstichtag diskontiert, um den Wert der Sicherheitsinnovation zu erhalten. Die beschriebene Vorgehensweise zeigt, dass die größte Herausforderung bei der Bewertung von Security-Innovationen die Abschätzung der Inputvariablen darstellt. Um diese nicht scheingenau ermitteln zu müssen, wird die Verwendung von Verteilungsfunktionen empfohlen, die auf der Wertverteilung von Expertenschätzungen oder vorhandenen empirischen Daten beruhen.

Eine einfache Form einer Wertverteilung, die mittels Expertenbefragung erhoben werden kann, stellt die Dreiecksverteilung dar. Mit ihrer Hilfe lassen sich jeweils drei Szenarien berücksichtigen, um den Nutzen und damit den Wert eines Security Projektes im Sinne eines Erwartungswertes abzuleiten. Zur Generierung der Dreiecksverteilung schätzt eine Expertengruppe für die Schadenshöhe und die Eintrittswahrscheinlichkeit jeweils vor und nach Einführung der Sicherheitsmaßnahme ab, welche Ausprägungen minimal, welche Ausprägungen maximal und welche Ausprägungen zwischen diesen Extremwerten jeweils als die wahrscheinlichsten angesehen werden. In Abb. 4-36 ist in tabellarischer Form das Ergebnis einer solchen fiktiven Experteneinschätzung dargestellt. Es handelt sich hierbei um ein Beispiel mit bewusst einfach gehaltenen Annahmen, um die grundsätzliche Vorgehensweise zu verdeutlichen.

Erläuterung der Anwendung des ROSI-Modells anhand eines einfachen Praxisbeispiels

Im dargestellten Beispiel wird erwartet, dass bei einem Totalausfall bestimmter IT-Systeme aufgrund der erwarteten Dauer der Reparatur und der hiermit verbundenen Material- und Personalkosten minimale Schäden in Höhe von 200 TEUR und maximale Schäden in Höhe von 280 TEUR resultieren. Aufgrund der Erfahrungen der Vergangenheit wird von einer wahrscheinlichsten Schadenshöhe von 260 TEUR ausgegangen. Da bereits Sicherungssysteme zur Vermeidung von Schäden existieren, wird davon ausgegangen, dass der Ausfall der IT-Systeme nur selten auftritt. Analog zur Ermittlung der Schadenshöhe werden auch hier ein minimaler, ein maximaler sowie ein als am wahrscheinlichsten eingeschätzter Wert ermittelt. Eine Wahrscheinlichkeit von 2 % bedeutet hierbei, dass ein Totalausfall der betrachteten IT-Systeme nur alle 50 Jahre auftritt. Ein Wert von 8 % entspricht einer Zeitspanne von 12,5 Jahren, in denen einmal mit einem Ausfall zu rechnen ist. Diese Vorgehensweise wird nun auch für die Abschätzung der Schadenshöhe sowie der Eintrittswahrscheinlichkeit eines Totalausfalls nach Einführung der zu bewertenden Sicherheitsmaßnahme durchgeführt. Im dargestellten Beispiel führt die Implementierung der Sicherheitsmaßnahme in Form von optimierten Steuerungssystemen dazu, dass nicht mehr mit einem

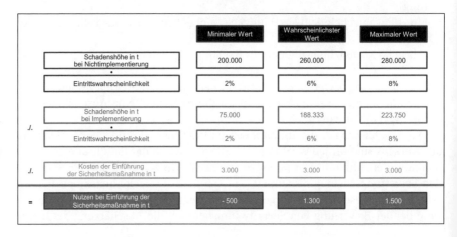

Abb. 4-36
Berechnungsbeispiel ROSI-Modell

	Minimaler Wert	Wahrscheinlichster Wert	Maximaler Wert
Schadenshöhe in t bei Nichtimplementierung	200.000	260.000	280.000
Eintrittswahrscheinlichkeit	2%	6%	8%
Schadenshöhe in t bei Implementierung	75.000	188.333	223.750
Eintrittswahrscheinlichkeit	2%	6%	8%
Kosten der Einführung der Sicherheitsmaßnahme in t	3.000	3.000	3.000
Nutzen bei Einführung der Sicherheitsmaßnahme in t	- 500	1.300	1.500

Totalausfall der IT-Systeme zu rechnen ist. Hierdurch lassen sich Aufwendungen für Reparaturen senken. Allerdings ist die konkrete Sicherheitsmaßnahme des Beispiels nicht in der Lage, die auf äußere Einflüsse zurückzuführende Eintrittswahrscheinlichkeit des Schadensereignisses zu verringern.

Die erwarteten Schadenshöhen vor und nach Implementierung der Sicherheitsmaßnahme werden jeweils durch Multiplikation der Schadenshöhen mit den entsprechenden Eintrittswahrscheinlichkeiten berechnet. Anschließend wird die Differenz gebildet sowie die laufenden Umsetzungskosten in Höhe von 3 TEUR in Abzug gebracht, um schließlich den minimalen, den maximalen, sowie den am Wahrscheinlichsten zu realisierenden Nutzen der Sicherheitsmaßnahme in einer Periode der Nutzungsdauer zu erhalten.

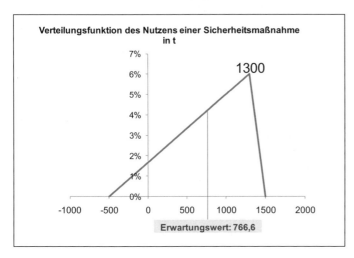

Abb. 4-37 Nutzenverteilungsfunktion im Beispiel

Die Abschätzung des Nutzens der Sicherheitsmaßnahme ist analog zur beschriebenen Vorgehensweise grundsätzlich für jedes Jahr der Nutzungsdauer vorzunehmen. Für die meisten Sicherheitsmaßnahmen dürfte aber davon auszugehen sein, dass deren Vorteile über die Nutzungsdauer und somit auch der nach der oben dargestellten Vorgehensweise abgeleitete ökonomische Nutzen konstant bleiben.

Zur Aggregation der drei resultierenden Nutzenwerte je Planungsjahr wird jeweils ein Erwartungswert gebildet. Dieser lässt sich anhand folgender Formel errechnen:

$$E(Nutzen) = \frac{Nutzen_{min} + Nutzen_w + Nutzen_{max}}{3}$$

$$E(Nutzen) = \frac{-500 + 1300 + 1500}{3} = 766,6$$

Die Erwartungswerte des ökonomischen Nutzens werden anschließend periodenspezifisch auf den Bewertungsstichtag diskontiert. Hierbei ist darauf zu achten, dass die Aufwendungen, die noch bis zum Abschluss der Entwicklung der Innovation anfallen, im Barwertmodell berücksichtigt werden. Die Summe der Barwerte entspricht dem gesuchten Zukunftserfolgswert der Innovation im Sicherheitsbereich.

4.4.7 Kapitalwertorientierte Innovationsbewertung

Grundlagen und Prämissen des kapitalwertorientierten Bewertungsverfahrens

Dem kapitalwertorientierten Verfahren liegt die Annahme zugrunde, dass sich der Wert eines immateriellen Vermögenswertes, wie beispielsweise einer Innovation, aus dessen Eigenschaft ergibt, künftige Erfolgsbeiträge in Form von Cashflows zu erwirtschaften. Der Wert eines immateriellen Vermögenswerts ergibt sich demnach aus der Summe der Barwerte der künftig erzielbaren Cashflows zum Bewertungsstichtag, die aus der Nutzung des immateriellen Vermögenswerts während der erwarteten wirtschaftlichen Nutzungsdauer und gegebenenfalls aus dem Abgang generiert werden. Als zentrale Aufgaben der Bewertung ergeben sich somit die Prognose der bewertungsrelevanten Cashflows, insbesondere die Isolierung der spezifischen Cashflows, die dem zu bewertenden Vermögenswert zuzurechnen sind, sowie die Ableitung des das Risiko des betreffenden immateriellen Vermögenswerts widerspiegelnden Kapitalkostensatzes. Beim zugrunde zu legenden Planungszeitraum der Cashflows ist auf die wirtschaftliche Nutzungsdauer bzw. die verbleibende Restnutzungsdauer des immateriellen Vermögenswerts abzustellen. Regelmäßig ist die Nutzungsdauer immaterieller Vermögenswerte, wie auch die materieller Vermögenswerte, zeitlich begrenzt, sodass die Berücksichtigung einer ewigen Rente im Bewertungskalkül nicht in Betracht kommt.

Vorgehensweise bei der Bewertung von Innovationen nach dem kapitalwertorientierten Verfahren

Die Bewertung von Innovationen anhand des kapitalwertorientierten Bewertungsverfahrens umfasst die nachfolgenden Schritte:
1. Isolierung der zukünftigen innovationsspezifischen Umsätze/Kosteneinsparungen,
2. Ermittlung der zukünftigen innovationsspezifischen Aufwendungen,
3. Ableitung der zukünftigen innovationsspezifischen Ergebnisse und Berücksichtigung von Unternehmenssteuern,
4. Ableitung der wirtschaftlichen Nutzungsdauer der Innovation,
5. Ermittlung der Wahrscheinlichkeit einer erfolgreichen Markteinführung von Innovationen
6. Ableitung eines risikoangepassten Kapitalisierungszinssatzes
7. Ableitung des monetären Werts einer Innovation zum Bewertungsstichtag.

1) Isolierung der zukünftigen Wertbeiträge der Innovationsaktivitäten
Die Ableitung der innovationsspezifischen Wertbeiträge stützt sich auf die Annahme, wonach bestimmte Innovationseigenschaften dazu führen, dass ein Unternehmen künftig einen ökonomischen Nutzen durch die Verwertung der Innovation realisieren kann.

Der ökonomische Nutzen einer Innovation kann sich in Form einer Preisprämie, einer Mengenprämie oder einer Kostenersparnis zeigen

Dieser ökonomische Nutzen von Innovationen kann grundsätzlich drei Formen annehmen:
- Realisierung einer Preisprämie,
- Realisierung einer Mengenprämie,
- Realisierung einer internen Kostenersparnis.

Unter einer Preisprämie wird der Betrag verstanden, den ein Kunde einzig aufgrund seiner Präferenzstruktur bereit ist für ein Produkt mit einer technologisch überlegenen Lösung mehr zu bezahlen als für ein dem Nutzen nach identisches Produkt auf Basis des Standes der Technik. Eine Mengenprämie führt zu höheren Absatzmengen des Produkts aufgrund einer technologisch überlegenen Lösung im Vergleich zu der Absatzmenge, die bei Verwendung des Standes der Technik erreicht werden würde. Eine Innovation, die aus einer überlegenen Technologie im Sinne eines spezifischen Produktions- oder Prozessknowhows besteht, kann daneben zu Kostenvorteilen führen. Die jeweilige Höhe des ökonomischen Nutzens ist auf Basis einer Analyse des jeweiligen technologischen Vorteils der betrachteten Innovation im Vergleich zum Stand der Technik vorzunehmen. Während Preis- und Mengenprämien insbesondere für produktbezogene Entwicklungen und Dienstleistungen praktische Relevanz besitzen, entsteht der ökonomische Nutzen für infrastrukturnahe Innovationen vorwiegend durch potenzielle Kosteneinsparungen für bestehende Infrastrukturen. Auch aus einem geringeren Entwicklungsaufwand entsteht ein ökonomischer Nutzen, wenn bspw. Versuchseinrichtungen und Demonstratoren eingesetzt werden, um die Vielzahl der in frühen Entwicklungsphasen möglichen Problemlösungswege zu reduzieren und so Fehlentwicklungen frühzeitig zu begrenzen. Der Nutzen lässt sich dann durch eine verkürzte Entwicklungszeit und damit verringertem Personal- und ggf. Materialaufwand quantifizieren. Die Durchführung der Isolierung des innovationsspezifischen ökonomischen Nutzens stellt eine wesentliche Herausforderung im Rahmen der Bewertung von Innovationen dar, da die zu berücksichtigenden Einflussfaktoren einerseits oftmals nicht beobachtbar sind und andererseits die abgeleitete Differenz der Umsätze nicht unbedingt ausschließlich auf die entwickelte Innovation zurückzuführen ist. So können erzielte Preismengenvorteile nicht nur auf die Innovation, sondern auch auf andere immaterielle Vermögenswerte wie beispielsweise auf die Marke eines Produkts oder Kundenbeziehungen zurückzuführen sein. Zusätzlich erschwert wird die Ableitung innovationsspezifischer Umsätze durch die Tatsache, dass in der Praxis oftmals nicht nur eine singuläre Innovation, sondern eine Vielzahl von Technologien und Knowhow in den Herstellungsprozess von Produkten eingehen. Dies trifft insbesondere auf technologieintensive Industrien wie z. B. die Automobil- oder Halbleiterindustrie zu. Insgesamt stellt die Isolierung der innovationsspezifischen Umsätze daher eine komplexe Aufgabe dar, die einer umfassenden Analyse des Entwicklungsstands der Innovation sowie der Markt- und Wettbewerbssituation bedarf. Vor diesem Hintergrund ist die Verwendung einer Conjoint-Analyse zur Isolierung der innovationsspezifischen Umsätze vorteilhaft, da sie eine Identifizierung der Bestimmungsfaktoren dieser Umsätze auf Basis von Kundenurteilen ermöglicht. Die Conjoint-Analyse ist ein dekompositionelles Verfahren zur Abfrage von individuellen Nutzenvorstellungen. Ziel ist es, aus der Erhebung des jeweiligen Gesamtnutzens von Eigenschaftsbündeln, die in ihrer Zusammensetzung systematisch variiert werden, auf die Teilnutzen der einzelnen Eigenschaften eines Produktes oder einer Dienstleistung zu schließen. Anschließend können anhand statistischer Methoden die von den Befragten abgegebenen Präferenzurteile in Teilnutzen je Produkteigenschaft aufgeteilt werden. Derjenige Anteil am Gesamtnutzen, der auf die Innovationskomponente entfällt, kann somit für die Isolierung der innovationsspezifischen Umsätze herangezogen werden.

2) Ermittlung der zukünftigen innovationsspezifischen Aufwendungen

Um überhaupt einen innovationsspezifischen Nutzen in Form von zusätzlichen Umsätzen aufgrund einer Preis- und/oder Mengenprämie oder Kosteneinsparungen erwirtschaften zu können, sind in der Regel zusätzliche Aufwendungen nötig.

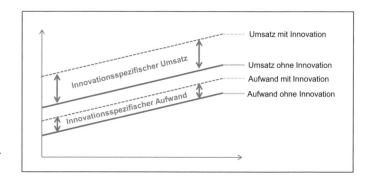

Abb. 4-38   Potenzielle Umsatz- und Aufwandswirkungen von Innovationsprojekten

Hierbei sind für Innovationen, die sich noch in der Entwicklung befinden, auch die noch bis zur Markteinführung anfallenden Aufwendungen zu berücksichtigen.

Die sämtlichen Kosten einer Innovation bis zur Markteinführung sind aufzunehmen

Zu diesen innovationsspezifischen Aufwendungen sind all diejenigen Aufwendungen zu zählen, die unmittelbar sowie mittelbar mit der Innovation in Zusammenhang stehen. Zu den unmittelbaren innovationsspezifischen Aufwendungen sind insbesondere die Personal- und Materialaufwendungen zu zählen, die innerhalb der Entwicklungsphasen anfallen. Darüber hinaus können auch die Kosten einer ggf. vorgenommenen Patentanmeldung, Patentanwalts- und Übersetzungskosten, Erteilungsgebühren sowie die jährlich anfallenden Gebühren zur Aufrechterhaltung des Patents als innovationsspezifische Aufwendungen charakterisiert werden. Die mittelbaren innovationsspezifischen Aufwendungen entsprechen vor allem den im Herstellungsprozess eines Produktes allein aufgrund der Verwendung der innovativen Technologie zusätzlich anfallenden Aufwendungen, die z. B. durch einen veränderten Einsatz von Produktionsfaktoren und Betriebsmitteln entstehen. Hierbei ist zu beachten, dass die gegebenenfalls entstehenden mittelbaren Aufwendungen sowohl positiv als auch negativ sein können, je nachdem, ob die operative Nutzung bzw. Umsetzung der Innovation zu Mehrkosten im Produktionsprozess oder aber zu einer Kostenersparnis führt.

3) Ableitung der zukünftigen innovationsspezifischen Ergebnisse unter Berücksichtigung von Unternehmenssteuern

Die innovationsspezifischen Ergebnisse der Innovationsaktivitäten lassen sich für jedes Jahr im Betrachtungszeitraum ab dem Bewertungsstichtag aus der

Differenz der erwarteten innovationsspezifischen Umsätze und Aufwendungen ermitteln. Finanzielle Überschüsse aus der Nutzung der Innovation unterliegen, als Teil der Unternehmensergebnisse, der Besteuerung. Vereinfachend werden die Unternehmenssteuern berücksichtigt, die auf die innovationsspezifischen Ergebnisse entfallen.

4) Ableitung der wirtschaftlichen Nutzungsdauer der Innovation

Die voraussichtliche wirtschaftliche Lebensdauer der Innovation sagt aus, über welchen Zeitraum hinweg ein ökonomischer Nutzen aus der Verwertung der Innovation wahrscheinlich ist.

Darunter ist derjenige Zeitraum zu verstehen, innerhalb dessen die Innovation noch nicht durch eine neue, qualitativ überlegene Technologie abgelöst worden ist. Hierbei ist auch die Reaktionszeit der Wettbewerber hinsichtlich der Substitution oder Imitation der Innovation zu berücksichtigen. Die Anzahl der im Bewertungskalkül ab dem Bewertungsstichtag zu berücksichtigenden Planungsjahre wird durch die voraussichtliche wirtschaftliche Lebensdauer der Innovation bestimmt, in der durch die Verwertung die Realisierung eines ökonomischen Nutzens wahrscheinlich ist.

Die Lebensdauer einer Innovation bestimmt sich aus dem Zeitraum der ökonomischen Nutzung der Innovation

Die wirtschaftliche Nutzungsdauer wird auf Basis der Analyse der rechtlichen und technologischen Dimension der Nutzungsdauer der Innovation abgeleitet. Die rechtliche Dimension entspricht einer möglicherweise vorhandenen rechtlichen Schutzdauer einer Technologie. Im Falle eines deutschen Patents, beträgt die rechtliche Nutzungsdauer maximal 20 Jahre gemäß § 16 Abs. 1 Patentgesetz. Unter der technologischen Nutzungsdauer ist derjenige Zeitraum zu verstehen, innerhalb dessen die betrachtete Innovation noch nicht durch eine neue, qualitativ überlegene Technologie abgelöst worden ist. Aufgrund des zu beobachtenden stetigen technologischen Fortschrittes wird grundsätzlich von einer begrenzten technologischen Nutzungsdauer auszugehen sein. Die Länge der technologischen Nutzungsdauer wird durch den Zeitpunkt des Ablaufes eines bei wertvollen Innovationen vorhandenen Patentschutzes begrenzt. Dies gilt vor allem für solche Branchen, in denen die Existenz eines Patentschutzes die wesentliche Markteintrittsbarriere für Wettbewerber darstellt. Die für die vorzunehmenden Prognosen der innovationsspezifischen Ergebnisse zu berücksichtigende wirtschaftliche Nutzungsdauer der Innovation wird unter Berücksichtigung der ermittelten Länge der technologischen Nutzungsdauer abgeleitet. Die wirtschaftliche Nutzungsdauer ist kürzer als die für die betrachtete Innovation ermittelte technologische Nutzungsdauer, wenn der in der Länge der technologischen Nutzungsdauer zum Ausdruck kommende technologische Vorsprung nicht vollständig genutzt werden kann. Diese Beschränkung hinsichtlich der Verwertung der Innovation kann z. B. dann vorliegen, wenn die zur Nutzung notwendigen Komplementärgüter nicht verfügbar sind, regulatorische Eingriffe eine Nutzung verhindern oder wenn aufgrund veränderter Markt- bzw. Kundenbedürfnisse eine Substitution durch Produkte oder Dienstleistungen erfolgt, die auf einer unterlegenen Technologie beruhen. Hierbei ist die Reaktionszeit der Wettbewerber hinsichtlich der Substitution oder Imitation des Nutzens der Innovation zu berücksichtigen. Bei der Festlegung der wirtschaftlichen Nut-

Die wirtschaftliche Nutzungsdauer einer Innovation ergibt sich aus rechtlichen und technologischen Faktoren der Innovation

zungsdauer ist außerdem zu prüfen, bis zu welchem Zeitpunkt zusätzliche Zahlungsüberschüsse auf die Verwertung der Innovation zurückzuführen sind, und ab welchem Zeitpunkt diese ganz oder teilweise anderen immateriellen Vermögenswerten, wie beispielsweise einer Marke, zuzurechnen sind. Ein Anhaltspunkt für das Vorliegen einer veränderten Ursache für die zusätzlichen Zahlungsüberschüsse liegt vor, wenn die Untersuchung der einzelnen Dimensionen der Nutzungsdauern eine längere wirtschaftliche als technologische Nutzungsdauer vermuten lässt.

5) Ermittlung der Wahrscheinlichkeit einer erfolgreichen Markteinführung von Innovationen

Die Abschätzung des zukünftigen finanziellen Nutzens erfolgt in der Regel für den Zeitraum ab Markteinführung bzw. Umsetzung der Innovation. Für diejenigen Innovationen, die im Zeitpunkt des Bewertungsstichtages noch in den Entwicklungsphasen vor Markteinführung stehen, entsteht eine zusätzliche Unsicherheit bezüglich der Realisierbarkeit des zukünftigen Nutzens. Es gilt daher das Risiko, dass es überhaupt zu einer erfolgreichen Markteinführung kommt, bewertungstechnisch abzubilden. Dies kann erreicht werden, indem empirische Wahrscheinlichkeiten einer erfolgreichen Weiterentwicklung bis hin zur Markteinführung bzw. Umsetzung der Innovation bei der Ableitung der erwarteten zusätzlichen Zahlungsströme berücksichtigt werden. Als empirische Wahrscheinlichkeiten kommen insbesondere Drop-out-Raten in Betracht. Diese stellen die jeweilige in der Vergangenheit empirisch beobachtete Übergangswahrscheinlichkeit dar, mit der ein Innovationsprojekt erfolgreich die nächste Stufe im Entwicklungsprozess erreicht. Die Anzahl der zu berücksichtigenden Entwicklungsstufen wird durch den im Unternehmen definierten Gate-Prozess zur Entwicklung von Innovationen bestimmt. Rechnerisch erfolgt die Berücksichtigung dieses Risikos durch die Multiplikation der zukünftig ab dem Bewertungsstichtag erwarteten innovationsspezifischen Ergebnisse einer Innovation im Portfolio mit der ermittelten Wahrscheinlichkeit, die Markteinführung bzw. Umsetzung zu erreichen.

6) Ableitung eines risikoangepassten Kapitalisierungszinssatzes

Im vorletzten Bewertungsschritt ist der für die im Rahmen des kapitalwertorientierten Verfahrens vorzunehmende Diskontierung benötigte Kapitalisierungszinssatz zu bestimmen. Durch die Diskontierung mit einem geeigneten Kapitalisierungszinssatzes wird einerseits dem Zeitwert des Geldes Rechnung getragen. Andererseits wird dadurch das mit den geplanten Ergebnissen verbundene inhärente Risiko im Bewertungskalkül erfasst. Entsprechend ist ein Diskontierungszinssatz zu ermitteln, der das spezifische Risiko abbildet, das der Innovation und den hieraus erwarteten Wertbeiträgen beizumessen ist. Da eine vermögenswertspezifische Rendite, die als Diskontierungszinssatz herangezogen werden kann, nicht unmittelbar beobachtbar ist, wird der gesuchte Zinssatz in zwei Schritten abgeleitet.

Ausgangspunkt ist im ersten Schritt die Ableitung der gewogenen durchschnittlichen Kapitalkosten des Unternehmens (Weighted Average Cost of Ca-

Die Ermittlung des Diskontierungsfaktors erfolgt mittels des WACC und unternehmenspezifischer bzw. innovationsspezifischer Zu- und Abschläge

pital, WACC) auf Basis von Kapitalmarktdaten. Hierzu sind die Eigenkapitalkosten, die Fremdkapitalkosten sowie die Kapitalstruktur des Unternehmens zu ermitteln, das die zu bewertende Innovation entwickelt. Die Eigenkapitalkosten lassen sich gemäß dem Capital Asset Pricing Model (CAPM) mittels eines risikolosen Basiszinssatzes unter Berücksichtigung periodenspezifischer Zerobondrenditen der aktuellen Zinsstrukturkurve und einer Risikoprämie bestimmen. Die Risikoprämie ergibt sich aus der Multiplikation der sogenannten Marktrisikoprämie mit dem Beta-Faktor. Die Marktrisikoprämie entspricht der Differenz zwischen der erwarteten Rendite des Marktportfolios und dem Basiszinssatz. Die erwartete Rendite des Marktportfolios wird üblicherweise durch die in der Vergangenheit im Durchschnitt zu beobachtende Rendite eines Aktienindizes approximiert. Der Beta-Faktor ist das Maß für das systematische Risiko des Unternehmens und wird aus beobachteten Aktienrenditen der Vergangenheit abgeleitet. Ebenso wie beim Basiszinssatz sind auch bei der Ermittlung der Fremdkapitalkosten Laufzeit- und Risikoäquivalenz mit der zu bewertenden Innovation zu gewährleisten. In einem zweiten Schritt ist dann den Besonderheiten der betrachteten Innovation Rechnung zu tragen, die sich unter anderem auch in einer vom Unternehmen abweichenden Risikostruktur ausdrücken. Entsprechend sind angemessene Zu- oder Abschläge zu den auf Basis der Eigenkapital- und Fremdkapitalkosten abgeleiteten gewichteten durchschnittlichen Kapitalkosten vorzunehmen. Diese Anpassung des Kapitalisierungszinssatzes des Unternehmens hin zum innovationsspezifischen Diskontierungszinssatz sollte unter Einbeziehung von quantitativen und qualitativen Kriterien erfolgen, um den Risikocharakteristika der Innovation gerecht zu werden. Die Kriterien sollten hierbei Aspekte umfassen, die die Rahmenbedingungen für die erfolgreiche Realisierung der mit der Innovation verbundenen ökonomischen Nutzenpotenziale determinieren. Insofern sind insbesondere rechtliche, technologische sowie marktbezogene Faktoren zu berücksichtigen.

7) Ableitung des monetären Werts einer Innovation zum Bewertungsstichtag

Im letzten Bewertungsschritt werden schließlich die je Planjahr ab dem Bewertungsstichtag ermittelten innovationsspezifischen Ergebnisse nach Steuern mit dem ermittelten risikoangepassten Diskontierungszinssatz auf den Bewertungsstichtag diskontiert.

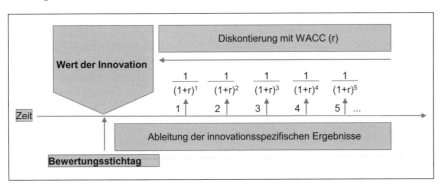

Abb. 4-39
Wertableitung nach dem kapitalwertorientierten Verfahren

Der monetäre Wert der betrachteten Innovation ergibt sich als Summe der Barwerte der künftig erzielbaren innovationsspezifischen Ergebnisse zum Bewertungsstichtag.

4.5 Praxisbeispiel: Innovation Value Tracking bei der Deutschen Telekom

Die Deutsche Telekom ist mit mehr als 129 Mio. Mobilfunkkunden sowie rund 37 Mio. Festnetz- und 16 Mio. Breitbandanschlüssen eines der führenden integrierten Telekommunikationsunternehmen weltweit (Stand 30. September 2010). Der Konzern bietet Produkte und Dienstleistungen aus den Bereichen Festnetz, Mobilfunk, Internet und IPTV für Privatkunden sowie ICT-Lösungen für Groß- und Geschäftskunden an. Die Deutsche Telekom ist in rund 50 Ländern vertreten und beschäftigt weltweit über 250.000 Mitarbeiter. Im Geschäftsjahr 2009 erzielte der Konzern einen Umsatz in Höhe von 64,6 Mrd. EUR. Davon wurde mehr als die Hälfte außerhalb Deutschlands erwirtschaftet (Stand 31. Dezember 2009). Neben dem Betrieb von Festnetz- und Mobilfunknetzen sowie IT-Lösungen für Unternehmen bewegt sich die Telekom zunehmend in neuen, innovativen Geschäftsfeldern. Ein eigener Bereich, »Products & Innovation« (P & I) befasst sich mit der Produktneuentwicklung rund um das Kerngeschäft, aber auch mit innovativen Diensten und Wachstumsfeldern im Internet. Products & Innovation koordiniert darüber hinaus das konzernübergreifende Innovationsmanagement und -marketing, das Corporate Venture Capital sowie Forschung und Entwicklung. Ein zentraler Bereich für die Innovationsaktivitäten bei P & I sind die Telekom Laboratories. Diese befassen sich in Berlin, Darmstadt, Los Altos (USA) und Ber Shewa (Israel) mit grundlegender Innovationsforschung, die auf die Innovationsstrategie der Deutschen Telekom AG ausgerichtet ist. Ziel dieses Bereichs ist es, frühzeitig Technologien zu entwickeln und entsprechende Innovationsprojekte anzustoßen.

Für die Deutsche Telekom ist es von großer Bedeutung zu wissen, welchen Wertbeitrag die unterschiedlichen Innovationsaktivitäten generieren.

Die Bestimmung des zukünftigen Wertbeitrags einer Innovation ist von großer Bedeutung

Das zentrale Interesse liegt hierbei auf der Erfassung des zukünftigen Wertbeitrags der Innovationsvorhaben. Damit genau dieser Wertbeitrag transparent gemacht werden kann, wurde 2008 eine Methodik zum Value Tracking eingeführt. Ein wesentlicher Fokus lag dabei auf den Innovationsprojekten der Telekom Laboratories. Die Herausforderung bestand darin, Entscheidungsträger mit Informationen über die möglichen Erfolge der Innovationen zu versorgen, dabei aber gleichzeitig die Komplexität und den Aufwand langfristig in einem angemessenen Verhältnis zu halten. Beim Value Tracking gilt es zum einen den monetären Beitrag jedes einzelnen Projektes, aber auch mögliche Kosteneinsparungen und die strategische Relevanz der Projekte darzustellen. Um dieses Ziel umzusetzen werden alle Projekte an bestimmten Punkten im Innovationsprozess bewertet.

Der Innovationsprozess der Telekom Laboratories startet mit der Ideengenerierung. Die Ideen werden diskutiert, abgeschätzt und priorisiert. Danach erfolgt für ausgewählte Ideen die Projektplanung und Durchführung. Nach der erfolgreichen Durchführung, die in enger Abstimmung mit dem Produktmanagement erfolgt, startet die Transferphase in den jeweiligen Fachbereich. In der jeweiligen Phase des Prozesses kann der Wertbeitrag des Projektes erhoben werden. Die unterschiedliche Menge und Güte der vorhandenen Informationen verlangt die Anwendung verschiedener Verfahren, um die Potenziale möglichst treffsicher zu bemessen. Des Weiteren zwingt auch die inhaltliche Unterscheidung der Projekte zu unterschiedlichen Methoden. Die Transferphase beschreibt den Übergang des Projektes vom Innovationsteam an den Fachbereich. Dabei werden an den Fachbereich Konzepte, Prototypen, Modelle und zusätzliche Informationen übergeben. Im Gegenzug bringt dieser sein Marktwissen ein, um die getroffenen Annahmen aus dem Value Tracking einer Realitäts- und Machbarkeitsprüfung zu unterziehen. Idealerweise erfolgt dies gemeinschaftlich unter Einbeziehung des Controllings der Fachabteilung. Daraus resultierende Anpassungen werden vorgenommen und so der Wertbeitrag präzisiert. Im Rahmen eines »end to end«-Monitorings werden die Projekte im Anschluss bei den Fachabteilungen weiterverfolgt. Die daraus gewonnen Erkenntnisse bieten Möglichkeiten für direktes Feedback an die Innovationseinheiten und damit oft zu neuen Innovationen.

Je nach Projekt und verfügbaren Daten können unterschiedliche Methoden angewendet werden. Dabei gilt es abzuschätzen

- welche Projekte die höchste Priorität haben,
- welche Daten mit akzeptablem Aufwand erfasst werden können und
- wie viel Zeit in die Bewertung von Innovationsprojekten investiert werden darf.

Eine 100 % perfekte Bewertung ist auf Grund der ungewissen zukünftigen Entwicklung nicht möglich, daher ist für die Akzeptanz des Verfahrens die Abwägung von Aufwand und Nutzen besonders wichtig. Einfache und intuitive Templates leisten hierzu bei P & I einen erheblichen Beitrag. Das Ergebnis des Value Tracking bringt einen schnellen und ökonomischen Überblick über den Wertbeitrag der Innovationsprojekte. Die Innovationseinheiten können dadurch direkt auf Strategie- und Marktänderungen reagieren. Zudem können Auswirkungen von Budgetpriorisierungen und Ressourcenzuweisungen besser eingeschätzt und anschließend anhand veränderter Wertbeiträge auch überprüft werden.

Innovation Value Tracking bei der Deutschen Telekom

Interview mit Christian Schmahl. Christian Schmahl wurde 2007 zum Mitglied des Segmentvorstands Finanzen (CFO) der T-Online bzw. der heutigen Telekom-Funktionseinheit »Products & Innovation« berufen. Er ist seither für die finanzielle Planung und Steuerung der Produktinnovationen aus den Bereichen Mobilfunk, Festnetz und Internet sowie der Forschung und Entwicklung der Deutschen Telekom verantwortlich.

(Fortsetzung auf Folgeseite)

(Fortsetzung von Vorseite)

Warum wurde das Value Tracking bei der Deutschen Telekom eingeführt?

Als vor einigen Jahren die Telekom Laboratories eröffnet wurden war das Ziel, eine schlagkräftige und flexible Innovationseinheit zu schaffen, die über ein eigenes Budget frei verfügen kann, um sich vollständig auf die Innovationstätigkeit konzentrieren zu können. Da sich der Wettbewerb im Telekommunikationsbereich seither immer weiter intensiviert hat, wurde die Frage immer dringlicher, welchen Wertbeitrag die jeweiligen Einheiten zum Unternehmenserfolg liefern. Diese Frage war besonders für die Innovationsbereiche eine große Herausforderung, da dies bisher nicht im Fokus stand. Das Value Tracking sollte daher speziell für die Innovationstätigkeiten Tools und Methoden bereitstellen, um diese Fragestellungen zu beantworten.

Wie erfolgte die Einführung des Value Tracking und der Methoden?

Die Entwicklung kann man sich in Treppenstufen vorstellen. Jedes Jahr wurden die Methoden auf ihre Praxistauglichkeit hin überprüft. Das führte zu regelmäßigen Feedbackschleifen mit den Innovationseinheiten und somit zur Optimierung des Value Managements. Ein iteratives Vorgehen war hier sinnvoll und notwendig, da aus meiner Sicht ein Vorgeben »von oben herab« nicht zu dem notwendigen Commitment der Bereiche geführt hätte und dies die Qualität der Ergebnisse demnach verschlechtert hätte.

Was waren die wichtigsten Meilensteine?

Ein zentrales Element war die Einbeziehung des Controllings in die Bewertung. Dadurch konnten die sehr guten Kenntnisse der Produktmanager über den Markt und die Kundenbedürfnisse mit dem notwendigen betriebswirtschaftlichen Know-how ergänzt werden, um so zu einer abgerundeten Einschätzung und Bewertung zu kommen. Die Scoringmodelle lösten eine weitere Schwierigkeit. Wie bewerte ich eine Innovation, die sich in einer sehr frühen Phase der Entwicklung befindet. Dabei helfen die Scoringmodelle sowohl den verantwortlichen Projektmanagern, als auch den Entscheidungsgremien, da die Ergebnisse zum einen sehr schnell verfügbar sind, zum anderen auf Basis der gleichen Kriterien ermittelt werden Wir haben dadurch eine sehr gute Vergleichbarkeit geschaffen und können bereits sehr früh eine Potenzialaussage in jedem Innovationsprojekt treffen.

Was sind wichtige Voraussetzungen für die Einführung eines Value Trackings?

Es muss ganz klar kommuniziert werden, weshalb Value Tracking eingeführt werden soll, nämlich um die vorhandenen Mittel auf die richtigen Themen einzusetzen. Erfolgt keine klare Kommunikation, wird es für die Beteiligten nur als zusätzlicher Aufwand wahrgenommen und es entsteht schnell das Bild des »Reportings als Selbstzweck«. Des Weiteren müssen die Methoden verständlich und die Tools einfach handhabbar sein. Diese beiden Voraussetzungen erhöhen die Akzeptanz und Qualität eines Value Trackings erheblich.

(Fortsetzung auf Folgeseite)

(Fortsetzung von Vorseite)

Gab es aus ihrer Sicht besondere Highlights?

Als die neue Strategie der Deutschen Telekom bekannt gemacht wurde, konnte mit den Werten aus dem Value Tracking zeitnah und präzise geklärt werden, welchen Wertbeitrag die Innovationen auf die einzelnen Strategiefelder liefern werden und in welchen Bereichen wir unsere Innovationsanstrengungen weiter verstärken müssen. Durch die Entwicklung von generischen Methoden und Tools war es außerdem für uns sehr einfach und schnell möglich weitere Innovationsbereiche abzubilden, auch wenn sich diese nicht mit klassischen Innovationen aus dem Telekommunikationsumfeld befasst haben.

Wie wird Value Tracking in ihrer Organisation abgebildet?

Im Finanzbereich unserer Unternehmenseinheit Products & Innovation haben wir eine Abteilung Value Management, die sich mit der Weiterentwicklung der Methoden und Tools beschäftigt und die eingebundenen Innovationseinheiten konzeptionell unterstützt. Aus dieser Abteilung heraus wird auch die Nachverfolgung der Innovationen im Rahmen eines Post-Launch-Trackings begleitet.

5 Innovationen in Bilanzierung und Berichterstattung

Innovationsaufwendungen können inzwischen nach zahlreichen Rechnungslegungsnormen (u.a. IFRS und HGB) aktiviert werden. Damit kann mit Innovationen auch aktiv Bilanzpolitik betrieben werden. Im Folgenden werden daher die Innovationen im Kontext von nationalen und internationalen Rechnungslegungsnormen dargestellt (5.1). Anschließend werden die rechtlichen Rahmenbedingungen für die Bilanzierung und die Berichterstattung der immateriellen Werte dargestellt (5.2) sowie ein Praxisbeispiel für die Erstellung eines freiwilligen Innovationsreports gegeben (5.3).

5.1 Innovationen als intellektuelles Kapital

5.1.1 Nationale Rechnungslegungsnormen

Innovationen gehören zu den immateriellen Werten. Der Begriff des immateriellen Vermögensgegenstandes ist gesetzlich nicht definiert. Nach dem Bilanzgliederungsschema handelt es sich dabei um unkörperliche Werte, die im Anlagevermögen nicht den Sach- oder Finanzanlagen zuzuordnen sind. Für das Umlaufvermögen gibt es keine explizite Ausweisvorschrift. Große und mittelgroße Kapitalgesellschaften haben unter den immateriellen Vermögensgegenständen gem. § 266 II HGB folgende Posten gesondert auszuweisen: Selbst geschaffene gewerbliche Schutzrechte und ähnliche Rechte und Werte, entgeltlich erworbene Konzessionen, gewerbliche Schutzrechte und ähnliche Rechte und Werte sowie Lizenzen an solchen Rechten und Werten, Geschäfts- oder Firmenwert, geleistete Anzahlungen.

Bei einer Konzession handelt es sich um eine öffentlich-rechtliche Befugnis, kraft derer ein Unternehmer berechtigt ist, eine wirtschaftliche Tätigkeit auszuüben, die keinem Staatsvorbehalt unterliegt, für die die öffentliche Verwaltung jedoch ein Verfügungsrecht hat. Zu den gewerblichen Schutzrechten (Menninger/ Nägele, 2007, S. 912–919) zählen das Patentrecht, das Gebrauchsmusterrecht, das Geschmacksmusterrecht und das Markenrecht. Das Patentrecht schützt technische Erfindungen. Voraussetzung für die Patentierbarkeit ist, dass eine Erfindung neu ist, auf einer erfinderischen Tätigkeit beruht und gewerblich anwendbar ist (§ 1 Abs. 1 PatG). Der Patentschutz beträgt in Deutschland 20 Jahre. Das Gebrauchsmusterrecht schützt Arbeitsgerätschaften und Gebrauchsgegenstände, jedoch keine Verfahren. Das Recht entsteht durch die Eintragung beim Patentamt und gewährt einen Schutz für höchstens zehn Jahre. Durch das Geschmacksmusterrecht werden ästhetische Muster und Modelle geschützt. Das Recht entsteht durch Anmeldung und Hinterlegung des Musters. Es besteht für

Innovationen gehören zu den immateriellen Werten, wobei der Begriff des immateriellen Wertes nicht gesetzlich definiert ist

längstens 25 Jahre. Das Markenrecht gewährt Schutz für Zeichen, die der Unterscheidung der Waren oder Dienstleistungen eines Gewerbetreibenden von den Waren oder Dienstleistungen anderer Gewerbetreibender dienen (§ 3 Abs. 1 MarkenG). Es kann durch Eintragung in das vom Patentamt geführte Register oder durch Benutzung des Zeichens im geschäftlichen Verkehr entstehen. Die Schutzdauer beträgt grundsätzlich zehn Jahre, die immer wieder um weitere zehn Jahre verlängerbar ist (§ 47 MarkenG). Zu den ähnlichen Rechten gehören Urheberrechte einschließlich der Leistungsschutzrechte für Computerprogramme, Tonträger und Filme. Durch die Urheberrechte werden geistige Leistungen auf kulturellem Gebiet geschützt. Schutzwürdig nach § 1 und 2 UrhG sind Werke der Literatur, der Wissenschaft und der Kunst. Das Recht entsteht mit der Vollendung des Werkes. Eine Anmeldung oder Eintragung ist nicht erforderlich. Der Inhaber kann das (Stamm-)Recht selbst nutzen oder durch Einräumung von Nutzungsrechten verwerten, jedoch nicht verkaufen. Bei den ähnlichen oder rein wirtschaftlichen Werten handelt es sich um ungeschützte Erfindungen, Rezepte, Know-how sowie nicht urheberrechtlich geschützte Computerprogramme. Unabhängig davon, dass keine Rechte vorliegen, können diese wie Rechte durch schuldrechtliche Verträge verwertet werden, d. h., das bilanzierende Unternehmen kann Dritten das Nutzungsrecht übertragen oder das Stammrecht ganz veräußern.

Die vertragliche Vereinbarung der Überlassung von gewerblichen Schutzrechten oder ähnlichen Rechten und Werten zur wirtschaftlichen Nutzung wird als Lizenz bezeichnet. Man unterscheidet einfache und ausschließliche Lizenzen. Die einfache Lizenz ist nicht eigenständig übertragbar, d. h., der Lizenznehmer kann sie weder veräußern, noch Dritten zur Nutzung überlassen. Dagegen hat der Lizenznehmer einer ausschließlichen Lizenz grundsätzlich das Recht, seine Lizenz an Dritte zu veräußern und Unterlizenzen zu vergeben.

Aufgrund der gesonderten bilanziellen Behandlung sowie seiner Rechtsnatur kommt dem Geschäfts- oder Firmenwert, der sich als Differenz zwischen dem Kaufpreis für ein Unternehmen und dem Gegenwartswert des erworbenen Reinvermögens ergibt, besondere Bedeutung zu. Der Käufer unterstellt, dass in dem erworbenen Unternehmen weitere, nicht bilanzierte Vorteile (z. B. effiziente Organisation, attraktiver Standort) existieren, für die ein über den Reproduktionskosten des Bilanzvermögens hinausgehender Kaufpreis gerechtfertigt ist; es handelt sich also um das Entgelt für zusätzliche Gewinnerwartungen. Der Geschäfts- oder Firmenwert kann nicht wie andere Vermögensgegenstände einzeln veräußert oder entnommen werden.

Bei der Position »geleistete Anzahlungen« handelt es sich um Vorauszahlungen auf den Kaufpreis eines immateriellen Vermögensgegenstandes und nicht um Vorauszahlungen auf wiederkehrende Entgelte für die Nutzung eines im Vermögen eines Dritten verbleibenden Anlageguts für eine Nutzungsüberlassung auf Zeit (Ellrott et al., 2006, § 266, Tz. 64).

Nach der aktuellen Rechtslage besteht für alle entgeltlich erworbenen immateriellen Vermögensgegenstände Aktivierungspflicht, während für selbstgeschaffene Marken, Drucktitel, Verlagsrechte, Kundenlisten oder vergleichbare immaterielle Vermögensgegenstände des Anlagevermögens ein Aktivierungsverbot gem. § 248 Abs. 2 S. 2 HGB besteht. Selbst geschaffene immaterielle Vermögensgegenstände des Anlagevermögens können gem. § 248 Abs. 2 S. 1 HGB in die Bilanz aufgenommen werden (Aktivierungswahlrecht). Nach § 255 Abs. 2a HGB dürfen nur die in der Entwicklungsphase anfallenden Herstellungskosten aktiviert werden.

Für Forschungskosten besteht ein Aktivierungsverbot (§ 255 Abs. 2 S. 4 HGB). Sofern die Forschungs- und Entwicklungsphase nicht verlässlich voneinander getrennt werden können, ist eine Aktivierung ausgeschlossen.

Für Entwicklungskosten besteht nach HGB ein Aktivierungswahlrecht

5.1.2 Internationale Rechnungslegungsnormen

Die zunehmende Bedeutung der immateriellen Vermögenswerte zeigt sich auch in der Aufmerksamkeit, die ihnen im Rahmen der internationalen Rechnungslegung zuteilwurde. Eine weitgehende Bilanzierung immaterieller Werte konnte bis zum Jahr 2001 wegen den bis dato diskutierten Unzulänglichkeiten bei deren Bewertung nicht beobachtet werden. Dies änderte sich schlagartig mit der Veröffentlichung des SFAS 141 und den damit einhergehenden Äußerungen der SEC bezüglich der von ihr beabsichtigten Maßnahmen zur Überprüfung der Umsetzung dieses Standards. Die bislang tolerierte Zurückhaltung hinsichtlich der Bilanzierung von immateriellen Werten wurde nun zu Gunsten einer konsequenten kapitalmarktorientierten Sichtweise aufgegeben. Grundgedanke war erstens, dass jede Unternehmenstransaktion als ein Kauf zu klassifizieren sei. Einen sog. Merger of Equals, bei dem sich zwei »gleichstarke« Partner zu einem neuen Unternehmen zusammenschließen und die Bilanz dieses neuen Unternehmens die Summe der Buchwerte der beteiligten Parteien sei, gibt es nach den neuen Regeln nicht mehr. Stattdessen wird stets eine Partei als Käufer identifiziert und hatte den Unternehmenskauf zu Marktwerten zu bilanzieren. Zielsetzung ist es, den Kapitalmarkt darüber zu informieren, welche Vermögenswerte und Schulden mit dem Kauf erworben wurden. Der Preis für das ganze Unternehmen wurde als hinreichend objektivierte Basis dafür betrachtet, den immateriellen Kaufpreisbestandteilen einen Wert für die Bilanz zuzuweisen. Die IFRS zogen 2004 mit dem inhaltlich weitestgehend deckungsgleichen IFRS 3 »Business Combinations« nach.

Der Umfang der im Zuge der neuen Regelungen zum Unternehmenskauf zu bewertenden immateriellen Werte nahm beträchtlich zu. Gleichzeitig gab es für die Bewertung von Immateriellen für Zwecke der Rechnungslegung keinen eindeutig formulierten Rahmen, der den Unternehmen, deren Beratern und Abschlussprüfern und den betroffenen Kapitalmarktteilnehmern eine Diskussions- und Beurteilungsgrundlage bieten konnte. Zwar gab es von der AICPA eine Practice Guide, diese ist aber lediglich für die Bewertung von »In Process Research & Development« vorgesehen. Das IDW füllte zu dieser Zeit diese Lücke mit dem Rechnungslegungsstandard IDW RS HFA 16 »Bilanzierung von Unternehmenskäufen nach IFRS«, der sich insbesondere dadurch auszeichnet, dass erstmals hinreichend konkret die Bewertungsverfahren und -methoden dargestellt und klassifiziert werden. Diese bildeten die Grundlage für die For-

Die Neuregelungen der IFRS führen zu einer verstärkten Fokussierung auf die Erfassung immaterieller Werte

mulierung des IDW S 5. Der IDW S 5 als anlassunabhängiger Standard stellt die logische Fortentwicklung der im HFA 16 angelegten Überlegungen dar ohne sich als Bewertungsstandard für Zwecke der Rechnungslegung zu verstehen. Stattdessen ist es das Selbstverständnis der Verfasser, eine aus betriebswirtschaftlicher Sicht allgemein verbindliche Bewertungsgrundlage zu schaffen, die die grundsätzlich in Frage kommenden Verfahren in eine bewertungstheoretisch fundierte Reihenfolge bringt und gleichzeitig Hinweise für die zu präferierenden Methoden bei der Bewertung der jeweiligen Arten immaterieller Werte gibt.

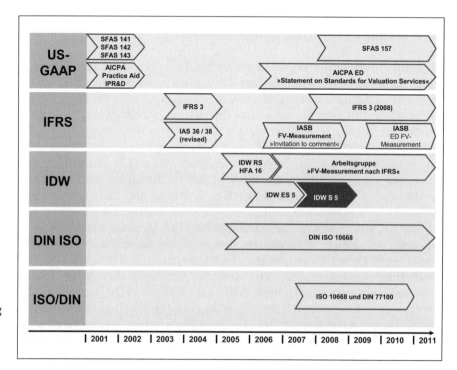

Abb. 5-1
Übersicht zur Entwicklung relevanter Standards im Zusammenhang mit der Bewertung von immateriellen Vermögenswerten

Immaterielle Vermögenswerte im Sinne des IDW Standards 5: Grundsätze zur Bewertung von immateriellen Werten sind »in Leistungserstellungsprozessen eingesetzte nichtfinanzielle wirtschaftliche Güter, deren Substanz nicht körperlich wahrnehmbar ist, sondern beispielsweise als Recht, Beziehung, Wissen oder Information, Prozess, Verfahren oder Gedanke in Erscheinung tritt.« (IDW, 2010, S. 357). In Anlehnung an die internationalen Rechnungslegungsstandards werden im S 5 Beispiele für immaterielle Vermögenswerte genannt: Marketingbezogene immaterielle Vermögenswerte sind Werte, die primär zur Bewerbung oder Unterstützung des Verkaufs von Produkten und Dienstleistungen eingesetzt werden. Dies sind Kennzeichen wie Worte, Namen, Symbole oder andere Instrumente, Handels- oder Konsumartikelmarken, Einzel-, Dach- oder Unternehmensmarken, eingetragene Marken, Markenauftritte (einzigartige Farben, die Form oder die Summe des Designs), Internet-Domainnamen.

Kundenorientierte immaterielle Vermögenswerte können sein: Kundenlisten, Auftragsbestände bzw. Fertigungsverträge, Kundenverträge und damit verbundene Kundenbeziehungen; nicht jedoch Laufkundschaft.

Auf sonstigen vorteilhaften Verträgen oder Rechten basierende immaterielle Vermögenswerte spiegeln den Wert von Rechten wider, deren Nutzenzufluss aus vertraglichen Vereinbarungen resultiert, wie z. B. Lizenzen, Stillhaltevereinbarungen, Werbe-, Konstruktions-, Management-, Service- oder Versorgungsverträge, Leasingvereinbarungen, Wege-, Nutzungs-, Ausbeutungs- und Duldungsrechte, Franchisevereinbarungen, Sende- und Fernsehrechte, Dienstleistungsverträge, Wettbewerbsverbote oder Konkurrenzklauseln.

Technologiebasierte immaterielle Vermögenswerte beziehen sich auf Innovationen oder technologischen Fortschritt, wie z. B. patentierte und unpatentierte Technologien, Geschäftsgeheimnisse bezüglich Formeln, Prozesse oder Rezepturen, Software, Datenbanken.

Kunstbezogene immaterielle Vermögenswerte können Rechte sein an Theaterstücken, Opern oder Ballettinszenierungen, Musikstücken, Kompositionen, Songtexten, Werbemelodien, Bildern, Fotografien, Videos, Fernsehprogrammen.

Innovationen, Know-how, Patente sowie Technologien spielen eine wesentliche Rolle für die Zukunftsfähigkeit und Profitabilität der Unternehmen, gerade auch im Zusammenspiel mit Marken (PwC, 2008). Denn eine starke Marke die nicht aufgrund von Innovationen immer »auf dem neuesten Stand der Technik« ist, wird nicht mehr lange ihren vorderen Platz behaupten können. Neben der Analyse der Schlüsselgrößen kommen bei diesen immateriellen Werten noch zwei Besonderheiten hinzu: die Gruppenbetrachtung sowie die große Anzahl. In jedem Produkt steckt heutzutage eine Vielzahl von Patenten sowie von Know-how oder Prozesstechnologien, die es in der Bewertung zu berücksichtigen gilt. Innovative Unternehmen melden mehrere tausend Patente pro Jahr bei den Patentämtern an. Entsprechend umfangreich sind die Patentportfolien der Unternehmen, die für diverse Anlässe zu bewerten sind.

5.1.3 Indikatorgestützte Bewertung von Innovationen

Grundsätzlich ist hinsichtlich der Bewertung zwischen indikatorbasierten (d. h. nichtmonetären) und ergebnisorientierten (d. h. monetären) Bewertungsverfahren zu unterscheiden.

Indikatorenmodelle basieren auf Indikatoren oder Schlüsselgrößen. Sie erfreuen sich insgesamt einer großen Beliebtheit, da sie meist einfach zu ermitteln sind und die Komplexität der Wirkungszusammenhänge deutlich reduzieren. Leider manchmal soweit, dass eine Kausalität entweder gar nicht mehr vorhanden ist oder beliebig interpretiert werden kann. Ein Beispiel mag dies verdeutlichen: Wenn zur Beurteilung einer Marke z. B. nur die Steigerung der Bekanntheit betrachtet wird, dann sagt dies zum einen nichts darüber aus, ob das damit verbundene Produkt oder die Dienstleistung tatsächlich bei der Kaufentscheidung erste Wahl ist und außerdem führt allein die Steigerung der Bekanntheit um ein bis zwei Prozent bei einer Marke die z. B. bereits 90 % gestützte Bekanntheit aufweist vermutlich nicht zu einer Wertsteigerung. Vielmehr ist in diesem Fall zu hinterfragen, ob die Investition in die Markenpflege sinnvoll angelegtes Geld ist. Um diesem Dilemma zu entgehen, wird gerne einfach die Anzahl der Indikatoren erhöht. Getreu dem Motto: Viel hilft viel. Dies erhöht jedoch nicht die Kausalität, sondern wirft weitere Fragen auf, z. B. wie sich diese Indikatoren zu einer Gesamtaussage verknüpften lassen bzw. wie sich evtl. widerstreitende Aussagen erklären lassen. Vor diesem Hintergrund wurden Methoden entwickelt, die einerseits nur solche Indikatoren zugrunde legen, die auch kausal verknüpft sind und die andererseits nicht auf dieser Stufe stehen bleiben, d. h., sie werden mit monetären Größen verbunden, die eine Ergebnisorientierung ermöglichen. Aus ökonomischer Sicht sind immaterielle Werte nur dann relevant, wenn sie einen Wertbeitrag zum Unternehmenswert liefern.

Die indikatorgestützte Bewertung ist der erste Schritt zu einer adäquaten betriebswirtschaftlichen Erfassung der Innovationen

Um diesen Wertbeitrag zu ermitteln sowie im Zeitablauf zu steigern, ist es unerlässlich herauszufinden, welchen monetären Wert der jeweilige immaterielle Wert verkörpert. In Relation zum Unternehmenswert gesetzt, kann außerdem gleichzeitig erfasst werden, wie bedeutsam dieser Wert im Verbund der »Produktionsfaktoren« des Unternehmens ist. Um die Wertsteigerung gezielt entwickeln zu können, genügt es jedoch umgekehrt nicht sich nur auf die Zahlungsströme zu fokussieren, sondern vielmehr sind die zugrunde liegenden Indikatoren genau zu analysieren und Maßnahmen zu definieren, um diese positiv zu entwickeln. Die Aussage lautet daher nicht Indikatoren versus Ergebnisorientierung, sondern Indikatoren und Ergebnisorientierung. Indikatorbasierte Verfahren haben entsprechend eine große Verbreitung bei der internen Steuerung von Innovationen erlangt. Aufgrund ihrer mangelnden Objektivierbarkeit und des in der Regel fehlenden monetären Wertausweises sind sie für eine bilanzielle Bewertung höchstens ergänzend zu gebrauchen.

5.1.4 Monetäre Bewertung von Innovationen

Marktpreisorientiertes Verfahren

Für bestimmte Bewertungsanlässe ist es wünschenswert, einen Marktpreis zur Bewertung eines immateriellen Vermögenswertes heranzuziehen. Voraussetzung dafür ist, dass sich die beobachteten Marktpreise auf hinreichend vergleichbare Werte beziehen. Ferner wird gefordert, dass ein aktiver Markt vorliegen muss, d. h., die auf dem Markt gehandelten Güter sind homogen, vertragswillige Käufer und Verkäufer können in der Regel jederzeit gefunden werden und die Preise sind öffentlich bekannt. Da immaterielle Werte vor allem dazu dienen, ein Alleinstellungsmerkmal zu begründen – was die Vergleichbarkeit zumindest erschwert – und da diese Werte meist nicht auf aktiven Märkten im hier genannten Sinn gehandelt werden, fällt es häufig schwer, eine verlässliche Werteinschätzung rein auf einem marktpreisorientierten Verfahren zu basieren. Insoweit kommt dem reinen marktpreisorientierten Verfahren meist keine eigenständige Bedeutung zu.

Kapitalwertorientiertes Verfahren

Dem kapitalwertorientierten Verfahren liegt die Annahme zugrunde, dass sich der Wert eines immateriellen Vermögenswerts aus dessen Eigenschaft ergibt, künftige Erfolgsbeiträge in Form von Zahlungsströmen für den Eigentümer zu erwirtschaften.

Der Wert eines Vermögenswerts ergibt sich daher aus der Summe der Barwerte der künftig erzielbaren Zahlungsströme zum Bewertungsstichtag, die aus der Nutzung des immateriellen Vermögenswerts während der erwarteten wirtschaftlichen Nutzungsdauer erzielt werden. Eine wesentliche Aufgabe bei der Bewertung immaterieller Vermögenswerte besteht in der Isolierung der spezifischen Zahlungsströme, die dem zu bewertenden Vermögenswert zuzurechnen sind. Es handelt sich dabei um eine Art »Mehrwert« gegenüber denjenigen Zahlungsströmen, die ohne diesen spezifischen Vermögenswert realisiert werden könnten.

Das kapitalwertorientierte Verfahren basiert auf den positiven und negativen Wertbeiträgen, die die Innovation generiert

Dabei jeweils entstehende zusätzliche Kosten z. B. auch für die Entwicklung und Pflege des immateriellen Wertes sind ebenfalls zu berücksichtigen. Zur Wertermittlung sind diese zusätzlichen Zahlungsströme mit dem vermögenswertspezifischen Kapitalkostensatz auf den Bewertungsstichtag zu diskontieren. Bei der in der Praxis regelmäßig angewendeten Risikozuschlagsmethode müssen die Erwartungswerte der Zahlungsströme mit einem risikoangepassten Kapitalisierungszinssatz diskontiert werden. Als Ausgangsgröße dienen die gewogenen durchschnittlichen Kapitalkosten des Unternehmens.

Zur Bestimmung der aus Kapitalmarktdaten abgeleiteten gewogenen durchschnittlichen Kapitalkosten des Unternehmens müssen Eigenkapitalkosten, Fremdkapitalkosten (nach Steuern) und die Kapitalstruktur ermittelt werden. Die vermögenswertspezifischen Eigenkapitalkosten setzen sich in Anlehnung an das Capital Asset Pricing Model (CAPM) aus einem risikolosen Basiszinssatz und einer Marktrisikoprämie, angepasst an die Besonderheiten des betreffenden immateriellen Vermögenswertes (vermögenswertspezifischer Risikozuschlag), zusammen. Der Basiszinssatz sollte – wie auch bei der Unternehmensbewertung nach IDW S 1 – jeweils aus den periodenspezifischen Zerobondrenditen der aktuellen Zinsstrukturkurve äquivalent zur Nutzungsdauer abgeleitet werden (IDW, 2005, S. 555).

Bei der Bestimmung des vermögenswertspezifischen Risikozuschlags bei der Bewertung immaterieller Vermögenswerte ist darauf zu achten, dass nur solche Unternehmen in die Vergleichsgruppe einbezogen werden, die zum zu bewertenden Vermögenswert gleichwertige Vermögenswerte bei der Leistungserstellung oder zur Positionierung auf dem Absatzmarkt einsetzen. Gegebenenfalls können als Vergleichsgruppe auch solche Unternehmen herangezogen werden, deren Geschäftszweck in unmittelbarem Zusammenhang mit dem zu bewertenden immateriellen Vermögenswert steht. Sofern der immaterielle Vermögenswert eine von der Vergleichsgruppe abweichende Risikostruktur aufweist, sind angemessene Zu- oder Abschläge beim Risikozuschlag vorzunehmen.

Die Zahlungsströme der Innovationen sind mit einem risikoadäquaten Kapitalisierungszinssatz auf den Bewertungsstichtag zu diskontieren

Auch bei der Ermittlung der Fremdkapitalkosten sind Laufzeit- und Risikoäquivalenz mit dem zu bewertenden immateriellen Vermögenswert zu gewährleisten; grundsätzlich gelten jedoch die in IDW S 1 für die Ermittlung der Fremdkapitalkosten (nach Steuern) und die Kapitalstruktur enthaltenen Überlegungen (IDW, 2005, S. 271–292).

Beim zugrunde zu legenden Planungszeitraum der Cashflows ist auf die wirtschaftliche Nutzungsdauer abzustellen; sie kann zeitlich begrenzt oder unbegrenzt sein. Eine ewige Rente kann für den Fall der unbegrenzten Nutzungsdauer zugrunde gelegt werden, bzw. auch dann, wenn sichergestellt ist, dass die Nutzungsdauer so lang ist, dass es letztlich aufgrund der Diskontierungswirkung auf die Zahlungsströme für das Bewertungsergebnis nicht darauf ankommt, ob der Barwert einer begrenzten Zahlungsreihe oder der Barwert einer ewigen Rente ermittelt wird.

Auch die Überschüsse aus der Nutzung immaterieller Vermögenswerte unterliegen meist der Besteuerung. Wurden daher bei der Ableitung der Zahlungsströme Steuern in Abzug gebracht, so ist der Kapitalisierungszinssatz äquivalent nach diesen Steuern zu ermitteln. Ferner ist zu prüfen, ob und in welcher Höhe die Berücksichtigung eines abschreibungsbedingten Steuervorteils angemessen ist. Dieser ergibt sich dann, wenn die steuerliche Bemessungsgrundlage aus den von dem Vermögenswert generierten Zahlungsströmen um Abschreibungen auf den Vermögenswert zu reduzieren ist.

Kapitalwertorientierte Verfahren sind sehr flexibel und ermöglichen daher die Bewertung aus verschiedenen Perspektiven. Neben typisierten Wertkonzepten, wie dem beizulegenden Zeitwert, die für Zwecke der Rechnungslegung relevant sind, können durch das Einbeziehen individueller Komponenten auch strategisch geprägte Entscheidungswerte ermittelt werden.

Kostenorientiertes Verfahren

Das kostenorientierte Verfahren fokussiert sich – wie der Name schon sagt – auf die für die Reproduktion oder Wiederbeschaffung notwendigen historischen oder zukünftigen Kosten und zeigt damit eine wesentliche konzeptionelle Schwäche, da der zukünftige Nutzen aus dem immateriellen Vermögenswert meist nicht berücksichtigt wird. Allerdings kann die Anwendung einer kostenorientierten Methode für bestimmte Fragestellungen, wie z. B. bei der Frage nach Kauf oder Selbsterstellung von immateriellen Werten oder bei Lizenzvereinbarungen, die eine Vergütung als Zuschlag zu den Kosten vorsehen, oder auch für Plausibilitätsüberlegungen anhand von Anschaffungskosten für immaterielle Werte, hilfreich sein.

Standardisierung

Es beschäftigten sich in den vergangenen Jahren unterschiedliche Gremien mit einer Standardisierung der monetären Bewertung einzelner oder mehrerer immaterieller Werte:

Hierzu zählen vor allem das Institut der Wirtschaftsprüfer e.V. und das Deutsche Institut für Normung e.V. sowie die International Organization for Standardization.

Mit dem IDW S 5: Grundsätze zur Bewertung immaterieller Vermögenswerte wurde als erstes der Standard des Instituts der Wirtschaftsprüfer im Jahr 2007 verabschiedet (IDW, 2010, S. 357–370). Dieser legt vor dem Hintergrund der in Theorie und Praxis entwickelten Standpunkte die betriebswirtschaftlichen Grundsätze dar, nach denen Wirtschaftsprüfer immaterielle Vermögenswerte bewerten. In den ersten Abschnitten wird auf die allgemeinen Grundsätze zur Bewertung von immateriellen Vermögenswerten eingegangen; gefolgt von den Besonderheiten bei der Bewertung von Marken sowie bei kundenorientierten immateriellen Werten. Die Ausführungen zu den Besonderheiten der Bewertung von Technologien liegen aktuell im Entwurf vor und sollen noch 2011 verabschiedet werden.

Das Deutsche Institut für Normung e.V. fokussiert sich mit zwei Arbeitsausschüssen zum einen auf die monetäre Bewertung von Patenten (DIN 77100) und zum anderen auf die monetäre Bewertung von Marken (DIN ISO 10668). Da der Arbeitsausschuss »Monetäre Bewertung von Marken« eine ISO-Normung anstrebte, wurden die Inhalte außerdem auf entsprechenden Sitzungen der international besetzten ISO-Komitees erarbeitet. Die englische ISO Norm 10668 zur monetären Bewertung von Marken wurde 2010 verabschiedet und publiziert. Die deutsche Übersetzung (DIN ISO 10668) wurde im Februar 2011 finalisiert und soll 2011 veröffentlicht werden. Die DIN 77100 wurde 2010 verabschiedet und soll ebenfalls 2011 publiziert werden.

Die Bewertungsstandards leisten einen wesentlichen Beitrag eine angemessene Qualität der Bewertung transparent zu machen

5.2 Innovationsorientiertes Berichtswesen

5.2.1 Innovationen in der IFRS-Bilanz

Nach IFRS sind die Kosten der Forschungsphase grundsätzlich von der Entwicklungsphase zu trennen, da Forschungsaufwendungen direkt aufwandwirksam in der Gewinn- und Verlustrechnung erfasst werden, während Entwicklungskosten in der Bilanz aktiviert werden. Im Standard sind Beispiele zur Unterscheidung der Forschungsphase von der Entwicklungsphase genannt (IAS 38.56, 59). Kann ein Unternehmen die Forschungsphase nicht von der Entwicklungsphase eines internen Projektes zur Schaffung eines immateriellen Vermögenswertes unterscheiden, behandelt das Unternehmen die mit diesem Projekt verbundenen Ausgaben so, als ob sie lediglich in der Forschungsphase angefallen wären (IAS 38.53).

Während eines laufenden Entwicklungsprojektes sind Kosten nur zu aktivieren, wenn ein Unternehmen alle folgenden Nachweise erbringen kann:

- Technische Durchführbarkeit, sodass der immaterielle Vermögenswert auch fertig gestellt werden kann, um in der Folge entweder im Unternehmen selbst in den betrieblichen Abläufen genutzt werden zu können oder am Markt verkauft werden zu können.
- Absicht zur Fertigstellung des immateriellen Vermögenswertes sowie Absicht zur Nutzung oder Verkauf. Hierfür sind entsprechende Nachweise zu erbringen (z.B. formale Beschlüsse zur Fertigstellung, Nutzungs- oder Verkaufsmöglichkeiten).
- Fähigkeit zur Nutzung oder Verkauf: Der immaterielle Vermögenswert sollte so beschaffen sein, dass er künftig im Unternehmen verwendet werden kann oder am Markt an Dritte verkauft werden kann.

- Zukünftige Mittelzuflüsse aus der Eigennutzung oder aus dem Verkauf müssen wahrscheinlich sein. Dies ist nachzuweisen, entweder in Form eines geeigneten, vorhandenen externen Marktes (für den immateriellen Vermögenswert selbst oder daraus gewonnenen Produkten) oder eigenen Nutzungsmöglichkeiten im Unternehmen. Auch eine wahrscheinliche, zukünftige Kosteneinsparung aus der Nutzung des immateriellen Vermögenswertes kann geeignet sein, dieses Kriterium zu erfüllen.
- Ausreichend verfügbare Ressourcen (technische, finanzielle, personelle oder andere Ressourcen), die notwendig sind, um die Entwicklung des immateriellen Vermögenswerts abzuschließen, um ihn intern zu nutzen oder extern zu verkaufen.
- Zuverlässige Bestimmbarkeit der Kosten (IAS 38.57).

Aktivierungsfähige Entwicklungskosten müssen nach IFRS kumulativ sechs Kriterien erfüllen

Die entscheidende Frage bei selbstgeschaffenen immateriellen Vermögenswerten ist immer der Zeitpunkt, ab dem diese sechs Kriterien kumulativ erfüllt sind, da nur jene Kosten, die nach diesem Zeitpunkt anfallen, für eine Aktivierung nach IAS 38 qualifizieren. Ein eigener organisatorischer Bereich zur Planung und für das Controlling von Forschungs- und Entwicklungs-Projekten ist nicht erforderlich. Allerdings muss das Kostenrechnungssystem insbesondere die Entwicklungskosten für einzelne Patentprojekte verlässlich wiedergeben können. Dies verlangt eine Kostenträgerrechnung zur Erfassung der Herstellungskosten (Einzelkosten) sowie ein Verfahren zur Schlüsselung von Gemeinkosten. Daneben ist eine Meilensteinplanung für Entwicklungsprojekte erforderlich, aus der hervorgeht, wann die oben genannten Ansatzkriterien erfüllt sind (Eintritt in die Entwicklungsphase, technische Realisierbarkeit etc.). Ferner wird eine Wirtschaftlichkeitsrechnung benötigt, um die Werthaltigkeit anhand künftiger Nutzenzuflüsse nachzuweisen.

Eine häufig gestellte Frage ist auch die Möglichkeit der Bilanzierung von nachträglichen Ausgaben für immaterielle Vermögenswerte. Da die meisten nachträglichen Ausgaben eher den erwarteten künftigen wirtschaftlichen Nutzen eines bestehenden immateriellen Vermögenswertes erhalten, als die Definition eines immateriellen Vermögenswertes und dessen Ansatzkriterien dieses Standards erfüllen werden nachträgliche Ausgaben – Ausgaben, die nach der Fertigstellung eines selbstgeschaffenen immateriellen Vermögenswertes anfallen – nur selten im Buchwert eines Vermögenswertes erfasst. Lediglich seltene Fälle von Erweiterungs- oder Ersatzmaßnahmen dürfen nachträglich aktiviert werden. Daneben gilt, dass keine Ausgaben für einen immateriellen Posten, die ursprünglich als Aufwand erfasst wurden, zu einem späteren Zeitpunkt als Anschaffungs- oder Herstellungskosten eines immateriellen Vermögenswertes anzusetzen sind (IAS 38.71). Eine Nachaktivierung aufwandswirksam erfasster Kosten ist damit nicht möglich.

Die Erläuterungen zeigen, wie ausführlich die Regelungen des IFRS zum Ansatz von selbstgeschaffenen immateriellen Vermögenswerten sind.

5.2.2 Innovationen in der US-GAAP-Bilanz

Im Gegensatz zu den ausführlichen Regelungen des IFRS existiert nach US-GAAP keine systematische Ordnung der Vorschriften zur Aktivierungsfähigkeit von immateriellen Vermögensgegenständen, stattdessen liegt hier eher eine kasuistische Regelungssystematik vor (Küting et al., 2002, S. 74; Pellens et al., 2006, S. 289). Entsprechend wird nach US-GAAP auch keine derartig differenzierte Unterscheidung von Forschungs- und Entwicklungskosten vorgenommen wie nach IFRS. Stattdessen sind grundsätzlich Forschungs- und Entwicklungskosten erfolgswirksam zu erfassen und dürfen nicht aktiviert werden. Die zentrale Norm ist hierbei der SFAS 142 »Goodwill and Other Intangible Assets«. Gemäß SFAS 142 § 5 ff. sind alle einzeln und verlässlich identifizierbaren sowie bewertbaren Vermögenswerte mit wahrscheinlichem Nutzenzufluss zu aktivieren, sofern dieser erwartete Nutzenzufluss die Anschaffungs- oder Herstellungskosten übersteigt. Allerdings bestehen hiervon Ausnahmen. Diese betreffen z. B. solche Forschungs- und Entwicklungsaktivitäten, die im Rahmen eines Vertrages ausgeführt werden, die die Entwicklung von Software zum Inhalt haben oder von Unternehmen durchgeführt werden, die Rohstoffe abbauen (SFAS 2.2 f.). Insgesamt ist somit die Aktivierung von immateriellen Vermögenswerten nach US-GAAP restriktiver ausgelegt als nach IFRS. Für das Beispiel der Patente gilt entsprechend, dass nach US-GAAP (SFAC 2.12) nur diejenigen Aufwendungen bilanziert werden dürfen, die für die Sicherung und Aufrechterhaltung des Patentschutzes anfallen, nicht jedoch der Aufwand der Forschungs- und Entwicklungsphase zur Generierung der patentierten Technologien.

Im SFAS 2 par. 39 ff. werden ausführliche Erläuterungen der Gründe für die grundsätzliche Erfassung von F & E-Aktivitäten als Aufwand dargestellt. Wesentliche Ursache sind der hohe Grad an Unsicherheit über den zukünftigen Nutzen sowie die Individualität von F & E-Projekten, die eine Vergleichbarkeit erschweren. Dies führt in der Konsequenz dazu, dass nur wenige oder gegebenenfalls sogar gar keine Anhaltspunkte bestehen, die eine verlässliche Prognose der Erfolgsrate eines F & E-Projektes ermöglichen würden. Aus diesem Grund sehen die US-GAAP eine vorsichtigere Bilanzierung als IFRS in diesem Bereich vor. Darüber hinaus besteht nach der in SFAS 2 par. 41 vertretenen Auffassung ein zu geringer Kausalzusammenhang zwischen den im Laufe der F & E-Aktivitäten entstandenen Kosten und dem später erwarteten ökonomischen Nutzen aus der Verwertung des Projektes. Insofern würden aktivierte F & E-Aktivitäten einem Investor keine entscheidungsrelevanten Informationen bieten, deren Bereitstellung aber gerade das erklärte Ziel der Rechnungslegung nach US-GAAP ist (SFAC 1 par. 34).

Die einschlägigen Standards der US-GAAP enthalten keine systematische Ordnung der Vorschriften zur Aktivierungsfähigkeit von immateriellen Werten

5.2.3 Innovationen in der HGB-Bilanz

Das Bilanzrechtsmodernisierungsgesetz (BilMoG) vom 26.03.2009 änderte den § 248 HGB so, dass selbstgeschaffene immaterielle Vermögensgegenstände des Anlagevermögens wie beispielsweise Patente oder Know-how in der HGB-Bilanz angesetzt werden können. Dabei ist zu beachten, dass das Herstellungskostenprinzip gilt, d. h., es geht nicht um eine ertragsorientierte Wertermittlung. Dem Gläubigerschutz trägt das BilMoG durch eine entsprechende Ausschüttungssperre (§ 268 Abs. 8 HGB) Rechnung. Da es steuerlich bei dem Aktivierungsverbot bleibt, wirken sich die neuen Regelungen nicht auf die Besteuerung aus, sodass die entstehende Differenz zwischen Handels- und Steuerbilanz im Rahmen der Ermittlung von latenten Steuern zu berücksichtigen ist. Der Ausweis erfolgt separat als »Selbstgeschaffene gewerbliche Schutzrechte und ähnliche Rechte und Werte« in der Bilanz unter dem Posten »Immaterielle Vermögensgegenstände«. Gemäß § 285 Nr. 22 sowie § 314 Abs. 1 Nr. 14 HGB ist im Anhang der Gesamtbetrag der Forschungs- und Entwicklungskosten des Geschäftsjahres sowie der davon auf selbsterstellte immaterielle Vermögensgegenstände des Anlagevermögens entfallende Betrag anzugeben.

Für Marken, Drucktitel, Verlagsrechte, Kundenlisten oder vergleichbare immaterielle Vermögensgegenstände des Anlagevermögens gilt gem. § 248 Abs. 2 S. 2 HGB ein Bilanzierungsverbot.

Die auf den ersten Blick klaren Regelungen führen jedoch dort zu Auslegungsfragen, wo Aktivierungskriterien in Anlehnung an IFRS auf andere Kriterien nach HGB stoßen. So gilt handelsrechtlich – anders als nach IFRS – die selbständige Verwertbarkeit beispielsweise im Sinne der Einzelveräußerbarkeit als Ansatzkriterium für Vermögensgegenstände. Unternehmensindividuelle Vermögensgegenstände, die nur gemeinsam mit dem Unternehmen veräußert werden können, sind damit – abweichend von den IFRS – von der Aktivierung ausgenommen. Dagegen enthalten die IFRS einen umfassenden Katalog an Bedingungen, die als Aktivierungsvoraussetzung erfüllt sein müssen.

Die Aktivierungskriterien nach HGB sind nicht vollständig identisch mit denjenigen nach IFRS

Unstrittig ist jedoch die Regelung des § 255 Abs. 2 HGB, der für Forschungskosten ein Aktivierungsverbot festlegt, d. h., es dürfen nur die Kosten während der Entwicklungsphase als Herstellungskosten aktiviert werden.

Im Gegensatz zu IFRS und US-GAAP sieht das HGB keine expliziten Kriterien vor und hat aufgrund unterschiedlicher Vermögensgegenstandsbegriffe die umfassenden IFRS-Kriterien nicht übernommen. Lediglich der Übergang von Forschung zu Entwicklung wird als »der Übergang vom systematischen Suchen zum Erproben und Testen der gewonnenen Erkenntnisse und Fertigkeiten« bezeichnet. Voraussetzung für die Bilanzierung ist in jedem Fall ein Meilensteinplan für das jeweilige Projekt, aus der ersichtlich wird, wann der Eintritt in die Entwicklungsphase und damit die Eigenschaft als Vermögensgegenstand zu bejahen ist. Aus Vorsichtsgründen ist für den Fall einer fehlenden Trennbarkeit Alles aufwandswirksam zu erfassen.

5.2.4 Bilanzierung erworbener Innovationen und Folgebewertungen

Für die Beurteilung der angemessenen bilanziellen Behandlung der immateriellen Vermögenswerte wird bei IFRS, US-GAAP und auch HGB danach unterschieden, ob die betrachteten immateriellen Vermögensgegenstände entgeltlich von Dritten erworben wurden oder ob sie von der bilanzierenden Gesellschaft selbst erstellt wurden.

An die Bilanzierung von solchen immateriellen Vermögensgegenständen, die von Dritten entgeltlich erworben wurden, werden grundsätzlich bei allen drei Rechnungslegungsstandards geringere Anforderungen gestellt. Der Grund hierfür liegt darin, dass der Vermögensgegenstand gegen einen monetären Betrag getauscht wird. Der beizulegende Tauschwert ergibt sich hierbei grundsätzlich auf Basis von Angebot und Nachfrage. Findet allerdings keine Marktbewertung im Sinne einer Transaktion zwischen rationalen Entscheidern statt, so ist die Höhe des erzielbaren Preises unsicher. Als Folge ist der Wert des betrachteten Vermögensgegenstandes über alternative Bewertungsverfahren zu ermitteln. Für selbst erstellte immaterielle Vermögenswerte gelten nach allen drei Standards strengere Anforderungen an den Bilanzansatz, da der Wert des selbst erstellten Vermögensgegenstands als in hohem Maße unsicher angesehen wird.

Alle drei Rechnungslegungsnormen unterscheiden zwischen selbsterstellten und erworbenen immateriellen Vermögenswerten

Bei der Erstbewertung im Falle eines derivativ erworbenen immateriellen Vermögenswertes gilt nach IFRS das Anschaffungs- oder Herstellungskostenprinzip. Die Anschaffungskosten umfassen (IAS 38.25 ff.) hierbei:

- den Kaufpreis,
- die Anschaffungsnebenkosten und
- den Abzug von Anschaffungspreisminderungen wie Boni, Skonti, Rabatte.

Die Anschaffungsnebenkosten umfassen alle Kosten, die direkt dem Anschaffungsvorgang zuzurechnen sind. Bei Selbstherstellung werden die Herstellungskosten und eventuelle Fremdkapitalkosten nach IAS 23 aktiviert. Für die Folgebewertung von immateriellen Vermögenswerten kann die Methode der fortgeführten Anschaffungs- oder Herstellkosten oder unter bestimmten Voraussetzungen die Neubewertungsmethode gewählt werden.

Die Neubewertungsmethode (IAS 38.75) bewertet immaterielle Vermögensgegenstände mit einem Neubewertungsbetrag (auf der Basis des beizulegenden Zeitwertes bzw. Fair Value). Allerdings kommt die Neubewertungsmethode nur für immaterielle Vermögenswerte in Frage, wenn der beizulegende Zeitwert sich aus einem aktiven Markt ableiten lässt (insoweit gelten für die fair value option restriktivere Kriterien als bspw. bei Sachanlagen). Ein aktiver Markt liegt dann vor, wenn es sich um homogene Produkte handelt, jederzeit abschlussbereite Käufer und Verkäufer vorhanden sind und die Preise öffentlich verfügbar sind. Solche aktiven Märkte für immaterielle Vermögenswerte gelten als sehr selten (IAS 38.78). Daher können in aller Regel bei Patenten nur die im Zusammenhang mit der Entwicklung anfallenden Kosten aktiviert werden und nicht die eventuell darüber hinausgehenden Fair Values.

Immaterielle Vermögenswerte, wie Patente, die planmäßig abgeschrieben werden, müssen einem Wertminderungstest unterzogen werden, sobald interne oder externe Indikatoren (triggering events) vorliegen, die auf eine Wertminderung hindeuten. Immaterielle Vermögenswerte, die nicht planmäßig abgeschrieben werden (bspw. solche mit nicht bestimmter Nutzungsdauer oder noch in der Entwicklung befindliche) sind auch ohne Vorliegen von triggering events mindestens einmal jährlich auf Wertminderung zu testen. Für Wertminderungstests sind die Vorschriften des IAS 36 heranzuziehen.

Mindestens einmal im Jahr sind die aktivierten immateriellen Werte einem Werthaltigkeitstest zu unterziehen

Während bei der grundsätzlichen Bilanzierungsmöglichkeit von selbst erstellten immateriellen Vermögenswerten zwischen IFRS und US-GAAP wie oben dargestellt deutliche Unterschiede bestehen, ähneln sich die Regelungen in Hinblick auf die Ermittlung der Höhe des Bilanzansatzes. Für bilanzierbare selbst erstellte Vermögensgegenstände sind beim Erstansatz auch nach US-GAAP die Herstellungskosten, im Falle von erworbenen immateriellen Vermögensgegenständen die Anschaffungskosten beizulegen. In der Folgebewertung ist US-GAAP jedoch restriktiver ausgelegt als die entsprechenden Vorschriften nach IFRS. Dies folgt aus der Tatsache, dass nach US-GAAP im Gegensatz zu IFRS Wertaufholungen nicht gestattet sind.

Wie nach IFRS ist auch nach US-GAAP eine Werthaltigkeitsprüfung eines immateriellen Vermögensgegenstandes mit begrenzter Nutzungsdauer vorzunehmen, sobald eindeutige Hinweise für eine Wertminderung z. B. aufgrund wesentlicher Änderungen der ökonomischen oder rechtlichen Rahmenbedingungen vorliegen (SFAS 144 par. 8). Immaterielle Vermögensgegenstände mit unbestimmter Nutzungsdauer sind dagegen periodisch auf Werthaltigkeit zu prüfen. Dabei wird jeweils der aktuelle Buchwert mit dem Barwert der zukünftig erwarteten Cashflows (Fair Value) verglichen. Sollte der ermittelte Zeitwert kleiner sein als der Buchwert, ist der Unterschied erfolgswirksam abzuschreiben. Für die Wertminderungstests nach US-GAAP gelten die Regelungen des SFAS 121.4–11.

Auch nach HGB sind die Entwicklungskosten zu aktivieren, die über die Nutzungsdauer unter Berücksichtigung der latenten Steuern abzuschreiben und einem Niederstwerttest zu unterwerfen sind. Als Zwischenergebnis lässt sich festhalten, dass für die selbsterstellten immateriellen Werte eine Bilanzierung praktisch ausschließlich auf Herstellungskostenbasis stattfindet bzw. stattfinden wird.

5.2.5 Bilanzierung von Innovationen bei Transaktionen und Unternehmenszusammenschlüssen

Wie bereits erwähnt sind erworbene immaterielle Vermögenswerte nach allen drei hier betrachteten Rechnungslegungsvorschriften bei Transaktionen zu aktivieren. Nach IAS 38.17 kann der künftige wirtschaftliche Nutzen aus einem immateriellen Vermögenswert in Erlösen aus dem Verkauf von Produkten oder anderen Verwendungen bestehen und soll anhand von bestmöglichen Schätzungen des Managements belegt werden (IAS 38.22). Das Wahrscheinlichkeitskriterium über den künftigen wirtschaftlichen Nutzen ist bei getrenntem Erwerb von immateriellen Vermögenswerten sofort erfüllt, da das Unternehmen mit Zahlung des Kaufpreises bereits die Erwartung über den Zufluss von wirtschaftlichem Nutzen widerspiegelt (IAS 38.25). Gemäß IAS 38.26 können die Anschaffungskosten des gesondert erworbenen immateriellen Vermögenswertes für gewöhnlich verlässlich bewertet werden.

Insbesondere gilt dies, wenn der Kaufpreis in Form von Zahlungsmitteln oder sonstigen monetären Vermögenswerten beglichen wird. Interessant wird die Fragestellung bei Erwerb von immateriellen Werten im Rahmen von Unternehmenserwerben, weil auch in diesem Fall grundsätzlich die Definitions- und Ansatzkriterien für immaterielle Vermögenswerte zu prüfen sind. Eine Aktivierung separat vom Geschäfts- und Firmenwert kommt nur dann in Frage, wenn diese Voraussetzungen erfüllt sind. Allerdings enthält IAS 38 gewisse (»vereinfachende«) Annahmen, gerade im Hinblick auf die allgemeinen Ansatzkriterien (IAS 38.33–34):

- Der zukünftige Nutzen eines immateriellen Vermögenswertes wird stets als wahrscheinlich angesehen.
- Es gilt grundsätzlich die (widerlegbare) Vermutung, dass der beizulegende Zeitwert im Rahmen eines Unternehmenserwerbes zuverlässig ermittelt werden kann.

Im Rahmen von Transaktionen ist der künftige wirtschaftliche Nutzen aus einem immateriellen Vermögenswert zu ermitteln

Die einzigen Umstände, unter denen eine Unmöglichkeit der verlässlichen Bewertung des beizulegenden Zeitwertes eines im Rahmen eines Unternehmenszusammenschlusses erworbenen immateriellen Vermögenswertes vorliegen könnte, bestehen, wenn der immaterielle Vermögenswert auf vertraglichen oder sonstigen rechtlichen Grundlagen beruht und entweder

- nicht separierbar ist oder
- separierbar ist, jedoch keine Erfahrungswerte oder Nachweise für Tauschgeschäfte gleicher oder ähnlicher Vermögenswerte vorliegen, oder eine sonstige Schätzung des beizulegenden Zeitwertes von nicht bestimmbaren Variablen abhängig wäre.

Der IFRS 3 geht in den »Basis of Conclusions« allerdings davon aus, dass es nur sehr selten Praxisfälle geben wird, in denen diese beiden Ausnahmeregelungen zur Anwendung kommen.

Nach US-GAAP sind beim Erwerb von immateriellen Vermögenswerten – entweder einzeln oder in Verbindung mit anderen Vermögensgegenständen – die SFAS 141 und 142 anzuwenden. Wie beim IAS 38 sollen von Dritten erworbene Vermögensgegenstände zum Fair Value, dem beizulegenden Zeitwert, erfasst werden (SFAS 142.9). Ebenfalls analog zu IFRS sind auch nach US-GAAP die grundsätzlichen Anforderungen an die Erfassung eines immateriellen Vermögenswertes zu erfüllen:

- der Wert muss von anderen immateriellen Vermögensgegenständen separierbar sein (alternativ dazu, kann er durch vertragliche oder andere rechtliche Ansprüche begründet werden, (SFAS 141.39 und Born, 2005, S. 470),
- er muss veräußerbar sein
- und darf weder monetäre noch physische Substanz besitzen.

Darüber hinaus darf er kein Finanzinstrument oder Bestandteil des Umlaufvermögens sein (SFAS 141.B147, SFAS142.4 und Schmachtenberg et al., 2005, S. 513). Um auch im vorliegenden Fall die Regelungen und die in der Praxis auftretenden Schwierigkeiten bei deren Umsetzung etwas anschaulicher zu gestalten, sollen nun Unternehmenstransaktionen in der Pharmabranche als Beispiele herangezogen werden. Der Pharmamarkt, und zwar sowohl die forschenden Arzneimittelhersteller als auch die Generikahersteller, ist seit einigen Jahren durch eine Konsolidierung geprägt. Für die Bilanzierung von solchen Transaktionen ist eine sog. Kaufpreisallokation durchzuführen, d. h., sämtliche evtl. vorher auch nichtbilanzierte Vermögenswerte des übernommenen Unternehmens sind zum Akquisitionszeitpunkt mit ihrem Fair Value anzusetzen. Eine solche Kaufpreisaufteilung spiegelt so auch den Grund der Transaktion wider. Während die forschenden Arzneimittelhersteller häufig an dem Erwerb einer innovativen und erfolgsversprechenden Pipeline bzw. einem geschützten Produktportfolio interessiert sind, stehen bei den Generikaherstellern meist der Kauf von starken Marken oder vorteilhafte Produktionsverträge im Vordergrund.

Sind die genannten Ansatzkriterien erfüllt, ist zunächst der identifizierbare Vermögenswert zu bestimmen. Dabei sind verschreibungspflichtige von freiverkäuflichen Produkten zu unterscheiden. Bei freiverkäuflichen Produkten spielt nicht nur die Wirkstoffkombination, sondern auch die Marke eine entscheidende Rolle. Generikahersteller verbinden deshalb eher die Unternehmensmarke mit der Produktmarke, um die Wiedererkennung und damit die Auswahl für den Kunden zu erleichtern; während forschende Arzneimittelhersteller aus Risikogesichtspunkten die Unternehmensmarke meist ganz von der Produktmarke trennen. Hier ist die Entscheidung aufgrund der verschiedenen beteiligten Parteien (Patient, Arzt und Krankenkasse) allerdings auch deutlich komplexer. Das Produktportfolio kann außerdem sowohl patentierte als auch nicht patentierte Technologie umfassen. Das kurze Beispiel zeigt bereits, dass eine überschneidungsfreie Zuordnung häufig nicht trivial ist, da sich die jeweiligen Vermögenswerte gegenseitig beeinflussen. Gleiches gilt auch für die Bewertung.

Für die Bewertung von immateriellen Vermögenswerten im Rahmen von Unternehmenszusammenschlüssen ist der Fair Value zu ermitteln, der auf das Vorliegen einer marktüblichen Transaktion zwischen voneinander unabhängigen und dabei sachverständigen Marktpartnern abstellt. Grundsätzlich ist eine solche Bewertung auf Basis von Marktpreisen, Ertragswerten und Kosten möglich. In der Bewertungspraxis hat sich die ertragswertorientierte Methode etabliert, die sowohl eine Prognose der zukünftigen Umsätze als auch der entsprechenden Aufwendungen erfordert.

Dieses Ergebnis ist deshalb interessant, weil es zeigt, dass trotz der grundsätzlichen Orientierung an Anschaffungs-/Herstellungskosten bereits jetzt bei einer IFRS bzw. US-GAAP Bilanzierung Ertragswerte Eingang in die Bilanz finden.

Natürlich ist die Obergrenze durch die Anschaffungskosten der Transaktion definiert; angesichts der Größe mancher Transaktionen, hilft diese Erkenntnis allerdings wenig bei der Frage nach einer angemessenen Wertermittlung für einzelne, insbesondere immaterielle Vermögenswerte. Vor diesem Hintergrund ist es vor allem für die Bilanzierung von wesentlichen immateriellen Werten inhaltlich nur noch ein kleiner Schritt zu einer Bilanzierung auf Basis von Ertragswerten; psychologisch mag dies jedoch anders aussehen. Von den Befürwortern einer Reduktion der Bilanz auf eine anschaffungswertorientierte Reinvermögensmehrung wird als Begründung die hohe Volatilität und damit eine geringe Verlässlichkeit der Wertansätze von immateriellen Ertragswerten in Feld geführt. Durch den Wandel von der Industriegesellschaft zur Wissen- und Kommuni-

Trotz der grundsätzlichen Fokussierung auf die Anschaffungs-/Herstellkosten in der Bilanz finden dort bereits heute Ertragswerte Eingang

kationsgesellschaft ist eine höhere Volatilität nicht nur nicht auszuschließen, sondern geradezu Programm, sodass es wenig sinnvoll ist, in der Rechnungslegung eine Stabilität vorzutäuschen, die nicht mehr existent ist. Hilfreich ist es vielmehr durch Angabe der Annahmen sowie der Sensibilität der Parameter die Relevanz und Wertschöpfung der immateriellen Werte transparent zu machen.

Ob die Bilanz diesen Weg gehen wird, hängt nicht nur von denjenigen ab, die die Standards setzen, sondern auch von den Anwendern. Alternativ wäre ja auch denkbar, dass die Bilanz wieder streng zu den Tugenden des AK/HK-Prinzips zurückgeführt wird und über die immateriellen Werte stattdessen im Lagebericht oder einer gesonderten Darstellung berichtet wird. Welche Möglichkeiten bei diesen Instrumenten bestehen soll im Folgenden betrachtet werden.

5.2.6 Ausblick

Im Lagebericht eines Unternehmens ist über die immateriellen Werte zu berichten, die die wesentlichen Wertreiber des Unternehmens sind. Hierzu existiert ein Vorschlag des Arbeitskreises »Immaterielle Werte im Rechnungswesen« der Schmalenbach-Gesellschaft für Betriebswirtschaft e.V. Der Arbeitskreis schlägt die Erstellung eines Intellectual Capital Statements als Teil des Lageberichts vor. Es handelt sich dabei um ein Indikatormodell, das zu sieben Kategorien des Intellectual Capitals, d. h. zu Innovation Capital, Human Capital, Customer Capital, Supplier Capital, Investor Capital, Process Capital sowie Location Capital, die Offenlegung von überwiegend quantitativen Kennzahlen und Daten vorsieht

Indikator	Erläuterung/Differenzierung
F&E-Ausgaben	Angabe der F&E-Ausgaben; F&E-Ausgaben im Verhältnis zum Umsatz; Informationen zur Streuung/Konzentration der F&E-Ausgaben
Portfolio von Patenten und ähnlichen Schutzrechten	Zahl, Zusammensetzung und (Rest-)Laufzeiten der Schutzrechte/Patente Vorstellbar wäre eine Art Anlagespiegel analog zum Sachanlagevermögen (Anfangsbestand, Zugänge, Abgänge, Umbuchungen, Endbestand) nur mit Stückzahlen, ohne Werte
Angemeldete Patente und ähnliche Schutzrechte	Zahl, Zusammensetzung der angemeldeten Schutzrechte/Patente
Patentklagen u. sonstige Schutzrechtsklagen	Zahl und Bedeutung aktueller Patent-/Schutzrechtsklagen/-ansprüche
Neuproduktrate	Umsatz der in den letzten drei Jahren eingeführten Produkte zum Gesamtumsatz

Abb. 5-2
Vorschlag zu Kennzahlen über Innovation Capital zur Berichterstattung im Lagebericht

(Arbeitskreis »Immaterielle Werte im Rechnungswesen«, 2003, S. 1233–1237). Für die Kategorie Innovation Capital werden beispielsweise die in Abb. 5-2 dargestellten Kennzahlen vorgeschlagen.

Die jüngste Entwicklung der Bilanzierung der selbsterstellten immateriellen Werte durch das BilMoG zeigt, dass nicht nur die Bedeutung dieser Werte erkannt wird, sondern, dass auch die Notwendigkeit gesehen wird, neue Wege in der Bilanzierung zu gehen, um den Werttreibern der heutigen Wissensgesellschaft Rechnung zu tragen. Noch ist dies nur ein erster Schritt, befinden wir uns doch aufgrund des anzuwendenden Herstellkostenprinzips auf der Ebene der Messung der Investition statt, wie in der Pressemitteilung des Bundesministeriums der Justiz postuliert, das Potenzial der selbstgeschaffenen immateriellen Werte künftig in der Handelsbilanz zu zeigen. Denn dies würde eine Betrachtung auf Ertragswertbasis erfordern. Da jedoch z. B. für Finanzinstrumente bereits Fair Values zugrunde gelegt werden, erscheint es nicht ausgeschlossen, auch für die immateriellen Werte zukünftig eine andere Wertkonzeption zugrunde zu legen. Ob diese Werte dann zwingend in der Bilanz erscheinen müssen oder ob sie vielleicht besser im Lagebericht oder einem Intangible Asset Statement aufgehoben sind, wird die weitere Diskussion zeigen.

5.3 Praxisbeispiel: Freiwillige Berichterstattung bei Kemira

Unternehmen widmen dem Reporting von Innovationen in Form einer eigenen, freiwilligen Berichterstattung zunehmend Raum und Kapazität. Die Bandbreite reicht dabei von Broschüren mit Magazincharakter (z. B. ThyssenKrupp Perspektiven, EnBW Innovationsbericht) bis hin zu eher faktenbasierten Reports, die detaillierter auf die firmeneigene Innovationsarbeit eingehen (z. B. PwC Innovation Report, Kemira Innovation Report). Die Berichterstattung kann einerseits dazu genutzt werden, im eigenen Hause Werbung für die Innovationsarbeit zu machen und Transparenz über die Projekte, die eingesetzten Mittel, aber auch die Innovationserfolge zu schaffen und damit zukünftige Investitionen in diese Bereiche abzusichern. Andererseits interessieren sich extern zunehmend Investoren für den »Wert der Innovationspipeline« und die Art und Weise wie er zustande kommt. Auch hier ist der Innovationsbericht ein Kommunikationsmittel. Durch den speziellen Aufbau und Charakter in Form eines Geschäftsberichtes für das Innovationswesen gewinnt er allerdings größere Glaubwürdigkeit. Gerade für innovationsgetriebene Unternehmen bietet er den Vorteil, die Wichtigkeit des Themas durch einen eigenen Bericht gesondert zu untermauern.

Innovation Report at Kemira

Dr. Jani Saarinen, Head of Processes and External Relations R & D and Technology, Kemira Oyj. Before, he worked as an expert for innovation issues for several national and international institutions.

Kemira's vision is to become a leading water chemistry company. During the last two years, Kemira has reshaped its strategy to focus on serving water-intensive customer industries. This change has had a major impact on the business operations with new competences needed. On Kemira's R & D and Technology side, new competences have been developed hand in hand with former employees as well as new recruited professionals. During the year 2010, the number of employees in R & D increased by about 50 percent. This rapid restructuring process was the trigger to evaluate, what the innovation culture in Kemira's R & D is and what have been the major achievements in the past. In order to get a clear understanding of this situation, Kemira made a decision to prepare its first ever innovation report in spring 2010. Kemira's innovation report was conducted in spring 2010 by Finnish and German PricewaterhouseCoopers' innovation experts. The process itself was really fast. It took only three months to prepare the report. A large number of Kemira people were interviewed during the preparation process of the report. These persons included researchers and scientists from R & D department, R & D management team, as well as an extensive representation from business side, starting from Kemira's President and CEO. Main purposes of these interviews was to find out the deepest characteristics of Kemira's R & D, present the major achievements from the past, and get rationale for the existence of R & D function in Kemira.

By help of pre-structured interviews, the above presented goals were fully achieved. Qualitative material from interviews were combined with some quantitative data about R & D in general and innovations in particular.
Innovation is often measured with traditional proxies like patents, number of R & D employees and investments in R & D. In Kemira's case we wanted to understand innovation as broadly as possible. Starting from the innovation culture, we enlarged our understanding to cover issues like processes, collaboration, sustainability, brand and management. It would have been relatively easy in terms of traditional measures to find out the historical data, but we really tried to stretch our limits and get some forgotten and hard to find data to be included in the report. The data gathering process turned out to be extremely difficult in a global organization of 5000 employees. However, it made different functions to work together in order to construct relevant information to the report. Later on I would say that it was a good exercise for the whole organization to enlarge employees' focus from daily routine based tasks towards more open-minded innovative thinking. Suddenly, there was a large amount of innovation related data and material coming from various parts of organization. Without innovation report, this would have never become reality.

(Fortsetzung auf Folgeseite)

(Fortsetzung von Vorseite)

At the very beginning, the structure of the report was decided. It served as the red line during the preparation process of the report. Beforehand defined structure also helped in data gathering process, as the focus of the data search was clearly presented. It was interesting to notice that despite of some standard KPIs that Kemira had followed over the years, there seemed to be a tacit innovation culture in R & D activities and processes. Numerous things have been developed over the latest years to raise the level of innovation culture in Kemira. Unfortunately, these events have not included any systematic or pre-defined plan for innovation culture. Later on it is easy to argue that things have gone towards the right direction. However, from now on, all new innovation related efforts are done in full awareness of their place in the innovation master plan. Thanks to the innovation report, tacit innovation knowledge is now available for all employees that work closely with R & D.

Construction of the innovation report turned out to be an excellent way to take a deep dive into the current status of innovation in the organization. In addition, as the report was something totally new in the company, it was understood as a positive common effort to create something unique to be shared in the organization. It highlighted the positive achievements from R & D, but it also made the management aware of some underlying issues that were not commonly known. Being prepared by external innovation professionals, innovation report presented both positive and negative issues in a constructive way. As a by-product of the report, PwC people created a list of concrete actions that could have some positive impact on innovation in Kemira. These recommendations can be used as a guideline in the future development of innovation related activities in our organization.

Was it worth it? Absolutely yes. Despite a relatively heavy process of collecting some missing data, innovation report made us see innovation more broadly. Innovation is not only number of patents or money invested / spend on R & D. Innovation is something unique that differs from time to time, from company to company, from country to country. Innovation is a backbone of the organization that keeps all different pieces and parts together. It creates a DNA of the company that has both history and vision of the future. In order to competitive in the global business today, it is crucial for any company to be aware of its traditions and future possibilities in terms of innovation. This information can make a difference between success and failure in the global competition.

6 Trends und Entwicklungen im Innovations-controlling

Durch die hohe Dynamik im Innovationsbereich ergeben sich auch für das Innovationscontrolling permanent neue Entwicklungen. Standen bisher etablierte Erkenntnisse im Vordergrund, so sollen im Folgenden aktuelle Trends und Entwicklungen im Innovationscontrolling vorgestellt werden. Dies konzentriert sich auf die Bereiche der Entwicklung und Steuerung von Geschäftsmodellinnovationen (6.1), die Integration von Nachhaltigkeitsaspekten bei der Innovationsbewertung und -steuerung (6.2) sowie Innovationen in Netzwerken (6.3). Abschließend wird die zentral wichtige Beziehung zwischen Innovationscontrolling und Kultur (6.4) sowie die ganzheitlichen Betrachtung von Innovationen im Rahmen eines Innovationsaudits (6.5) thematisiert.

6.1 Geschäftsmodellinnovationen

Ausgehend von der Innovationsdefinition (vgl. Kap. 1.2) ist unter einer Geschäftsmodellinnovation eine bewusste Veränderung eines bestehenden Geschäftsmodells oder die Schaffung eines neuen Geschäftsmodell zu verstehen, welches Kundenbedürfnisse besser befriedigt als bestehende. Erste Anfänge der Geschäftsmodellforschung sind bereits in den 1950er-Jahren zu finden, als Drucker (1954) die »logic of business« beschrieb. Aber erst mit dem Beginn des Internetbooms Ende der 1990er und dem folgenden Crash der Jahre 2000 und 2001 hat die Geschäftsmodellforschung an Fahrt aufgenommen und sich genauer mit der Frage beschäftigt, was ein Geschäftsmodell ist, welche Dimensionen es beinhaltet und wie es ausgestaltet sein kann. Auf einer Metaebene wird das Geschäftsmodell als übergeordnetes Konstrukt der Geschäftstätigkeit verstanden, das die strategische Positionierung und die strategischen Ziele des Unternehmens als konzeptionelles Modell der tatsächlichen Geschäftstätigkeit beschreibt (Osterwalder et al., 2005). Ein Geschäftsmodell ist damit ein konzeptueller Rahmen, in dem die Geschäftslogik eines Unternehmens durch Beschreibung und Verknüpfung verschiedener Dimensionen dargestellt wird. Es beschreibt die Grundprinzipien der Wertschöpfung eines Unternehmens sowie der Vermarktung, Übertragung und Erhaltung dieser Werte.

In einem Geschäftsmodell wird die grundlegende Geschäftslogik eines Unternehmens beschrieben

Relevante Beschreibungsdimensionen sind dabei insbesondere

- das Wertangebot des Unternehmens an dessen Kunden(gruppen),
- die Unternehmensarchitektur und
- die Einbindung des Unternehmens in Netzwerke zur Wertschöpfung und zur Vermarktung und Übertragung dieser Werte.

Zusätzlich beinhaltet das Geschäftsmodell die Zusammenhänge zwischen diesen Dimensionen und den Beitrag der Dimensionsmerkmale zu nachhaltigen Umsätzen und Profit.

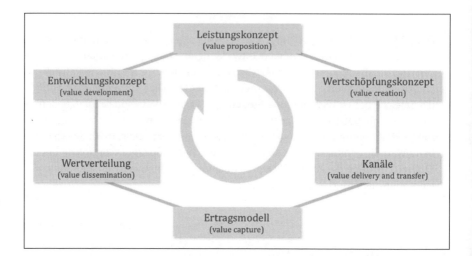

Abb. 6-1
Der wertbasierte Geschäftsmodell-ansatz (Quelle: Bieger/Reinhold, 2011, S. 20)

Bieger und Reinhold (2011) haben in einem ganzheitlichen Geschäftsmodellansatz sechs Dimensionen zur Beschreibung eines Geschäftsmodells identifiziert (siehe Abb. 6-1), die im Folgenden kurz erläutert werden:

1. Die value proposition ist der Ausgangspunkt bei der Ausgestaltung eines Geschäftsmodells. Sie umfasst das Werteangebot des Unternehmens an den Kunden in Form von materiellen und immateriellen Werten.
2. Die Dimension value creation definiert wie die im Leistungskonzept angebotenen Werte generiert werden. Das Wertschöpfungskonzept spezifiziert die benötigten unternehmensinternen Ressourcen und Fähigkeiten sowie die Rolle des eigenen Unternehmens in einem Wertschöpfungsnetzwerks.
3. Die dritte Dimension value delivery and transfer umfasst den Leistungsaustausch zwischen Unternehmen und Kunden. Sie beinhaltet sowohl die Distributionskanäle als auch die Kommunikationswege.
4. Analog zur dritten Dimension, die auf den Werteaustausch vom Unternehmen an den Kunden fokussiert, beschreibt die vierte Dimension den Wertetransfer vom Kunden zum Unternehmen in Form von Umsätzen. Aus Unternehmenssicht beschreibt diese Dimension, wie die geschaffenen Werte in Form von Erträgen an das Unternehmen zurückfließen (value capture).
5. Während die ersten vier Dimensionen auf die operativen Tätigkeiten des Unternehmens fokussieren, beschreibt die value dissemination wie die Erträge zur Unternehmensfinanzierung eingesetzt werden können. Dies umfasst neben Investitionen auch die Auszahlungen an Kapitalgeber und andere Anspruchsgruppen.
6. Damit das Geschäftsmodell kein statisches Konstrukt bleibt, ist es notwendig, einerseits die evolutionären Entwicklungsmöglichkeiten des bestehenden

Geschäftsmodells zu identifizieren und die anderen Dimensionen frühzeitig danach auszurichten sowie anderseits externe Einflussfaktoren zu identifizieren, die eine Anpassung de Geschäftsmodells erfordern.

Die Strategie eines Unternehmens beinhaltet einen Aktionsplan, der die Wahl von Vermögens- und Organisationsstruktur sowie übergeordneter Regeln, die die operative Tätigkeit des Unternehmens maßgeblich beeinflussen, enthält. Das Geschäftsmodell ist dem Strategiefindungsprozess nachgelagert. Die Strategie definiert also den Rahmen in dem das Geschäftsmodell entwickelt werden kann und wird durch dieses reflektiert (Casadesus-Masanell/Ricart, 2010). Entsprechend verfügt jedes Unternehmen über ein Geschäftsmodell, unabhängig davon, ob das Geschäftsmodell bewusst gewählt wurde oder ob es lediglich implizit vorhanden ist, während der strategische Rahmen nicht notwendigerweise vorhanden sein muss (Casadesus-Masanell/Ricart, 2010). Eine Geschäftsmodellinnovation umfasst dann eine bewusste Veränderung eines bestehenden Geschäftsmodells oder die Schaffung eines neuen Geschäftsmodells, welches Kundenbedürfnisse besser befriedigt als bestehende.

Geschäftsmodellinnovationen gehen einher mit einer grundlegenden Neuausrichtung eines Unternehmens

6.2 Nachhaltigkeitsorientierte Innovationsbewertung und -steuerung

Durch den Klimawandel, die Energie- und Ressourcenknappheit, eine wachsende Weltbevölkerung und die Globalisierung ergeben sich gewaltige Herausforderungen für die Gesellschaft. Gleichzeitig liegt hierin jedoch auch eine Chance für Unternehmen, die diese Probleme innovativ begegnen und daraus Wettbewerbsvorteile generieren, die zu unternehmerischem Erfolg führen.

Der UN Brundtlandt-Kommission »Our Common Future« folgend wird Nachhaltigkeit verstanden als das Streben, den Bedürfnissen der heutigen Generation zu entsprechen, ohne die Möglichkeiten künftiger Generationen zu gefährden, ihre eigenen Bedürfnisse zu befriedigen (WCED, 1987). Laut dem sogenannten Drei-Säulen-Modell der Nachhaltigkeit sind für das unternehmerische Handeln dabei ökonomische, ökologische und soziale Zielsetzungen integriert zu berücksichtigen. Dabei werden ökonomische Aspekte weiterhin eine besondere Stellung einnehmen, da ein Nichterreichen der ökonomischen Ziele die Existenz des Unternehmens bedroht. In der Folge ergibt sich die Frage, wie Unternehmen ökologische und soziale Ziele in ihr Handeln einbeziehen können und welche Auswirkungen dies auf die ökonomischen Ziele hat. Die ökonomische, ökologische und soziale Entwicklung können nicht voneinander getrennt betrachtet oder gegeneinander ausgespielt werden. Es ist allerdings wahrscheinlich, dass es zu Zielkonflikten zwischen diesen Dimensionen kommt und diese dann auszugleichen sind. Eine zwangsläufige Konkurrenzbeziehung liegt allerdings nicht vor.

Angesichts von Umweltkatastrophen, Unternehmensskandalen und nicht zuletzt der internationalen Finanz- und Wirtschaftskrise wurde in den letzten

Die Nachhaltigkeit umfasst drei Dimensionen: Ökonomie, Ökologie und Soziales

Die Komponente Nachhaltigkeit verändert bestehende Bewertungs- und Steuerungsansätze von Innovationen

Jahren die gesellschaftliche Forderung nach nachhaltigem Wirtschaften lauter. Unternehmen reagieren hierauf etwa mit der Veröffentlichung von Nachhaltigkeitsberichten oder dem Angebot »grüner«, da beispielsweise CO2-neutraler, Produkte und Dienstleistungen. In zahlreichen Studien konnte gezeigt werden, dass der Einbezug von Nachhaltigkeit in das Unternehmenshandeln ökonomisch positive Effekte haben kann. Teilweise festgestellte gegenläufige oder neutrale Effekte lassen sich, neben methodischen Schwierigkeiten, auf spezifische unternehmensinterne oder -externe Faktoren zurückführen (Peloza, 2009). Die Anforderungen, die von Kunden, Investoren oder Nichtregierungsorganisationen – den Anspruchsgruppen oder Stakeholdern an das Unternehmen gerichtet werden, sind daher individuell zu analysieren. Hieraus ergibt sich das ökonomische Potenzial eines Einbezugs nachhaltiger Wirkungen in das unternehmerische Handeln und die Innovationstätigkeit (vgl. Abb. 1). Fokussiert auf das Themenfeld nachhaltiger Innovationen lassen sich in den nächsten Schritten die Adressaten und anschließend die Wirkungskategorien nachhaltiger Innovationen bestimmen.

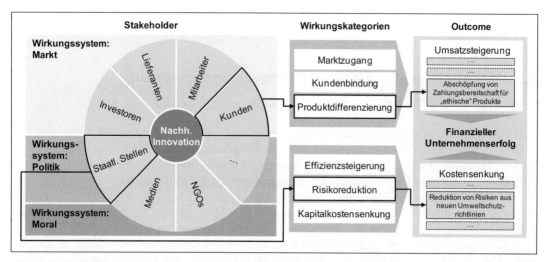

Abb. 6-2   Potenziale eines Einbezugs nachhaltiger Wirkungen in das unternehmerische Handeln (Quelle: Möller/ Kubach, 2011, S. 9)

Eine ganzheitliche Betrachtung des Outcomes einer Innovation reicht über die traditionelle Unternehmensebene und die von der Innovation unmittelbar betroffenen Marktakteure Kunden und Lieferanten hinaus. Der Stakeholdertheorie (Freeman, 1984) entsprechend ist davon auszugehen, dass bestimmte Anspruchsgruppen von den Wirkungen der Innovation betroffen sind und gleichzeitig einen Einfluss auf den Innovationserfolg ausüben. Die für die Innovation relevanten Stakeholder und ihre Einwirkungsmöglichkeiten sind daher in einem ersten Schritt zu identifizieren.

Eine nachhaltigkeitsorientierte Bewertung von Innovationen erfasst nicht nur direkte, finanzielle Wirkungen für das Unternehmen, sondern auch indirekte und längerfristige Wirkungen, die sich aus Interaktionen mit den Stakeholdern ergeben. Hieraus ergibt sich eine fundiertere Prognostizierbarkeit des Erfolgsbeitrages der Innovation. Ein kurz- oder mittelfristiger finanzieller Nutzen kann durchaus von einer langfristigen Schädigung der Stakeholderbeziehungen überschattet werden, deren Behebung weitaus höhere Kosten verursacht. Ebenso kann eine nachhaltigkeitsorientierte Innovationsbewertung auf neue unternehmerische Chancen aufmerksam machen. Schlussendlich kann die nachhaltigkeitsorientierte Innovationsbewertung eine Verbesserung der gesamten unternehmerischen Nachhaltigkeitsperformance unterstützen. Empirische Studien weisen darauf hin, dass so Einnahmesteigerungen oder Kostensenkungen möglich werden und ein positiver finanzieller Nutzen für das Unternehmen folgt (Orlitzky/Schmidt, 2003).

Die erste Möglichkeit zur Umsatzsteigerung durch nachhaltige Innovationen ergibt sich aus dem vereinfachten Zugang zu bestimmten Märkten. Beispielsweise ermöglichen neue Produktionsprozesse oder veränderte Ausgangsstoffe die Vermeidung von Gefahrenstoffen im Produkt. Damit kann das Produkt auf Märkten angeboten werden, die durch spezifische Umweltschutz- oder Sicherheitsregularien abgeschottet sind (Ambec/Lanoie, 2008). Der zweite umsatzsteigernde Effekt nachhaltiger Innovationen ist eine verbesserte Kundenbindung. Durch nachhaltige Innovationen kann eine Reputation als soziales und ökologisch handelndes Unternehmen aufgebaut werden. Entsprechende Kommunikation steigert die Kundenloyalität und regt Wiederholungskäufe an. Da Loyalität nur schwer aufzubauen und von Wettbewerbern schwer imitierbar ist, erwächst hieraus ein nachhaltiger Wettbewerbsvorteil (Maignan et al., 1999). Auch mittels einer Produktdifferenzierungsstrategie lassen sich Umsatzsteigerungen durch nachhaltige Innovationen erreichen. Gezielt können sozial oder ökologisch bewusst handelnde Kunden angesprochen werden, die bereit sind einen Mehrpreis für nachhaltige Produkte zu bezahlen. Der Aufschlag muss entweder durch einen direkten finanziellen Mehrwert (z. B. Ressourceneinsparungen) oder durch einen intangiblen Nutzen (aufgrund persönlicher Wertvorstellungen) gerechtfertigt sein. Für den Erfolg dieser Strategie ist es unbedingt notwendig, dass die Nachhaltigkeit des Produktes glaubhaft kommuniziert werden kann, etwa über Zertifizierungen (Epstein/Roy, 2001).

Die Eröffnung eines neuen Geschäftsfeldes, etwa das der Umwelttechnologien, kann ebenfalls mit der Entwicklung nachhaltiger Innovation verbunden werden. Innovative Produkte ermöglichen es, sich im neuen Geschäftsfeld als »First Mover« einen kompetitiven Vorteil zu verschaffen. Die Absicherung erfolgt über Patente und Lizenzen (Ambec/Lanoie, 2008). Durch die Reduktion von Risiken, die aus einer expliziten Berücksichtigung der Stakeholder-Perspektive in der nachhaltigkeitsorientierten Innovationsbewertung erfolgt, eröffnen sich Kostensenkungspotenziale. Unternehmen, die nachhaltige Produkte anbieten, können bei ihren Stakeholdern eine positive Reputation aufbauen, die dann als Absicherung gegen negative Stakeholdereinflüsse wirkt. In zukünftigen Auseinandersetzungen mit Stakeholdern steigert diese dann deren Kooperationsbereitschaft (Sharfman/Fernando, 2008). Denkbar sind etwa Öffentlichkeitskampagnen von NGOs oder direkte regulative Eingriffe des Staates. Eine nachhaltigkeitsorientierte Innovationsbewertung hilft, solche Eingriffe zu antizipieren und in das Entscheidungskalkül zu integrieren. Das durch angedrohte Strafzahlungen flankierte Ziel der EU, die Flottenemissionen der PKW-Hersteller zu senken, dient hierzu als Beispiel. Innovative Lösungen zur Emissionsminderung helfen diese Strafen zu vermeiden. Nachhaltige Innovationen ermöglichen des Weiteren Kostensenkungen durch Effizienz- oder Produktivitätssteigerungen (Porter/ van der Linde, 1995). Angesichts der sich aller Voraussicht nach fortsetzenden Preissteigerungen für Energie und Rohstoffe besitzt dieser Punkt eine besondere Relevanz. Gleichzeitig lassen sich Risiken begrenzen, die sich aus zunehmender Preisvolatilität und der Verknappung einzelner Rohstoffe ergeben.

Der Aufbau eines Image als nachhaltiges Unternehmen durch entsprechende Innovationen kann des Weiteren die Effizienz des unternehmenseigenen Human Ressource Managements verbessern. Ein Image als nachhaltiges Unternehmen steigert dessen gesellschaftliches Ansehen und die Attraktivität als Arbeitgeber. Hieraus kann sich eine Verbesserung der Mitarbeiterzufriedenheit, der Motivation und der Mitarbeiterbindung ergeben, was die Arbeitsproduktivität positiv beeinflusst. Die gesteigerte Attraktivität des Unternehmens für gut ausgebildete Fachkräfte ist außerdem ein Vorteil im »war for talents«, der durch den demografischen Wandel zunehmend verschärft wird (Maignan et al., 1999).

Empirisch gezeigt werden konnte zudem, dass die Reduktion von Risiken durch nachhaltiges Handeln die Kosten für die Kapitalbeschaffung senken kann (Kempf/Osthoff, 2007). Dieses folgt etwa aus dem geringeren Risikozuschlag durch die Reduktion von Umwelt- oder sozialen Risiken, den nachhaltige Unternehmen bezahlen müssen. Hierzu trägt auch die zunehmende Bedeutung von Fonds und institutionellen Investoren bei, die ihre Investments zunehmend von Nachhaltigkeitskriterien abhängig machen. Außerdem können Investoren von Informationen über das nachhaltige Verhalten eines Unternehmens beeinflusst werden. Auch mögliche Imageschäden für Banken durch soziale oder umweltbezogene Skandale bei Kreditnehmern fallen ins Gewicht. Aus diesem Grund beziehen Banken bei der Prüfung der Kreditwürdigkeit zunehmend soziale und ökologische Faktoren in ihre Modelle mit ein.

In der Regel erlauben die zur Verfügung stehenden Ressourcen nicht die Realisierung aller theoretisch möglichen Innovationsprojekte. Darum müssen mittels eines geeigneten Verfahrens aus den möglichen Projekten diejenigen ausgewählt werden, deren Wirkungen die Erreichung der Unternehmensziele am besten unterstützen. Methoden zur Innovationsbewertung unterstützen diesen Entscheidungsfindungsprozess.

Die Abbildung 6-3 listet bestehende Bewertungsverfahren für Innovationen und zur Erfassung nachhaltiger Wirkungen auf. Neben klassischen Verfahren zur Investitionsbewertung und –planung sind Verfahren aufgeführt, die explizit zur Erfassung von Nachhaltigkeitswirkungen entwickelt wurden. Der Sustainable Value ist ein wertorientierter Ansatz zur Messung und Darstellung der Nachhaltigkeitsperformance von Unternehmen in einer monetären Kennzahl. Dies wäre auch auf einzelne Innovationsprojekte übertragbar, jedoch ergeben sich Umsetzungsprobleme durch die Schwierigkeit der umfassenden Monetarisierung der Nachhaltigkeitswirkungen. Bei der SEEBalance handelt es sich um

Multikriteriell	- Umweltorientierte Investitionsrechnung - Sustainable Value	- Umwelt-/stakeholderorientierte Investitionsplanung - SEEBalance - Nachhaltigkeitsberichte nach GRI, DVFA - Nachhaltigkeitsorientierte Innovationsbewertung
Monokriteriell	- Kapitalwert - Return on Investment - Payoff Periode - Statische Investitionsrechenverfahren	- Checklisten (Umwelt-/Soziale Kriterien) - Ökologische Life-Cycle-Ansätze - Carbon Accounting
	Monetäre Bewertung	**Nicht-monetäre Bewertung**

Abb. 6-3
Bewertungsverfahren für Innovationen und zur Erfassung nachhaltiger Wirkungen

eine Erweiterung der rein ökologisch ausgerichteten und somit monokriteriellen Life-Cycle-Analyse nach ISO 14040. Diese versucht die Effizienz von Produkten oder Prozessen über den gesamten Lebenszyklus im Hinblick auf ihre Kosten durch ökologische und soziale Wirkungen zu beurteilen. Grundsätzlich ist ein solches Vorgehen auch für Innovationsprojekte anwendbar. Zum Zwecke der Nachhaltigkeitsberichterstattung wurde von der Global Reporting Initiative (GRI) ein umfangreicher Berichtsrahmen entwickelt der international als branchenübergreifendes Referenzdokument gilt (Waddock, 2008, S. 87–108). Ergänzend kann auf branchenspezifische Indikatorenkataloge, etwa der Deutschen Vereinigung für Finanzanalyse und Asset Management (DVFA) zurückgegriffen werden. Das etablierte Indikatorenset der Nachhaltigkeitsbewertung auf Unternehmensebene nach GRI könnte somit als Basis zur Generierung von Kriterien für eine nachhaltigkeitsorientierte Innovationsbewertung herangezogen werden.

Carbon Accounting zielt auf eine systematische Erfassung der CO_2- und anderer Treibhausgas-Emissionen einzelner Projekte oder ganzer Organisationen ab. Im Zuge der Einführung des Emissionshandels und weitergehender geplanter Regulierungen gewinnt dieser Nachhaltigkeitsaspekt zunehmend an Bedeutung. Checklisten werden in zahlreichen Unternehmen angewandt, um Innovationen im Hinblick auf grundlegende ökologische oder soziale Kriterien zu bewerten. Beispiele sind die Verwendung umweltgefährdender Materialien oder regulative Vorgaben. In der Regel findet jedoch keine Verknüpfung der verschiedenen Kriterien statt.

Zusammenfassend ist festzustellen, dass kein Ansatz die nachhaltigkeitsorientierten Wirkungen von Innovationen für alle relevanten Teilaspekte praxistauglich erfasst und bewertet. Bestehende Ansätze decken jeweils nur einzelne Aspekte ab oder sind in der Praxis nur mit zu hohem Aufwand anwendbar. Aus diesem Grund wird im Anschluss das Rahmenkonzept für eine nachhaltigkeitsorientierte Innovationsbewertung skizziert.

Zur praxisgerechten Durchführung einer nachhaltigkeitsorientierten Innovationsbewertung existieren erste Vorschläge (vgl. Abb. 6-4).

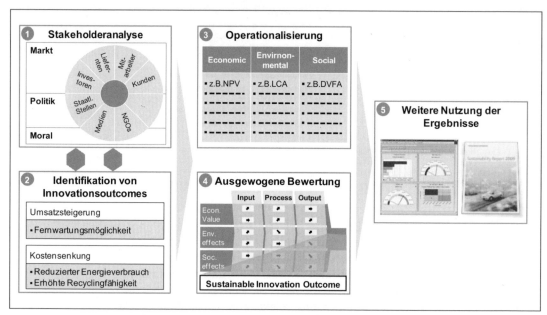

Abb. 6-4   Vorgehen zur nachhaltigkeitsorientierten Innovationsbewertung (Quelle: Möller/Kubach, 2011, S. 9))

Der Prozess zur nachhaltigkeitsorientierten Innovationsbewertung beginnt grundsätzlich mit einer Stakeholderanalyse, an welche die Identifikation der Innovationsoutcomes anschließt. Zu den Innovationsoutcomes zählen sowohl das direkte Projektziel, z. B. ein spezifischer Kundenwunsch, als auch die unter die Wirkungskategorien nachhaltiger Innovationen gefassten Outcomes. Die Stakeholderanalyse dient der Fokussierung des Betrachtungsraumes auf die wesentlichen Adressaten der Innovation. Durch sie wird es möglich, die Zahl der zu beachtenden Outcomes auf die für das jeweilige Projekt relevanten zu begrenzen. Dies reduziert die Komplexität der anschließenden Operationalisierung. Projektspezifisch ist möglich, dass ein bestimmter Outcome bereits zu Beginn der Analyse bekannt ist. In diesem Fall würde mit der Analyse der Projektoutcomes begonnen und anschließend die Stakeholderanalyse durchgeführt, ehe darauf aufbauend noch weitere Projektoutcomes identifiziert werden können.

Fortgefahren wird mit dem dritten Schritt, der Operationalisierung der Nachhaltigkeitswirkungen. Im Rahmen der Praxisvalidierung des Rahmenkonzeptes wurde deutlich, dass die Datenverfügbarkeit und der Aufwand zur Datengenerierung die besondere Herausforderung dieser Phase darstellt. Darum wurde ein Set an Standardindikatoren entwickelt, das auf den Vorgaben der GRI aufbaut. Unternehmens- und projektspezifisch kann dieses um sinnvolle, im Idealfall bereits vorhandene Indikatoren ergänzt werden. Eine in der Regel im Innovationsprozess ohnehin vorgesehene ökonomische Vorteilhaftigkeitsbetrachtung, etwa über die Berechnung des Net Present Value des Innovationsprojektes, kann so in die ökonomische Dimension der nachhaltigkeitsorientierten Bewertung integriert werden. Existiert ein Carbon Accounting, oder werden Life-Cycle-Analysen für die Produkte durchgeführt, so sind diese ebenfalls in die ökologische Dimension integrierbar. Der GRI-Rahmen strukturiert die Erfassung der Nachhaltigkeit über alle Dimensionen, auch wenn die Datenverfügbarkeit dem in der Praxis Grenzen setzt. Hier gilt es pragmatische Lösungen zu finden, etwa über die Befragung von Experten und durch die Beschränkung auf besonders relevante Stakeholder und Outcomes. Im Rahmen der Praxisvalidierung zeigte sich, dass viele Unternehmen in unterschiedlichen Stufen des Innovationsprozesses und verstreut in Handlungsanweisungen und Checklisten bereits zahlreiche nachhaltigkeitsrelevante Informationen erfassen und überprüfen. Eine strukturierte Bewertung findet jedoch nicht statt. Dies wird durch das Rahmenkonzept in diesem Schritt vorbereitet.

Im vierten Schritt findet die ausgewogene Bewertung der Innovation auf den drei Dimensionen der Nachhaltigkeit statt, die zum Sustainable Innovation Outcome zusammengeführt wird. Auf Grundlage des somit generierten Nutzwertes, dem unternehmensspezifisch weitere, finanzielle oder strategische Kriterien gegenüberstellbar sind, kann dann die Innovationsentscheidung getroffen werden. Da die Bewertung darauf abzielt, die nachhaltigkeitsorientierten Wirkungen von Innovationen über den gesamten Innovationsprozess zu erfassen, orientiert sich ihre Struktur an dem im Bereich des Innovation Performance Measurement etablierten Input-Process-Output-Outcome-Modell (vgl. Kap. 2.4). Zur Bewertung wird auf die operationalisierten Nachhaltigkeitswirkungen des vorangegangenen Schrittes zurückgegriffen, die im Falle quantitativer Indikatoren zunächst normalisiert und in Nutzwerte umgewandelt werden. Es ergeben sich neben dem auf der obersten Ebene aggregierten Sustainable Innovation Outcome separate Werte für die drei Nachhaltigkeitsdimensionen. Zur Aufdeckung von Verbesserungspotenzialen lassen sich diese weiter in die einzelnen Prozessphasen untergliedern. Die Aggregation über unterschiedliche Prozessphasen und Dimensionen vereinfacht die schnelle Interpretation und ermöglicht detaillierte Untersuchungen. Die zweifellos vorhandene Subjektivität in der Auswahl, Gewichtung und Bewertung der Indikatoren wird im Bewertungskonzept offengelegt und somit kritikfähig.

Schließlich können die Ergebnisse der Bewertung der weiteren Nutzung, etwa im Rahmen von Multiprojektvergleichen oder der Unternehmenskommunikation zugeführt werden. Darüber hinaus bietet sich ihre Verwendung zu Zwecken des internen Reportings für die Innovationssteuerung und zur Verfolgung unternehmensinterner Nachhaltigkeitsziele an.

6.3 Innovationen in Netzwerken

Der Netzwerkbegriff hat in der betriebswirtschaftlichen Literatur in den vergangenen Jahren eine enorme Verbreitung erfahren. Unternehmensnetzwerke werden als eine spezielle Form der Kooperation angesehen, wobei Kooperation den Oberbegriff für verschiedene Formen der zwischenbetrieblichen Zusammenarbeit darstellt.

Ein Netzwerk ist eine zwischenbetriebliche Kooperation mindestens dreier Unternehmen, die dadurch in ihrer unternehmerischen Autonomie partiell eingeschränkt werden

Ein Unternehmensnetzwerk ist eine auf freiwilliger Basis entstandene zwischenbetriebliche Kooperation mindestens dreier Unternehmen, die dadurch in ihrer unternehmerischen Autonomie partiell eingeschränkt werden (Möller, 2006). Immer mehr Innovationsprojekte werden innerhalb von Netzwerken angeregt und durchgeführt. Allerdings muss eine Entscheidung über ein im Netzwerk durchgeführtes Innovationsvorhaben wohl überlegt sein, da der Vorgang Komplexitäten schafft und Freiheitsgrade einschränkt. Daher sollen im Folgenden die Vorteile von Netzwerken dargestellt und mögliche Ziele und Risiken von Kooperationen verdeutlicht werden. Anschließend erfolgt dies speziell für Innovationskooperationen.

Die flexible Ausrichtung von Netzwerken innerhalb von Spannungsverhältnissen stellt einerseits ein enormes Erfolgspotenzial dar, andererseits stellt sie die Ausgestaltung durch die hohe Vielfalt bzw. Unsicherheit vor erhebliche Herausforderungen.

Netzwerke sind grundsätzlich eine »intermediäre Koordinationsform«, d. h., sie weisen Elemente von hierarchischer, wettbewerblicher und kooperativer Koordination auf und sind entsprechend durch verschiedene Spannungsverhältnisse gekennzeichnet:

- Kooperation vs. Konkurrenz: Innerhalb des Netzwerk ist der Wettbewerb zwischen den Partnern reduziert, da ein ausreichender Kooperationsgrad Voraussetzung für ein erfolgreiches Agieren am Markt ist. Völlig ausgeschaltet darf der Wettbewerb allerdings auch nicht sein.
- Starrheit vs. Flexibilität: Durch eine Kontinuität der Beziehungen ist erst die Entwicklung von Vertrauen als wesentlicher Grundlage einer effizienten Zusammenarbeit möglich. Dies setzt eine gewisse Starrheit voraus, die jedoch die Flexibilität eines Netzwerks als dessen wesentlichen Vorteil gegenüber hierarchischen Organisationen nicht beeinträchtigen darf. Starrheit erhöht tendenziell die Effizienz, Flexibilität die Effektivität. Daher ist ein optimaler Ausgleich anzustreben.
- Kurzfrist- vs. Langfristorientierung: Die Ziele der Partner eines Netzwerks sind oft kurzfristig ausgerichtet (schneller Markteintritt, kürzere Entwicklungszeiten etc.). Die Zusammenarbeit kann aber nur bei einer Langfristorientierung erfolgreich sein, da nur dann opportunistisches Verhalten minimiert werden kann und alle Partner ein Interesse daran haben, das Netzwerk erfolgreich zu machen.

Innovationskooperationen ermöglichen eine Kosten- und Risikoverteilung auf die beteiligten Partner

Durch Innovationskooperationen können Unternehmen F & E-Kosten teilen, das finanzielle Projektrisiko senken und Zeiteffizienz des F & E-Prozesses erhöhen. Zudem sollen komplementäre Kompetenzen gebündelt und neue Technologien erschlossen werden, um die hohe Technologiekomplexität zu bewältigen. Insbesondere für Unternehmen aus Branchen mit hoher F & E-Intensität, wie Pharmazie und Biotechnologie, ist dies wichtig. Hier sind die Kosten großer Projekte teilweise zu hoch, um von einem einzelnen Unternehmen übernommen zu werden. Zudem können Unternehmen durch Kooperationen unterschiedliche Kernkompetenzen bündeln und vom technischen Know-how der Partner profitieren.

Verringerung des technologischen Risikos, der Anzahl von Projektfehlschlägen

Kosteneinsparung

Zugang/ Nutzung öffentlicher Förderung

Verkürzung der FuE-Zeit

Erhöhung der Anzahl der laufenden FuE-Projekte

Erhöhung der Patentanträge

Zugang zu neuen Märkten, Geschäftsbereichen und Vergrößerung des Produktangebotes

Wissenstransfer, Aufbau neuer Kompetenzen und Training der eigenen Wissenschaftler

Etablierung von Standards in einer Zielindustrie

Entwicklung ganzer Systeme

Nutzung von Spezialwissen/ Kernkompetenzen und komplementären Kenntnissen der Partner

Nutzung technologischer Synergien, d.h. Vermeidung von Duplikationen in der FuE durch Aufgabenteilung zwischen den Partnern

Zugang bzw. Anschluss an neue Technologien, die von Wettbewerbern entwickelt wurden

Stimulation kreativen Denkens

Abb. 6-5
Motive für Innovationskooperationen (Quelle: Windolph, 2010, S. 2)

Allerdings können Kooperationen die Komplexität und damit die Unsicherheit von F&E-Projekten noch einmal erheblich erhöhen und es besteht die Gefahr, dass der eigene Wissensvorsprung verlorengeht. Mehr noch als bei internen F&E-Projekten gilt es Fehlbewertungen auf Grund falsch interpretierter oder fehlender Informationen vorzubeugen.

Die Folge ist ein hoher Koordinations- und Abstimmungsbedarf zwischen den Partnern.

Probleme bei der Technologieadaption

Hohe Verhandlungs- und Koordinationskosten, Probleme durch Teilung des Projektmanagements

Ergebnisse gehören der Regierung als Bedingung der Förderung

Schwierigkeiten bei der Bereitstellung von Ressourcen

Behinderung der eigenen FuE

Schwierigkeiten bei der Verteilung von Ergebnissen

Unvereinbarkeit von Aktivitäten des Kooperationsprojektes mit den strategischen Interessen des Unternehmens

Verlust bzw. Verbreitung zentraler eigener Technologien/ Kernkompetenzen bzw. des eigenen Wissensvorsprungs

Entstehung von Abhängigkeiten von den Partnern

Versehentliche Stärkung von Wettbewerbern

Abb. 6-6
Risiken von Innovationskooperationen (Quelle: Windolph, 2010, S. 3)

Innovationskooperationen können damit zwar die Erfolgsaussichten von F&E-Projekten deutlich erhöhen, stellen die Unternehmen aber auch vor neuen Herausforderungen und können zu erheblichen Ineffizienzen führen. Um einen erfolgreichen und effizienten Projektverlauf sicherzustellen, gilt es erfolgsrelevante Partnercharakteristika und die erhöhte Informationsunsicherheit im Management und Controlling der Projekte systematisch zu berücksichtigen. Die Studie »Innovationskooperationen 2010« (Windolph, 2010) analysierte 217 unternehmensübergreifende Innovationsprojekte mit dem Ziel die Auswirkungen zentraler Charakteristika der Projektpartner auf den Erfolg zu bestimmen, die Maßnahmen zur erhöhten Informationsunsicherheit zu identifizieren und die Folgen der Maßnahmen auf den Projekterfolg zu zeigen. Wesentliche Ergebnisse waren:

- Eine hohe geographische Distanz zwischen den Partnern kann die Geschwindigkeit des F&E-Prozesses beeinträchtigen. Zudem können sich große Unterschiede zwischen der Organisationsform der Partner negativ auf die Erreichung von Produkt- und Marktzielen auswirken. Bei diesen Projekten sind daher Maßnahmen zur Verbesserung der Geschwindigkeit des F&E-Prozesses und der Zielerreichung besonders relevant.
- Erfolgreiche Projekte, die sich durch Erreichung von Produkt- und Marktzielen und einen schnellen F&E-Prozess auszeichnen, stellen den Einbezug aller relevanten Informationen in die Entscheidungsfindung durch eine gezielte Gestaltung der Entscheidungssituation sicher (z.B. Etablierung einer Kultur des kritischen Hinterfragens, explizite Bekanntgabe von Zielen). So können Fehlbewertungen vermieden und rationale Entscheidungen gewährleistet werden.
- Regelmäßige Projektkontrollen fördern das frühzeitige Erkennen von Risiken und ermöglichen ggf. das zeitnahe Einleiten von Reaktionsmaßnahmen. Besonders die Geschwindigkeit des F&E-Prozesses wird hierdurch positiv beeinflusst.
- Die gezielte Gestaltung von Projektberichten zur Sicherstellung eines schnellen Erfassens aller relevanten Informationen wird bei vielen Projekten vernachlässigt. Hier bestehen vielfach noch erhebliche Potenziale zur Verbesserung von Zielerreichung, Zeit und Kosten.
- Durch eine intensive Kommunikation zwischen den Partnern wird sichergestellt, dass den Partnern alle wichtigen Informationen zeitnah vorliegen. Besonders bei Projekten mit einem schnellen F&E-Prozess und der besten Erreichung der Marktziele wird auf eine intensive Kommunikation Wert gelegt.
- Zu einer hohen Informationstransparenz tragen neben einer intensiven Kommunikation besonders einheitliche Ziele, Kriterien und Formate und der Austausch von Planungsergebnissen und Projektberichten bei. Dies begünstigt die Erreichung der Markt- und Produktziele und einen schnellen und kostengünstigen F&E-Prozess.
- Zusätzliche Kostenvorteile können durch Nutzung einer gemeinsamen F&E-Einrichtung bzw. Organisationseinheit erzielt werden.

Abb. 6-7
Übersicht zu Partnercharakteristika und Erfolgswirkungen von Innovationskooperationen (Quelle: Windolph, 2010, S. 32)

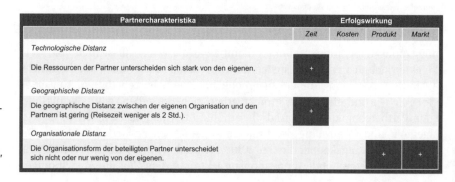

Partnercharakteristika			Erfolgswirkung			
			Zeit	Kosten	Produkt	Markt
Technologische Distanz						
Die Ressourcen der Partner unterscheiden sich stark von den eigenen.			+			
Geographische Distanz						
Die geographische Distanz zwischen der eigenen Organisation und den Partnern ist gering (Reisezeit weniger als 2 Std.).			+			
Organisationale Distanz						
Die Organisationsform der beteiligten Partner unterscheidet sich nicht oder nur wenig von der eigenen.					+	+

Die Erkenntnisse zur Erfolgswirkung zentraler Partnercharakteristika und Maßnahmen des Projektmanagements und -controllings auf Basis der Studienergebnisse sind in den Übersichten in den Abbildungen 6-7 und 6-8 zusammengestellt.

Maßnahmen zur Informationsbereitstellung	Erfolgswirkung			
Gestaltung der Entscheidungssituation	Zeit	Kosten	Produkt	Markt
Formalität des Projektmanagements				
Explizite Bekanntgabe von Zielvorgaben	+		+	+
Regelmäßige aktive Fortführungsentscheidung			+	
Klare Kriterien für zentrale Entscheidungen			+	
Kritischer Counterpart				
Kritisches Hinterfragen inhaltlicher Aspekte			+	+
Prüfung von Angaben zur Ergebniswirkung	+			+
Controlling als kritischer und konstruktiver Sparring Partner				+
Gestaltung und Frequenz von Projektberichten				
Projektkontrollen				
Fortschrittskontrolle bzgl. technischer Spezifikationen (mind. quartalsweise)	+			
Zeitkontrolle (mind. quartalsweise)	+			
Kontrolle der Projektkosten bzw. FuE Kosten (mind. quartalsweise)				+
Kontrolle der geplanten Herstellkosten (mind. halbjährlich)	+			
Berichtgestaltung				
Korrekturvorschläge beim Überschreiten von Toleranzgrenzen			+	+
Berichte beinhalten Handlungsempfehlungen			+	+
Angabe der erwarteten Kosten einer Projektfortführung	+			
Quantifizierung von Informationen			+	
Angabe der Fehlschlagswahrscheinlichkeit des Projektes		+		
Gestaltung der Informationstransparenz zwischen den Partnern				
Einheitliche Ziele, Kriterien und Formate				
Einigung auf klare, vergleichbare Ergebnisformate	+		+	+
Erstellung eines einheitlichen Ressourcenplans	+		+	
Festlegung zentraler Ansprechpartner			+	
Festlegung einer einheitlichen Zieldefinition			+	
Einigung auf eindeutige Beurteilungskriterien			+	
Einigung auf eindeutige Abbruchkriterien	+			
Austausch von Planungsergebnissen und Berichten				
Austausch von Planungsergebnissen	+	+	+	+
Austausch von Berichten über den Projektfortschritt			+	+
Austausch von Berichten über die Projektkostenkontrolle				+
Austausch von Berichten über die Zeitkontrolle				+
Kommunikationsformen				
Routinemäßige und periodische Berichte (mind. quartalsweise)	+			+
Emails, Briefe oder Memos (mind. wöchentlich)	+			+
Über das Telefon (monatlich bis wöchentlich)	+			+
Persönlicher Kontakt, d.h. von Angesicht zu Angesicht (mind. quartalsweise)	+			+
Gemeinsame Forschungseinrichtung				
Nutzung einer gemeinsamen Forschungseinrichtung		+		

Abb. 6-8 Übersicht zu Maßnahmen zur Informationsbereitstellung und deren Erfolgswirkungen (Quelle: Windolph, 2010, S. 33)

6.4 Innovationscontrolling und Kultur

Innovationssteue-
rung und -kultur
stehen im Span-
nungsfeld zu-
einander

Innovationscontrolling steht immer im Spannungsfeld zwischen Kreativität und Kontrolle. Verschiedentlich wird der Vorwurf geäußert, ein Unternehmen müsse sich zwischen einer starken Innovationskultur oder einem effektivitäts- und effizienzfördernden Innovationscontrolling entscheiden. Ein »mehr« an Steuerung könne, so das Vorurteil, nur auf Kosten sinkender Innovationstätigkeit in der Folge einer wenig kreativen Innovationskultur erreicht werden.Dass eine starke Innovationskultur zur kontinuierlichen Hervorbringung von Innovationen zwingend erforderlich ist und insofern als Basis für Innovationen und Innovationserfolg angesehen werden kann wurde bereits mehrfach bestätigt (Malaviva/ Wadhwa, 2005, S. 1). Gleichzeitig besteht allerdings nur ein geringes Wissen, wie eine solche Innovationskultur geschaffen werden kann.

Der Definition von Schein folgend können drei Ebenen der Unternehmenskultur unterschieden und analysiert werden (Schein, 1985).

Abb. 6-9
Ebenen der Un-
ternehmenskultur
(Quelle: Eigene
Darstellung in An-
lehnung an Schein,
1985, S. 14)

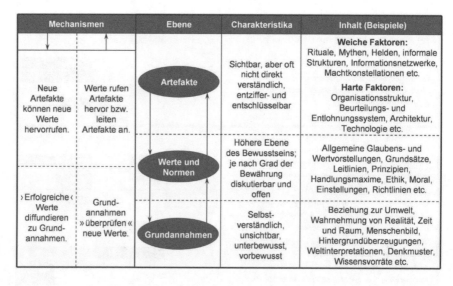

Die drei Ebenen der Unternehmenskultur unterscheiden sich hinsichtlich ihres Abstraktions- und Bewußtseinsgrades und stehen in einer ausgeprägten gegenseitigen Wechselbeziehung. Da an einem Innovationsprojekt meist nicht alle Organisationsmitglieder beteiligt sind, sondern immer nur eine Gruppe, ist die Innovationskultur innerhalb dieser Gruppe viel handlungsprägender und erfolgsrelevanter als die Kultur im Gesamtunternehmen. Demzufolge ist es sinnvoll, sich bei der Betrachtung der Innovationskultur nicht auf das gesamte Unternehmen, sondern lediglich auf die direkt oder indirekt an der Innovationsgestaltung beteiligten Bereiche zu fokussieren. Die Innovationskultur stellt somit eine Subkultur der Unternehmenskultur dar (Herzog, 2008, S. 69). Im Rahmen des Drei-Ebenen-Modells soll die Mehrdimensionalität der Innovationskultur aufgezeigt werden. Unter innovationsfördernden Artefakten können bspw. sicht- und hörbare Verhaltensweisen, welche innovationsförderlich wirken, verstanden werden. Innovationsförderliche Werte und Normen manifestieren sich bspw. in einer grundsätzlichen hohen Wertschätzung von Innovation oder in verhaltenssteuernden Richtlinien bezüglich Innovationen. Auf der tiefsten Ebene, der Ebene der Grundannahmen, lenken die innovationsförderlichen Grundprämissen das grundlegende Verständnis im Unternehmen auf Innovationen. Als Grundannahme ist bspw. die Überzeugung anzuführen, dass Innovationen für das langfristige Überleben des Unternehmens unabdingbar sind. Unter dem Begriff Innovationskultur sind dementsprechend alle Normen, Werte und Grundannahmen zu verstehen, welche das Verhalten der am Innovationsprozess beteiligten Personen prägen, und die Art und Weise, wie diese in Form der Artefakte zum Ausdruck kommen (Vahs/Trautwein, 200, S. 21). Die Innovationsfähigkeit eines Unternehmens wird demzufolge maßgeblich durch die verankerte Innovationskultur geprägt und gesteuert. Die Verankerung einer solchen Kultur stellt daher eine notwendige Bedingung für das Hervorbringen von Innovationen im Unternehmen dar (Bitzer, 2008, S. 118).

6.5 Ganzheitliche Betrachtung von Innovationen im Rahmen eines Innovationsaudits

Da Innovationen wesentliche Treiber von Profitabilitäts- und Wachstumssteigerungen sind, ist die Erschließung von Verbesserungspotenzial der Innovationsfähigkeit eine bedeutende Herausforderung für Unternehmen. Innovationsaudits sind zentrale Instrumente hierzu, da sie durch eine systematische Analyse des Ist-Zustandes die Ableitung von Verbesserungsmaßnahmen ermöglichen. Daher empfiehlt sich ihr Einsatz als standardisiertes Analyseinstrument für Unternehmen (Janssen, 2009). Ein Audit (von lat. Anhörung) kann für eine Vielzahl verschiedener Untersuchungsgegenständen durchgeführt werden und bewertet deren Leistungsstand. Bei einem Innovationsaudit handelt es sich um die Bewertung des Leistungsstandes der Maßnahmen, Prozesse und Strukturen des Innovationsmanagements eines Unternehmens (Herstatt et al., 2007, S. 4). Die Durchführung eines Innovationsaudits kann dabei durch unternehmensinterne oder -externe Personen erfolgen. Allerdings wird bei einem Selbstaudit auf das Know-how eines externen Experten in Durchführung und Beurteilung verzichtet und die Objektivität des Audits eingeschränkt, sodass sich eine Fremd-Auditierung empfiehlt. Diese lässt sich idealtypisch in eine Vorbereitungsphase, eine Erhebungsphase und eine Bewertungsphase untergliedern.

Im Mittelpunkt der Vorbereitungsphase stehen die Erarbeitung der Analyseziele sowie die zeitliche und terminliche Planung des Ablaufs. Dabei gilt es zu berücksichtigen, dass sich das Innovationsgeschehen im Unternehmen auf zahlreiche Bereiche und Ebenen erstreckt und von diversen Faktoren beeinflusst wird. Um eine ganzheitliche Beurteilung der Aktivitäten zu ermöglichen, muss ein Innovationsaudit als Analyseinstrument daher eine Vielzahl verschiedener

Handlungsfelder des Innovationsgeschehens betrachten. Wissenschaftlich fundierte Innovationsaudits greifen hierbei auf die Erkenntnisse von Studien der Erfolgsfaktorenforschung zurück (Gerybadze, 2004, S. 53). Die in diesen Studien identifizierten kritischen Erfolgsfaktoren lassen sich zu wesentlichen Handlungsfeldern verdichten. Abb. 6-10 zeigt zehn Handlungsfelder, die für eine erfolgreiche Innovationstätigkeit relevant sind. Dabei umfassen die Handlungsfelder neben harten Faktoren wie Projektmanagementtechniken auch weiche Faktoren wie die Innovationskultur. Für jedes Handlungsfeld lassen sich verschiedene Merkmale ableiten, die charakteristisch für eine hohe Innovationsfähigkeit sind. Für das Handlungsfeld Innovationsprozessmanagement ist beispielsweise der Einsatz von Methoden und Instrumenten zur zielorientierten Steuerung der Innovationstätigkeit relevant. Der Einsatz entsprechender Steuerungsinstrumente kann damit als Indikator dienen, inwieweit der Erfolg der Innovationstätigkeit auch durch ein systematisches Innovationscontrolling gefördert bzw. gefordert wird. Aus der Analyse zahlreicher Indikatoren entlang der unterschiedlichen Handlungsfelder ergibt sich in Summe ein ganzheitliches Bild und es wird deutlich, wo und wie Optimierungspotenzial genutzt werden kann. Die Handlungsfelder definieren dadurch den Betrachtungsbereich des Innovationsaudits, auf dessen Basis die zu kontaktierenden Organisationsbereiche identifiziert und die zu befragenden Mitarbeiter ausgewählt werden.

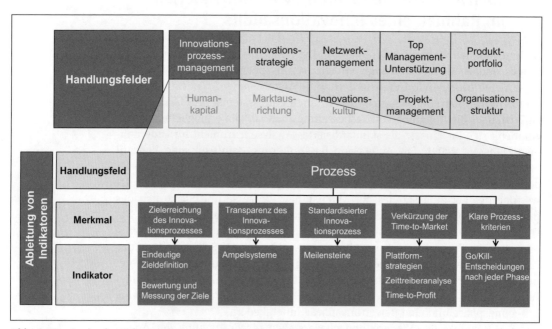

Abb. 6-10   Analysebereich eines Innovationsaudits (Quelle: Janssen, 2009, S. 131)

In der darauf folgenden Phase der Datenerfassung werden die relevanten Daten der jeweiligen Handlungsfelder im Unternehmen erhoben. Unterschiedliche Methoden bieten sich zur Erhebung an, wobei das Spektrum von voll standardisierten Befragungen mittels Fragebögen über teilstandardisierte Interviews bis hin zu Unternehmensbegehungen reicht. Für die Akzeptanz der erzielten Ergebnisse des Audits ist dabei die Objektivität der Datenerfassung von zentraler Bedeutung. Insbesondere wenn nur eine einzige Person befragt wird, besteht die Gefahr einer Verzerrung der Daten durch subjektive Einschätzungen. Um das Ausmaß dieses sogenannten Informant Bias zu reduzieren, sollten daher im Rahmen von Innovationsaudits mehrere Personen aus verschiedenen Funktionsbereichen und Hierarchieebenen befragt werden.

An die Datenerfassung schließt sich die Bewertungsphase an, in der die gewonnenen Daten analysiert und präsentiert werden. Drei grundsätzliche Bewertungsmöglichkeiten in Abhängigkeit der gewählten Referenzgröße bieten sich an (Herstatt et al., 2007, S. 17):

- Soll-Ist-Vergleiche bewerten die Innovationsfähigkeit anhand angestrebter Ziele. Dabei können sich die Ziele aus dem unternehmensintern empfundenen Handlungsbedarf oder aus der erfahrungsbasierten Einschätzung eines externen Auditors heraus ergeben.
- Zeitvergleiche bewerten die Innovationsfähigkeit im Vergleich zu Daten aus der Vergangenheit. Diese stammen aus zuvor durchgeführten Audits und erlauben eine Wirkungsanalyse bereits durchgeführter Verbesserungsmaßnahmen.
- Vergleiche können weiterhin anhand unternehmensinternen oder -externen Vergleichsobjekten erfolgen und so internes oder externes Benchmarking ermöglichen.

Anhand der gewählten Bewertungsmethode lassen sich dann die Stärken und Schwächen des auditierten Unternehmens darstellen und Verbesserungsmöglichkeiten ableiten (Janssen, 2009). Die Umsetzung entsprechender Verbesserungsmaßnahmen zur Steigerung der Effektivität und Effizienz im Innovationsgeschehen, ist dann das Ziel nachfolgender Handlungsmaßnahmen. Darüber hinaus sensibilisiert ein Innovationsaudit jedoch auch für Fragen des Innovationsmanagements und ruft ein erweitertes Bewusstsein für die Herausforderungen der Innovationstätigkeit hervor. Zudem können die Ergebnisse eines Innovationsaudits auch als Kommunikationshilfe gegenüber externen Partnern des Unternehmens verwendet werden (z. B. Kapitalgebern, Kunden, Entwicklungspartnern, etc), wobei in diesem Fall eine formale Zertifizierung des durchgeführten Innovationsaudits zu empfehlen ist.

Literatur

Albers, S./Brockhoff, K./Hauschildt, J. (2001), Technologie- und Innovationsmanagement, Wiesbaden 2001.

Albers, S./Gassmann, O. (2005), Handbuch Technologie- und Innovationsmanagement: Strategie – Umsetzung – Controlling, Wiesbaden 2005.

Altmann, G. (2003), Unternehmensführung und Innovationserfolg – Eine empirische Untersuchung im Maschinenbau, Wiesbaden 2003.

Ambec, S./Lanoie, P. (2008), Does it pay to be green? A systematic overview, in: The Academy of Management Perspectives, Jg. 22, 2008, H. 4, S. 45–62.

Arbeitskreis »Immaterielle Werte im Rechnungswesen« der Schmalenbach Gesellschaft für Betriebswirtschaft e.V. (2003), Freiwillige externe Berichterstattung über immaterielle Werte, in: Der Betrieb, Jg. 56, 2003, S. 1233–1237.

Baum, H.-G./Coenenberg, A.G./Günther T. (2007), Strategisches Controlling, 4. Aufl., Stuttgart 2007.

Bieger, T./Reinhold, S. (2011), Das wertbasierte Geschäftsmodell – ein aktualisierter Strukturierungsansatz, in: Bieger, T./Knyphausen-Aufseß, D./Krys, C. (Hrsg.), Innovative Geschäftsmodelle, Berlin 2011.

Bitzer, N. B. (2008), Corporate Governance & Innovation: Der Verwaltungsrat als Innovationsgestalter und -controller: Untersuchung am Beispiel internationaler Industrieunternehmen, Schesslitz 2008.

Born, K. (2005), Rechnungslegung international, IAS/IFRS im Vergleich mit HGB und US-GAAP, 4. Aufl., Stuttgart 2005.

Bösch, D. (2007), Controlling im betrieblichen Innovationssystem: Entwicklung einer Innovationscontrolling-Konzeption mit besonderem Fokus auf dem Performance Measurement, Hamburg 2007.

Boutellier, R./Gassmann, O. (2006), Flexibles Management von Innovationsprojekten, in: Gassmann, O./Kobe, C. (Hrsg.), Management von Innovation und Risiko: Quantensprünge in der Entwicklung erfolgreich managen, 2. Aufl., Berlin 2006, S. 103–120.

Boutellier, R./Völker, R./Voit, E. (1999), Innovationscontrolling: Forschungs- und Entwicklungsprozesse gezielt planen und steuern, München 1999.

Bremser, W. G./Barsky, N. P. (2004), Utilizing the balanced scorecard for R&D performance measurement, in: R&D Management, Jg. 34, 2004, H. 3, S. 229–238.

Brocke, J./Grob, H. L./Buddendick, C./Strauch, G. (2007), Return on Security Investments. Towards a Methodological Foundation of Measurement Systems, Konferenzbeitrag der 13th American Conference on Information Systems (AMCIS) 2007, Keystone, OC, USA.

Brockhoff, K. (1999), Forschung und Entwicklung: Planung und Kontrolle, 5. Aufl., München 1999.

Bronner, A./Herr, S. (2003), Vereinfachte Wertanalyse, Berlin 2003.

Brown, M. G./Svenson, R. A. (1988), Measuring R&D Productivity, in: Research Technology Management, Jg. 31, 1988, H. 4, S. 11–15.

Brown, S. L./Eisenhardt, K. M. (1995), Product Development: Past Research, Present Findings, and Future Directions, in: Academy of Management Review, Jg. 20, 1995, H. 2, S. 343–378.

Casadesus-Masanell, R./Ricart, J. E. (2010), From Strategy to Business Models and onto Tactics, in: Long Range Planning, Jg. 43, 2010, H. 2, S. 195–215.

Chesbrough, H. W. (2003), The era of open innovation, in: MIT Sloan Management Review, Jg. 44, 2003, H. 3, S. 35–41.

Chiesa, V./Frattini, F./Lazzarotti, V./Manzini, R. (2008), Designing a performance measurement system for the research activities: A reference framework and an empirical study, in: Journal of Engineering & Technology Management, Jg. 25, 2008, H. 3, S. 213–226.

Coenenberg, A. G./Haller, A./Mattner, G., Schultze, W. (2009), Einführung in das Rechnungswesen. Grundzüge der Buchführung und Bilanzierung, 3. Aufl., Stuttgart 2009.

Collins, J./Smith, D. (1999), Innovation Metrics: A Framework to Accelerate Growth, in: Prism, First Quarter 1999, S. 33–47.

Cooper, R. G. (2001), Winning at new products: Accelerating the process from idea to launch, 3. Aufl., Cambridge 2001.

Cooper, R. G. (2009), How companies are reinventing their idea-to-launch methodologies, in: Research-Technology Management, Jg. 52, 2009, H. 2, S. 47–57.

Cooper, R. G./Edgett, S. J./Kleinschmidt, E. J. (2001), Portfolio management for new products, 2. Aufl., Cambridge 2001.

Cooper, R. G./Edgett, S. J./Kleinschmidt, E. J. (2002), Optimizing the Stage-Gate Process: What Best-Practice Companies Do, in: Research Technology Management, 45 Jg., 2002, H. 5, S. 21–27.

Cooper, R. G./Kleinschmidt, E. J. (1987), Success factors in product innovation, in: Industrial Marketing Management, Jg. 16, 1987, H. 3, S. 215–223.

Corsten, H./Gössinger, R./Schneider, H. (2006), Grundlagen des Innovationsmanagements, München 2006.

Dahlander L./Gann D. (2010), How open is innovation?, Research Policy, Jg. 39, 2010, H. 1, S. 699–709.

Davila, T./Epstein, M. J./Matusik, S. F. (2004), Innovation Strategy and the Use of Performance Measures, in: Advances in Management Accouting, Jg. 13, 2004, S. 27–58.

DeBono, E. (2010), Six Thinking Hats, London 2010.

Dilts, R. B./Epstein, T./Dilts, R. W./Kierdorf, T./Höhr, H. (1994), Know-how für Träumer. Strategien der Kreativität – NLP & Modelling – Struktur der Innovation, Paderborn 1994.

Donnelly, G. (2000), A P & L for R & D, in: CFO, Jg. 16, 2000, H. 2, S. 44–50.

Drucker, P. (1954), The Practice of Management, New York 1954.

Eccles, R. G. (1991), The Performance Measurement Manifesto, in: Harvard Business Review, Jg. 69, 1991, H. 1, S. 131–137.

Edwards, S. A./McCarrey, M. W. (1973), Measuring the Performance of Researchers, in: Research Management, Jg. 16, 1973, H. 1, S. 34–41.

Ellis, L. W./Curtis, C. C. (1995), Speedy R & D: How beneficial?, in: Research Technology Management, Jg. 38, 1995, H. 4, S. 42–51.

Ellrott H./Förschle, G./Hoyos, M./Winkeljohann, N. (Hrsg., 2006), Beck'scher Bilanzkommentar – Handels- und Steuerbilanz, §§ 238 bis 339, 342 bis 342e HGB mit EGHGB und IAS/IFRS-Abweichungen, 6. Aufl., München 2006.

Epstein, M. J./Roy, M.-J. (2001), Sustainability in Action – Identifying and Measuring the Key Performance Drivers, in: Long Range Planning, Jg. 34, 2001, H. 5, S. 585–604.

Ernst, H. (2001), Erfolgsfaktoren neuer Produkte: Grundlagen für eine valide empirische Forschung, Wiesbaden 2001.

Ernst, H. (2007), Technologiemanagement, in: Köhler, R./Küpper, H.-U./Pfingsten, A. (Hrsg.), Handwörterbuch der Betriebswirtschaft (HWB), 6. Aufl., Stuttgart, Sp. 1731–1740.

Ferreira, A./Otley, D. (2009), The design and use of performance management systems: An extended framework for analysis, in: Management Accounting Research, Jg. 20, 2009, H 4, S.263–282.

Fiedler, R. (2001), Controlling von Projekten: Projektplanung, Projektsteuerung und Risikomanagement, Wiesbaden 2001.

Foster, R. N./Linden, L. H./Whiteley, R. L./Kantrow, A. M. (1985), Improving the return on R & D-II, in: Research Management, Jg. 28, 1985, H. 2, S. 13–22.

Frattini, F./Lazzarotti, V./Manzini, R. (2006), Towards a System of Performance Measures for Research Activities: Nikem Research Case Study, in: International Journal of Innovation Management, Jg. 10, 2006, H. 4, S. 425–454.

Freeman, R. E. (1984), Strategic Management: A stakeholder approach, Pitman, Boston 1984.

Garcia, R./Calantone, R. (2002), A critical look at technological innovation typology and innovativeness terminology: a literature review, in: Journal of Product Innovation Management, Jg. 19, 2002, H. 2, S. 110–132.

Gassmann, O./Bader, M. A. (2011), Patentmanagement: Innovationen erfolgreich nutzen und schützen, 3. Aufl., Berlin, Heidelberg 2011.

Gassmann, O./Kobe, C. (2006), Management von Innovation und Risiko: Quantensprünge in der Entwicklung erfolgreich managen, Berlin, Heidelberg 2006.

Gassmann, O./Sutter, P. (2011), Praxiswissen Innovationsmanagement: Von der Idee zum Markterfolg, 2. Aufl., München 2011.

Gausemeier, J./Plass, C./Wenzelmann, C. (2009), Zukunftsorientierte Unternehmensgestaltung: Strategien, Geschäftsprozesse und IT-Systeme für die Produktion von morgen, München, Wien 2009.

Geiger, O. (2000), Kennzahlenorientiertes Entwicklungscontrolling: ein ganzheitliches, kennzahlenbasiertes Planungs-, Steuerungs- und Kontrollinstrument zur Analyse des Entwicklungsbereichs industrieller Unternehmen, Aachen 2000.

Gemünden, H. G./Littkemann, J. (2007), Innovationsmanagement und -controlling – Theoretische Grundlagen und praktische Implikationen, in: Zeitschrift für Controlling & Management, Jg. 51, 2007, Sonderheft 3, S. 4–18.

Gerpott, T. J. (2005), Strategisches Technologie- und Innovationsmanagement, 2. Aufl., Stuttgart 2005.

Gerpott, T. J./Hoffmann, A. P. (2006), Berichterstattung über immaterielle Vermögenswerte auf Web Sites von Telekommunikationsnetzbetreibern, in: Kapitalmarktorientierte Rechnungslegung, Jg. 6, 2006, H. 6, S. 369–378.

Gerybadze, A. (2004), Technologie- und Innovationsmanagement, München 2004.

Gerybadze, A./Hommel, U./Reiners, H. W./Thomaschewski, D. (2010), Innovation and International Corporate Growth, Berlin, Heidelberg 2010.

Godener, A./Soderquist, K. E. (2004), Use and impact of performance measurement results in R&D and NPD: an exploratory study, in: R&D Management, Jg. 34, 1997, H. 2, S. 191–219.

Gold, B. (1989), Some Key Problems in Evaluating R&D Performance, in: Journal of Engineering and Technology Management, Jg. 6, 1989, H. 1, S. 59–70.

Granig, P. (2007), Innovationsbewertung: Potentialprognose und -steuerung durch Ertrags- und Risikosimulation, Wiesbaden 2007.

Grenzmann, C./Marquardt, R./Revermann, C./Wudtke, J. (2004), Forschung und Entwicklung in der Wirtschaft – Bericht über die FuE-Erhebungen 2001 und 2002, Essen 2004.

Griffin, A./Page, A. L. (1993), An Interim Report on Measuring Product Development Success and Failure, in: Journal of Product Innovation Management, Jg. 10, 1993, H. 4, S. 291–308.

Griffin, A./Page, A. L. (1996), PDMA Success Measurement Project: Recommended Measures for Product Development Success and Failure, in: Journal of Product Innovation Management, Jg. 13, 1996, H. 6, S. 478–496.

Gruner, K./Homburg, C. (1999), Innovationserfolg durch Kundeneinbindung: Eine empirische Untersuchung, in: Zeitschrift für Betriebswirtschaft, ZfB-Ergänzungsheft, Jg. 69, 1999, H. 1, 119–141.

Grüning, M. (2002), Performance-Measurement-Systeme, Wiesbaden 2002.

Habicht, H./Möslein, K. M. (2011), Open Innovation Maturity: Ein Reifegradkonzept zum Controlling von Open Innovation, in: Controlling, Jg. 23, 2011, H. 2, S. 91–97.

Hager, S./Hitz, J.M. (2007), Immaterielle Vermögenswerte in der Bilanzierung und Berichterstattung – eine empirische Bestandsaufnahme für die Geschäftsberichte deutscher IFRS-Bilanzierer, in: Kapitalmarktorientierte Rechnungslegung, Jg. 7, 2007, H. 4, S. 205–218.

Hall, B. H./Mairesse, J. (1995), Exploring the Relationship Between R&D and Productivity in French Manufacturing Firms, in: Journal of Econometrics, Jg. 65, 1995, 263–293.

Hauschildt, J. (1991), Zur Messung des Innovationserfolgs, in: Zeitschrift für Betriebswirtschaft, Jg. 61, 1991, H. 4, 451–476.

Hauschildt, J./Salomo, S. (2007), Innovationsmanagement, München 2007.

Hauschild, J./Schlaak, T. (2001), Zur Messung des Innovationsgrades neuartiger Produkte, in: Zeitschrift für Betriebswirtschaft, Jg. 71, 2001, H. 2, S. 161–182.

Hauser, J. R./Zettelmeyer, F. (1997), Metrics to Evaluate R, D&E, in: Research Technology Management, Jg. 40, 1997, H. 4, S. 32–38.

Herstatt, C. et al., Leistungsmerkmale eines KMU-gerechten Innovationsaudits, auf den Seiten der Technischen Universität Hamburg-Harburg, http://www.tu-harburg.de/tim/ris-hamburg/downloads/Leistungsmerkmale_eines_KMU-gerechten_Innovations-audits.pdf, Stand 19.11.2008.

Herzog, P. (2008), Open and closed innovation: Different Cultures for Different Strategies, Wiesbaden 2008.

Higgins, J. M./Wiese, G. G. (1996), Innovationsmanagement: Kreativitätstechniken für den unternehmerischen Erfolg, Berlin, Heidelberg, New York 1996.

Hilgers, D./Piller, F. T. (2009), Controlling im Open Innovation: Theoretische Grundlagen und praktische Konsequenzen, in: Controlling, Jg. 21, 2009, H. 2, S. 5–11.

Hoffmann, H. (1987), Kreativitätstechniken für Manager, 2. Aufl., Landsberg am Lech 1987.

Horváth, P. (2009), Controlling, 11. Aufl., München 2009.

Horváth, P./Möller, K. (2003), Target Pricing und Profit Planning, in: Diller, H./Hermann, A. (Hrsg.): Handbuch Preispolitik, Wiesbaden 2003, S. 455–480.

Huang, X./Soutar, G. N./Brown, A. (2004), Measuring new product success: an empirical investigation of Australian SMEs, in: Industrial Marketing Management, Jg. 33, 2004, H. 2, S. 117–123.

IDW (2005), Berichterstattung zur Ableitung von Basiszinssätzen aus der Zinsstruktur-kurve, in: FN-IDW 2005, H. 11, S. 555–556.

IDW (2008), S 1, Grundsätze zur Durchführung von Unternehmensbewertungen, in: FN-IDW 2008, H. 7, S. 271–292.

IDW (2010), S 5, Grundsätze zur Bewertung immaterieller Vermögenswerte, in: FN-IDW 2010, H. 8, S. 356–370.

Internationaler Controller Verein (ICV) e.V. (Hrsg.) (2007), Controller Leitbild, 2. Aufl., Gauting 2007.

Janssen, S. (2009), Innovationsaudit, in: Controlling, Jg. 21, 2009, H. 2, S. 130–131.

Janssen, S./Möller, K. (2011), Erfolgreiche Steuerung von Innovationsprozessen und -pro-jekten – Ergebnisse einer empirischen Studie, in: Zeitschrift für Controlling & Manage-ment, Jg. 55, 2011, H. 2, S. 96–103.

Jürgen Gausemeier, J./Ebbesmeyer, P./Kallmeyer, F. (2001), Produktinnovation. Strategi-sche Planung und Entwicklung der Produkte von morgen, München, Wien 2001.

Kaplan, R. S./Norton, D. P. (1992), The Balanced Scorecard – Measures That Drive Perfor-mance, in: Harvard Business Review, Jg. 70, 1992, H. 1, 1992, S. 71–79.

Kaplan, R. S./Norton, D. P. (1996), The Balanced Scorecard. Translating Strategy into Action, Boston, MA 1996.

Kaplan, R.S./Norton, D.P. (2004), Strategy Maps: Converting Intangible Assets into Tan-gible Outcomes, Boston 2004.

Kempf, A./Osthoff, P. (2007): The Effect of Socially Responsible Investing on Portfolio Performance, in: European Financial Management, Jg. 13, 2007, H. 5, S. 908–922.

Kerssens-van Drongelen, I. C. (2001), Systematic Design of R&D Performance Measure-ment Systems, Enschede 2001.

Kerssens-van Drongelen, I. C./Bilderbeek, J. (1999), R&D performance measurement: More than choosing a set of metrics, in: R&D Management, Jg. 29, 1999, H. 1, S. 35.

Kerssens-van Drongelen, I. C./Cook, A. (1997), Design principles for the development of measurement systems for research and development, in: R&D Management, Jg. 27, 1997, H. 4, S. 345–357.

Küpper, H.-U. (2008), Controlling: Konzeption, Aufgaben, Instrumente, Stuttgart 2008.

Küting, K.-H./Pilhofer, J./Kirchhof, J. (2002), Die Bilanzierung von Software aus der Sicht des Herstellers nach US-GAAP und IAS, in: Die Wirtschaftsprüfung, Jg. 55, 2002, H. 3, S. 73–85.

Littkemann, J. (1997), Innovationen und Rechnungswesen, Wiesbaden 1997.

Littkemann, J. (2005), Einführung in das Innovationscontrolling, in: Littkemann, J. (Hrsg.), Innovationscontrolling, München 2005, S. 5–55.

Maignan, I./Ferrell, O. C./Hult, G. T. M. (1999), Corporate Citizenship: Antecedents and Business Benefits, in: Journal of the Academy of Marketing Science, Jg. 27, 1999, H. 4, S. 455–469.

Malaviya, P./Wadhwa, S. (2005), Innovation Management in Organizational Context: An Empirical Study, in: Global Journal of Flexible Systems Management, Jg. 6, 2005, H. 2, S. 1–14.

Markowitz, H. (1952), Portfolio Selection, in: The Journal of Finance, Jg. 7, 1952, H 1, S. 77–91.

Menninger, J./Nägele, T. (2007), Die Bewertung von Gewerblichen Schutzrechten und Urheberrechten für Zwecke der Schadensberechnung im Verletzungsfall, in: Wettbewerb in Recht und Praxis, Jg. 53, 2007, H. 8, S. 912–919.

Möller, K. (2002), Zuliefererintegration in das Target Costing, München 2002.

Möller, K. (2006), Wertschöpfung in Netzwerken, München 2006.

Möller, K./Drees, A./Schläfke, M. (2011), Performance Management zur Steuerung von Geschäftsmodellen, in: Bieger, T./Knyphausen-Aufseß, D./Krys, C. (Hrsg.), Innovative Geschäftsmodelle, Berlin 2011, S. 213–227.

Möller, K./Janssen, S. (2009), Performance-Measurement von Produktinnovationen: Konzepte, Instrumente und Kennzahlen des Innovationscontrollings, in: Controlling, Jg. 21, H. 2, S. 89–96.

Möller, K./Janssen, S. (2010), Innovationssteuerung 2010: Mit Innovationscontrolling Kreativität wirtschaftlich entfalten – Ergebnisse einer empirischen Erhebung in Elektrotechnik, Instrumenten-, Fahrzeug- und Maschinenbau, Göttingen 2010.

Möller, K./Kubach, M. (2011), Nachhaltigkeitsorientierte Wirkungen von Innovationen, zur Veröffentlichung in: ZWF Zeitschrift für wirtschaftlichen Fabrikbetrieb, Jg. 106, 2011, H. 4.

Möller, K./Piwinger, M./Zerfaß, A. (2009), Immaterielle Vermögenswerte – Bewertung, Berichterstattung und Kommunikation, Stuttgart 2009.

Möller, K./Schmälzle, H. (2008), Messung und Steuerung im Innovationsprozess, Research Paper Nr. 2, Göttingen 2008.

Mörsdorf, M. (1998), Konzeption und Aufgaben des Projektcontrollings, Wiesbaden 1998.

Möslein, K. M. (2009), Innovation als Treiber des Unternehmenserfolgs – Herausforderungen im Zeitalter der Open Innovation, in: Zerfaß, A./Möslein, K. M. (Hrsg.) Kommunikation als Erfolgsfaktor im Innovationsmanagement, Wiesbaden 2009, S. 3–22.

Neely, A./Gregory, M./Platts. K. (1995), Performance measurement system design, in: International journal of operations & production Management, Jg. 15, 1995, H. 4, S. 80–116.

Orlitzky, M./Schmidt, F. L./Rynes, S. L. (2003), Corporate Social and Financial Performance: A Meta-Analysis, in: Organization Studies, Jg. 24, 2003, H. 3, S. 403–441.

Osterwalder, A./Pigneur, Y./Tucci, C. L. (2005), Clarifying Business Models: Origins, Present, and Future of the Concept, in: Communications of AIS, Jg. 15, 2005, May, S. 1–40.

Pappas, R. A./Remer, S. (1985), Measuring R&D Productivity, in: Research Management, Jg. 28, 1985, H. 3, S. 15–22.

Pearce, J./Robinson, R. B. (2002), Strategic Management, 8. Aufl., New York 2002.

Pearson, A. W./Nixon, W. A., Kerssens-van Drongelen, I. C. (2000), R&D as a business: what are the implications for performance measurement?, in: R&D Management, Jg. 30, 2000, H. 4, S. 355–366.

Pellens, B./Fülbier, R. U., Gassen, J. (2011), Internationale Rechnungslegung, 7. Aufl., Stuttgart 2006.

Peloza, J. (2009), The Challenge of Measuring Financial Impacts From Investments in Corporate Social Performance, in: Journal of Management, Jg. 35, 2009, H. 6, S. 1518–1541.

Pelz, D. C. (1978), Some Expanded Perspectives on Use of Social Science in Public Policy, in: Yinger, M./Cutler, S. (Hrsg.), Major Social Issues: A Multidisciplinary View, New York 1978, S. 346–357.

Pfeiffer, W./Dögel, R. (1986), Das Technologie-Portfolio-Konzept zur Beherrschung der Schnittstelle Technik und Unternehmensstrategie, in: Hahn, D./Taylor, B. (Hrsg.), Strategische Unternehmensplanung. Stand und Entwicklungstendenzen, 4. Aufl., Heidelberg, Wien 1986, S. 149–177.

Pfohl, M. (2002), Prototypgestützte Lebenszyklusrechnung, München 2002.

Phaal, R./Farrukh, C. J. P./Probert, D. R. (2004), Technology roadmapping – a planning framework for evolution and revolution, in: Technological Forecasting & Social Change, Jg. 71, 2004, S. 5–26.

Porter, M. E./Van der Linde, C. (1995), Green and Competitive: Ending the Stalemate, in: Harvard Business Review, Jg. 73, 1995, H. 5, S. 120–134.

Probert, D. R./Farrukh, C. J./Phaal, R. (2003), Technology Roadmapping – developing a practical approach for linking resources to strategic goals, in: Journal of Engineering Manufacture, Jg. 217, 2003, H. 9, S. 1183–1195.

PwC (2008), One Valuation fits all?, Wie Europas innovativste Unternehmen Technologien und Patente bewerten, München 2008.

Ranker, D./Wohlgemuth, F./Zwirner, C. (2001), Die Bedeutung immaterieller Vermögenswerte bei Unternehmen des Neuen Marktes und daraus resultierende Implikationen für eine kapitalmarktorientierte Berichterstattung, in: Kapitalmarktorientierte Rechnungslegung, Jg. 1, 2001, H. 6, S. 269–279.

Riedl, J. E. (1990), Projekt-Controlling in Forschung und Entwicklung. Grundsätze, Methoden, Verfahren, Anwendungsbeispiele aus der Nachrichtentechnik, Berlin et al. 1990.

Riedrich, T. (2007), Die Bedeutung der Earned Value Methode für die Steuerung von Produktentwicklungsprojekten, Hamburg 2007.

Robb, W. L. (1991), How good is our research?, in: Research Technology Management, Jg. 34, 1991, H. 2, S. 16–21.

Rogers, E. M. (1983), Diffusion of Innovations, 3. Aufl., New York, London 1983.

Roberts, E. B. (1987), Generating technological innovation, New York 1987.

Roussel, P. A./Saad, K. N./Erickson, T. J. (1991), Third Generation R&D: Managing the Link to Corporate Strategy, Boston 1991.

Sandstrom, J./Toivanen, J. (2002), The problem of managing product development engineers: can the balanced scorecard be an answer?, in: International Journal of Production Economics, Jg. 78, 2002, S. 79–90.

Schein, E. H. (1985), Organizational Culture and Leadership, San Francisco 1985.

Schmachtenberg, F./Meixner, P./Schäfer, D. (2005), Die Folgebewertung von Mobilfunklizenzen nach HGB, IFRS und US GAAP, in: Kapitalmarktorientierte Rechnungslegung, Jg. 5, 2005, H. 11, S. 512–523.

Schmälzle, H. (2007), Messung und Steuerung des Innovationserfolgs – Stand und Anwendung im deutschen Maschinen- und Anlagenbau, Diplomarbeit angefertigt bei Prof. Möller an der TU München.

Schmelzer, H. J. (1999), Kennzahlen in der Produktentwicklung, in: Boutellier, R./Völker, R./Voit, E. (Hrsg.), Innovationscontrolling, München 1999, S. 172–190.

Schmidt, A./Wulbrand, H. (2007), Umsetzung der Anforderungen an die Lageberichterstattung nach dem BilReG und DRS 15 – Eine empirische Untersuchung der DAX-Unternehmen, in: Kapitalmarktorientierte Rechnungslegung, Jg. 7, 2007, H. 7/8, S. 417–426.

Schmidt, G. (2000), Methode und Techniken der Organisation, 12. Aufl., Gießen 2000.

Schmidt, M./Hebeler, C.(2005), Controlling in der Henkel-Gruppe, in: Zeitschrift für Controlling & Management, 49. Jg. (2005), H. 4, S. 264–267.

Scholich, M./Gleich, R./Grobusch, H. (2006), Innovation Performance – das Erfolgsgeheimnis innovativer Dienstleister, Studie, Frankfurt a. M. 2006.

Schulte, H./Stumme, G. (1998), Projektmanagement, in: Kleinaltenkamp, M./Plinke, W. (Hrsg.), Auftrags- und Projektmanagement, Berlin 1998.

Schulte-Zurhausen, M. (2002), Organisation, 3. Aufl., München 2002.

Schumpeter, J. A. (1912/1934), The Theory of Economic Development: An Inquiry into Profits, Capital, Credit, Interest, and the Business Cycle, Transaction Publishers.

Schwarze, J. (2006), Projektmanagement mit Netzplantechnik, 9. Aufl., Herne, Berlin 2006.

Sharfman, M. P./Fernando, C. S. (2008), Environmental Risk Management and the Cost of Capital, in: Strategic Management Journal, Jg. 29, 2008, H. 6, S. 569–592.

Simester, D./Zhang, J. (2010), Why Are Bad Products So Hard to Kill?, in: Management Science, Jg. 56, 2010, H. 7, S. 1161–1179.

Specht, D./Behrens, S./Kahmann, J. (2000), Roadmapping – ein Instrument des Technologiemanagements und der Strategischen Planung, in: Industrie Management, Jg. 16, 2000, H. 5, S. 42–46.

Steinbauer, P. (2006), Controlling in Forschung und Entwicklung: Die Anforderungen an ein F&E-Controlling und an den F&E-Controller in technologieorientierten Unternehmen, Graz 2006.

Steinmann, H./Schreyögg, G. (2005), Management: Grundlagen der Unternehmensführung, Konzepte – Funktionen – Fallstudien, 6. Aufl., Wiesbaden 2005.

Stippel, N. (1999), Innovations-Controlling: Managementunterstützung zur effektiven und effizienten Steuerung des Innovationsprozesses im Unternehmen, München 1999.

Streim, H. (1995), Zum Stellenwert des Lageberichts im System der handelsrechtlichen Rechnungslegung, in: Elschen, R./Siegel, T./Wagner F. W. (Hrsg.), Unternehmenstheorie und Besteuerung – Festschrift zum 60. Geburtstag von Dieter Schneider, Wiesbaden 1995, S. 703–721.

Streim, H./Bieker, M./Esser, M. (2003), Vermittlung entscheidungsnützlicher Informationen durch Fair Values – Sackgasse oder Licht am Horizont?, in: Betriebswirtschaftliche Forschung und Praxis, Jg. 55, 2003, H. 4, S. 457–479.

Tsai, W. (2001), Knowledge transfer in intra-organizational networks: effects of network position and absorptive capacity on business unit innovation and performance, in: Academy of Management Journal, Jg. 44, 2001, H. 5, S. 996–1004.

Vahs, D./Burmester, R. (2005), Innovationsmanagement: von der Produktidee zur erfolgreichen Vermarktung, 3. Aufl., Stuttgart 2005.

Vahs, D./Trautwein, H. (2000), Innovationskultur als Erfolgsfaktor des Innovationsmanagements, in: io management, 2000, H. 7/8, S. 20–26.

Völckner, F./Pirchegger, B. (2006), Immaterielle Werte in der internen und externen Berichterstattung deutscher Unternehmen, in: Die Betriebswirtschaft, Jg. 66, 2006, H. 2, S. 219–243.

Waddock, S. (2008), Building a New Institutional Infrastructure for Corporate Responsibility, in: Academy of Management Perspectives, Jg. 22, 2008, H. 3, S. 87–108.

WCED World Commission on Environment and Development (1987), Our Common Future – Report of the World Commission on Environment and Development, Oxford 1987.

Weber, J./Schäffer, U. (2006), Einführung in das Controlling, Stuttgart 2006.

Werner, B. M. (2002), Messung und Bewertung der Leistung von Forschung und Entwicklung im Innovationsprozess, Darmstadt 2002.

Windolph, M. (2010), Innovationskooperationen 2010: Mit kooperativen Projekten Ideen erfolgreich umsetzen, in: Möller, K. (Hrsg.), Schriftenreihe der Professur für Unternehmensrechnung und Controlling der Universität Göttingen, Band 2, Göttingen 2010.

Wübbenhorst, K. L. (1984): (Konzept) der Lebenszykluskosten – Grundlagen, Problemstellungen und technologische Zusammenhänge, Darmstadt 1984.

Zenial, P. (2007), Technology Roadmap Deployment, Aachen 2007.

Stichwortverzeichnis